U0691178

企业战略管理

QIYE ZHANLVE GUANLI

项目化教程

主编 张曦月 李建清

配套资源
PPT课件
教案
习题与答案

东北大学出版社
Northeastern University Press

图书在版编目（CIP）数据

企业战略管理项目化教程／张曦月，李建清主编
. -- 沈阳：东北大学出版社，2016. 1（2023. 8 重印）
21 世纪应用型人才培养"十三五"规划教材
ISBN 978-7-5517-1193-7

Ⅰ. ①企… Ⅱ. ①张… ②李… Ⅲ. ①企业战略-战
略管理-高等学校-教材 Ⅳ. ①F272

中国版本图书馆 CIP 数据核字（2016）第 004245 号

出 版 者：东北大学出版社
　　　　　　地址：沈阳市和平区文化路三号巷 11 号
　　　　　　邮编：110819
　　　　　　电话：024-83680267（社务室）　　83687331（营销部）
　　　　　　传真：024-83687332（总编室）　　83680180（营销部）
　　　　　　网址：http：//www. neupress. com
　　　　　　E-mail：neuph@ neupress. com
印 刷 者：涿州汇美亿浓印刷有限公司
发 行 者：东北大学出版社
幅面尺寸：185mm×260mm
印　　张：18.5
字　　数：411 千字
印刷时间：2023 年 8 月第 2 次印刷
责任编辑：孙　锋
责任校对：刘乃义
封面设计：唐韵设计
责任出版：唐敏志

ISBN 978-7-5517-1193-7　　　　　　　　　　　　　　定价：47.90 元

前　言

党的二十大报告中强调，"教育是国之大计、党之大计。培养什么人、怎样培养人、为谁培养人是教育的根本问题。育人的根本在于立德。全面贯彻党的教育方针，落实立德树人根本任务，培养德智体美劳全面发展的社会主义建设者和接班人。"

通过对本书的学习，可以促使学生深入了解企业经营战略的基本构成和具体知识，充分掌握企业战略管理活动所涉及的内容与工作程序，有助于学生从战略层面上考虑企业的总体发展，使学生能够深刻理解管理的内涵。全书广泛参考了国内外相关资料，结合国内外研究成果编排出了合理的教育教材体系，从传统和现代两个角度分析了企业战略的定义，详细论述了企业战略管理的基本类型，并从企业的外部环境和内部环境两个角度对企业的运营能力进行解构，明确了企业的总体战略目标。基于国际贸易比例持续增加的发展趋势，本书为企业跨国战略的制定和经营提供了理论和实践相结合的指导方案，从而为企业战略的实施和控制奠定良好的基础。

（1）结构优势：本书的内容遵循战略管理的过程来进行编排，使每个章节之间实现了有机联系，环环相扣，但又各自独立成文，具有良好的系统分析优势，以整体化理论研究来实现教材结构与企业战略管理的一致性。

（2）应用优势：全书包含诸多的阅读材料、企业案例以及与课程紧密相关的复习思考题，以帮助学生灵活运用各种战略分析方法，从而为解决企业战略管理过程中的现实问题提出有效的思路及方案。

（3）案例优势：通过实际案例介绍了规范的企业战略报告所必须涉及的基本内容与框架结构，以及战略文件的标准体系，为学生的知识水平提高增加了实用性范本，并为企业发展提供了引导性说明。

在编写过程中，本书借鉴、引用或修改的各类资料数量较大，所以在本书的各章节中未能全部做到采取直接标注的方法来标出所引用相关参考文献的出处，故此，在书后用参考文献的方式来表明所借鉴、引用的他人成果，并向相关的学者致敬，感谢各位在企业战略管理课程中的付出和奉献，为本门课程的发展提供了坚实的理论依据。由于编者水平有限，书中难免存在疏漏与不足之处，恳请读者给予批评指正。

编　者

目 录
Contents

模块一　企业战略管理概述 ·· **1**
　　项目一　企业战略 ··· 1
　　项目二　企业战略管理 ·· 14
　　项目三　企业战略管理的基本类型 ·································· 21

模块二　企业愿景、使命和战略目标 ······························ **25**
　　项目一　企业愿景和使命 ·· 25
　　项目二　企业战略目标 ·· 28

模块三　企业外部环境分析 ·· **35**
　　项目一　外部环境概述 ·· 35
　　项目二　宏观环境分析 ·· 38
　　项目三　行业环境分析 ·· 43
　　项目四　竞争对手分析 ·· 58

模块四　企业内部环境分析 ·· **62**
　　项目一　企业独特竞争能力分析 ···································· 62
　　项目二　企业管理能力分析 ·· 68
　　项目三　市场营销能力分析 ·· 73
　　项目四　企业财力资源分析 ·· 82
　　项目五　企业人力资源分析 ·· 89
　　项目六　生产运作状况分析 ·· 91

项目七　企业文化分析 ·· 94

模块五　企业总体战略 ·· **105**
　　项目一　稳定战略 ·· 105
　　项目二　发展战略 ·· 107
　　项目三　紧缩战略 ·· 116
　　项目四　战略组合 ·· 118

模块六　企业竞争战略 ·· **122**
　　项目一　基本竞争战略 ·· 122
　　项目二　分散行业中的竞争优势 ·································· 129
　　项目三　处于行业不同发展阶段的企业战略选择 ···················· 132

模块七　企业并购与战略联盟 ···································· **142**
　　项目一　企业并购 ·· 142
　　项目二　战略联盟 ·· 155
　　项目三　企业合作战略管理 ······································ 166

模块八　企业国际化经营战略 ···································· **171**
　　项目一　跨国公司 ·· 171
　　项目二　跨国公司内母子公司关系的演化 ·························· 174
　　项目三　企业跨国经营的战略制定 ································ 176
　　项目四　企业国际化经营的战略选择 ······························ 179
　　项目五　企业国际经营的模式 ···································· 181
　　项目六　跨国公司发展的新趋势 ·································· 189
　　项目七　中国企业跨国经营战略 ·································· 193

模块九　职能战略 ·· **200**
　　项目一　财务战略 ·· 200
　　项目二　市场营销战略 ·· 203
　　项目三　生产与运作战略 ·· 204
　　项目四　研究与开发战略 ·· 206
　　项目五　人力资源战略 ·· 211

模块十　战略评价与战略选择过程 ···················· **215**

项目一　企业战略方案的评价 ······················ 215

项目二　PIMS 分析 ·························· 229

项目三　汤姆森和斯特克兰方法 ··················· 234

项目四　战略选择过程 ························ 235

模块十一　战略实施 ························ **239**

项目一　战略制定与实施 ······················ 239

项目二　战略实施的重要性 ····················· 241

项目三　战略实施的模式 ······················ 242

项目四　企业战略实施与组织结构调整 ················ 245

模块十二　战略控制 ························ **251**

项目一　战略控制的类型与原则 ··················· 251

项目二　战略控制的方法 ······················ 255

项目三　战略控制过程 ························ 258

模块十三　案例分析 ························ **261**

案例一　索尼：为何你的品牌套路开始失效 ·············· 261

案例二　《国民》报的战略出 T 什么问题 ··············· 263

案例三　春兰进入摩托车行业 ···················· 264

案例四　索尼公司的国际化战略 ··················· 267

案例五　麦当劳、可口可乐、迪斯尼的新结盟方式 ··········· 269

案例六　福特汽车：经营战略控制过程 ················ 272

案例七　卖"矛"者又卖"盾" ···················· 275

案例八　"囤积居奇"是否合理 ··················· 275

案例九　沃尔玛连锁店的购买者力量 ················· 276

案例十　适者生存 ·························· 277

参考文献 ···························· **286**

模块一　企业战略管理概述

进入 21 世纪以来，企业的外部环境和内部运行方式都在发生急剧的变化，企业间的竞争面临更为复杂的形势。因此，企业战略管理这一管理科学中最为年轻的分支学科，正日益成为实业界和学术界共同关注的领域。战略管理是企业经营管理实践的产物。通过对企业全局和发展方向的指导和谋划，战略管理能够帮助企业在复杂多变的经营环境中求得长期生存和发展。

项目一　企业战略

一、战略的起源

战略（strategy）一词来自希腊词"strategos"，意为军事将领、地方行政长官。后来演变成军事术语，指基于战争全局的分析而作出的谋划。战略一经确定，将在相当长的时期内对未来整体格局的发展演变起指导作用。《简明不列颠百科全书》对战略的定义是："在战争中利用军事手段达到战争目的的科学和艺术。"

在中国，战略一词历史久远，"战"指战争，"略"指谋略，古称"韬略"，指对战争全局的筹划和谋略。春秋时期孙武的《孙子兵法》被认为是中国最早对战略进行全局筹划的著作。在现代，"战略"一词被引申至政治和经济领域，其含义演变为泛指统领性的、全局性的、左右成败的谋略、方案和对策。其内涵就是组织为了实现长期的生存和发展，在综合分析组织内部条件和外部环境的基础上作出的一系列带有全局性和长远性的谋划。

"战略"一词应用在企业管理中的时间并不长。1962 年，美国管理学家钱德勒（Chandler）出版了《战略与结构》一书，首先将"战略"这一军事术语用于公司管理，他在《战略与结构：工业企业史的考证》（1962）一书中，第一次将企业和战略及组织相适应。1965 年，美国学者安索夫发表名作《企业战略论》，揭开了企业战略问题研究的序幕，"战略"一词开始得到人们广泛的重视和应用。

二、企业战略的定义

关于对企业战略的定义，国内外学术界和企业人士有多种表述，一些学者用传统概念和现代概念对企业战略进行分类。

（一）传统定义

美国哈佛大学迈克尔·波特教授是企业战略传统定义的典型代表人物，他认为：战略是公司为之奋斗的一些终点与公司为达到终点目标而寻求的途径的结合物。波特的定义概括了20世纪60年代和70年代对企业战略的普遍认识，它强调企业战略的一方面属性——计划性、全局性和整体性。

（二）现代定义

近年来，国际经济的发展变化使企业外部环境的变化速度加快，使得以计划为基点的广义定义受到不少批评，因此明茨伯格在1989年提出，以计划为基点将企业战略视为理性计划的产物是不正确的，企业中许多成功战略是在事先无计划的情况下产生的。他将战略定义为"一系列或整套的决策或行动方式"，这套方式包括刻意安排的（或计划性）战略和任何临时出现的（或非计划性）战略。

事实上，企业大部分战略是事先的计划和突发的应变的组合，"战略既是预先性的（预谋战略）、又是反应性的（适应性战略）"。换言之，"战略制定的任务包括制定一个策略计划，即预谋战略，然后随着事情的进展不断对它进行调整。一个实际的战略是管理者在公司内外各种情况不断暴露的过程中，不断规划和再规划的结果。"明茨伯格提出了战略的整合概念，即所谓的"5P"模式——战略是一种计划（plan）、一种策略（ploy）、一种模式（pattern）、一种定位（position）和一种观念（perspective）。

中国学术界对于企业战略的定义比较有代表性的是：企业战略是指企业外部环境及企业内部资源和能力状况，为建立持续竞争优势、求得企业持续发展，对企业发展目标、达到目标的途径和手段的总体规划。

应该指出的是，战略与策略不同，战略是长远的、全局的，策略是短期的、局部的。战略和策略是目的与手段的关系，先有战略后有策略，策略必须服从并服务于战略。在当今瞬息万变的环境里，企业战略意味着企业要采取主动态势预测未来，影响变化，而不仅是被动地对变化做出反应。企业只有在变化中不断调整发展战略，保持健康的发展活力，并将这种活力转变为惯性，通过有效的战略不断表达出来，才能获得并持续强化竞争优势，构筑企业的成功。

三、企业战略的构成要素

企业战略一般由四种要素构成，即产品与市场范围、成长方向、竞争优势和协同作用，安索夫认为这四种要素可以产生合力，成为企业的共同经营主线。有了这条经营主线，企业内外的人员都可以充分了解企业经营的方向和产生作用的力量，从而扬长避短，充分发挥自己的优势。

（一）产品与市场范围

这一要素说明企业定位于哪一类特定行业和领域，企业在其所处行业和领域中是否占有一定的优势。为了清楚地表达企业的共同经营主线，产品与市场的范围通常可以按行业作出描述。但需要注意的是，随着科学技术的发展和消费者需求的个性化，产品的特点越来越复杂，行业的划分也越来越细、越来越窄。因为大行业的定义往往过宽，其产品特征、企业使命界定及相关技术涉及很多方面，经营的内容过于广泛，用它来说明企业的产品与市场范围，企业的共同经营主线仍不明确。所以这里的分行业是指大行业内产品、市场、使命和技术具有相同或相似特征的小行业，如饮料行业中的果汁饮料、纯净水等分行业，机械行业中的机床、矿山机械等分行业。

（二）成长方向

成长方向又称为增长向量，它说明企业从现有产品与市场相结合，向企业未来产品与市场移动的态势。下面通过表1-1来说明增长向量。

（1）市场渗透是通过对目前的产品在现有市场上的营销活动，促使本企业产品的市场份额增长，并达到企业成长目的的一种战略模式。

（2）单纯的市场开发是企业的现有产品与一个新开发的市场的组合。通过这种组合力图为企业现有的产品寻找新的消费群，从而使现有的产品承担新的发展使命，以此作为企业成长的增长点。

（3）单纯的产品开发是指企业推出全新的产品，以逐步替代现有产品，从而保持企业成长的态势。

表1-1　企业增长向量矩阵

	现有产品	新产品
现有使命	市场渗透	产品开发
新使命	市场开发	多种经营

（4）多种经营是一种产业变革较大的战略模式，通常会给企业带来较大的变化，形成独有的特色。对于企业来讲，它的产品与使命都是全新的，也就是说，企业通过这一战略的实施，会步入一个新的经营领域。这一战略模式追求的是更高的目标和更大的发展空间。

在前三种选择中，其共同经营主线是明晰的、清楚的，或是通过实施新的市场营销方案，或是开发新产品和新技术，或是两者同时进行，来实现战略目标。但是在多种经营战略中，其共同经营主线就显得不十分清晰了。所以，在当代经济社会中，确定一个企业，尤其是一个大的或同时具有跨国经营业务的企业的经营性质，单从行业的概念去判断，已不容易做到。

应该看到，成长方向指出了企业在一个行业里的变化方向，而且，它能指出企业战略方向所要跨越行业界线的方向，以这种方式描述共同经营主线是对以产品与市场范围来描述企业经营主线的一种补充，有利于更清晰地界定企业的经营范围。

（三）竞争优势

竞争优势说明了企业所寻求的、表明某一产品与市场组合的特殊属性，凭借这种属性可以给企业带来强有力的竞争地位。或者说，当两个企业处在同一市场中，面对类似顾客群，其中一个企业能够赢得更高的利润率，或能够赢得潜在的更高的利润率时，这个企业就拥有某种竞争优势。当然衡量竞争优势的指标不仅仅是利润率，有时为了挤压竞争对手，也可以使用市场占有率这一重要指标。

1. 竞争优势的形成

一个企业要想获得竞争优势，最重要的是通过某种手段来实现。如通过兼并，谋求在一个新行业中发展或在原行业中获得规模优势；或者企业设置并保持防止竞争对手进入的壁垒；或者进行产品技术开发，推出具有突破性的新产品来替代现有产品。一般来讲，竞争优势的形成取决于如下几个方面。

第一，提高适应能力而形成的竞争优势。

任何一种竞争优势的形成往往伴随着变化发生的过程，其中很重要的一部分是企业外部环境的变化。企业外部环境的变化并不意味着给企业带来的就是机会或威胁，环境变化中的竞争优势能否形成依赖于人们对外在环境变化的反应能力的高低。外部环境的变化经常意味着创造出新的机会，因此，识别这种机会并能快速地调整企业的资源配置，反映了企业的战略管理能力和竞争优势。上海的华联、联华超市是上海最早成立的超市集团，它们及时把握了超级市场作为一种新型零售业态的良好发展机遇，一举成为国内零售业中的领先者。

一种竞争优势能否形成，企业的反应速度能否跟上环境的变化，关键在于对外界环境变化要素的预测能力。产品有生命周期，行业有生命周期，顾客的个性化需求在不断地变化，必然要求企业参与竞争的模式也要跟随变化。所以，企业必须及时调整自己的战略，抓住未来成功的关键因素。

当然，单纯地预测未来并不能直接形成竞争优势，企业必须能灵活地应用自己的资源和能力去适应环境的变化。这里的灵活性一方面指与生产、设备、研发等有关的技术能力；另一方面涉及企业整体的灵活性，包括组织结构、决策系统、业务流程再造及员工态度等。所以，快速反应的能力来自企业本身的经营观念的更新程度。

事实上许多成功的企业决不消极地等待事物的变化，或仅依靠预测来进行反应。它们更侧重于自我创新，努力创造新事物来影响外部环境，为自身的发展提供良好的机遇。例如，Sony 公司坚定不移地追求"高、精、尖"的经营理念，不断地向市场推出新的产品，打破市场的原有竞争格局和态势，为企业拓展新的空间。

随着竞争程度的不断提高，竞争对手的实力也会变得强大起来。实践证明，利用外界环境变化形成竞争优势的关键是企业的快速反应能力，即在大家都预感某种变化将要发生的时候，最后的胜利者通常都是反应速度最快的企业。所以，对企业资源和能力的快速重新整合，并有效地调整战略计划是在竞争中获胜的重要手段。

第二，企业创新形成的竞争优势。

外部环境的变化给具有敏锐判断力和有创业精神的企业提供了获得竞争优势的机会。同时，企业内部的创新活动，包括对内部资源的重新整合，也是形成竞争优势的重要途径。

企业内部的创新活动，人们通常认为是技术创新及利用新技术开发新的产品，以保持其领先地位。但同时应该注意到，企业的创新也包括企业经营管理思想和方法的创新，特别是战略竞争手段的创新。例如，瑞典的世界著名家具零售商 IKEA，它们并没有像其他同行业者那样只是侧重于如何改善零售服务的质量、推出新型家具款式等服务内容，而是在世界各地建立长期的供应商关系，设计顾客可以自己组装的实用家具，大规模地开展连锁经营，并保持企业的鲜明个性，从而给家具零售业带来了新的经营理念。

企业在创新过程中要求员工有充分的想象力、创造力，甚至还需要员工有发挥直觉的能力。这里最重要的是能否创新出新的市场"游戏规则"。通常情况下，这种新的"游戏规则"意味着创造该行业各项活动的新的结构，或者改变该行业活动的价值链。例如，过去的计算机市场是由几家主要的计算机制造商控制，如 IBM、康柏等，但英特尔公司通过对行业价值链的分析，强烈地意识到 CPU 是计算机的心脏，为此，它强化对 CPU 技术的开发并达到领先地位，进而向前延伸到主机板的生产，成功地提高了作为计算机零部件生产厂商的知名度，从而彻底改变了其在行业中的地位，成为计算机行业的主宰。

当然企业创新成功的基础主要依靠正确地鉴别自己的资源和能力，特别是那些可以构建竞争优势的能力，并能充分发挥资源和能力优势。企业的不断创新，使得各行各业发生着巨大的变化，也促进了战略模式的变化。

2. 获得竞争优势的途径

企业竞争优势的高低主要取决于以下四个方面。

第一，成本和质量方面的竞争优势。

企业的各项成本直接影响到企业在市场上的价格竞争力，因为价格始终是市场竞争最有力的武器，这就是企业一定要进行规模经营的原因。除了有特别专长的中、小企业外，企业一旦失去了规模，就等于失去了市场占有率的竞争优势，也就失去了成本领先的可能。所以，在产品质量几乎相近的时候，价格竞争就显得尤为突出。

如果价格相近，或价格对市场供求影响不大，则质量成为竞争成败的关

课堂笔记

键要素。这里的质量是一个综合性的概念，它包含产品的功能、稳定性、服务及特色等多项要素。

当然随着市场竞争的激烈，许多企业希望通过市场细分来避免与对手之间发生直接的价格、质量冲突。因此，成本性能比就成为企业十分关注的问题。大家都极力追求生产低价优质的产品参与竞争，从而导致竞争变得更加复杂。

实践表明，价格和质量的竞争，在市场经济条件下是最基本的竞争手段。但同时应当注意到顾客的需求偏好总是有差异的，如对于没有充裕的时间去仔细衡量价格性能比的消费者来讲，方便对他们来说是最重要的；又如有些顾客会为了追求心理的满足而放弃价格性能比更优的产品。因此，企业必须更仔细地区别每一个细分市场，以体现不同细分市场的具体特征。

第二，时间和专有知识方面的竞争优势。

企业善于捕捉市场机遇，能以率先进入或领先优势改变原有的竞争格局，它就可以获得先入者的时间优势。这种优势包含市场的知名度、市场新规则设立的优先权、人们对新事物的偏爱及先入者在行动过程中得到的市场经验等。

在市场先行的过程中，这些企业可能建立起自己的某些专有知识，包括技术创新和经营管理的知识，它可以表现为专利或专长，从而形成技术竞争优势。施乐公司正是因为买断了干法复印的专利技术，几乎统治了复印机市场达20年之久。

在现实经济活动中，无论谁拥有先行者或专有知识的优势，都没有办法彻底杜绝别人的模仿。为了保持优势，先行者或专有知识的拥有者必须不断地开发新的技术，这就要求企业必须持续地投入资源，不断地抗击模仿者。但是，在不断的模仿、不断的创新过程中，企业创新的成本会越来越大，困难重重。这并不是说企业不可以在某一领域保持时间和技术上的优势，只是说明企业决不能低估对手模仿的能力。

第三，设置进入的壁垒。

考虑到价格、成本优势，以及时间和专有知识优势的长期保持所面临的诸多困难，企业如果能够设置阻碍别人进入该行业的壁垒，在一定程度上阻碍或推迟竞争对手的进入，使该市场对于对手来讲并不具有吸引力，或者即使进入也很难获得竞争优势，那么，这个壁垒就保护了企业的竞争优势。

这些壁垒主要有：规模经济、产品差异化形成的壁垒，投资多少的壁垒，转换成本的壁垒，接近销售渠道的壁垒，其他成本壁垒，政府政策的壁垒，等等。这些方面可能形成的壁垒，对于先进入市场者来说，实际上提供了进一步探索竞争优势的机会。

第四，实力优势。

成本与质量、时间和专有知识及设置进入壁垒给企业带来的优势，最终都会慢慢地丧失。实践证明，企业的最终竞争优势的确立是依靠实力。如果企业有充分的资源优势就能够在诸多方面拉开与竞争对手的距离。

实力确实是企业竞争优势的主宰能力，因为没有实力即便有再好的想法也不能加以实施。但这并不是说实力较弱的企业就没有获胜的机会。因为市场是可分的，所以市场就有大有小，这就为不同实力的企业提供了不同的发展机会。

以上对竞争优势的分析，归纳了企业市场竞争过程中最重要的，也是极富实际操作性的四个方面。应当注意，企业的竞争是一个动态过程，上述四个方面的竞争优势也是随市场竞争的变化不断提高的过程，它表明了市场竞争的内在规律。根据美国战略管理专家理查德·戴维和罗伯特·甘兹的著作《超级竞争》里的观点，某个行业的超级竞争的状态可能是由行业内几个主要企业所控制，并组成全球性的战略联盟，而且努力发展和创造健康的竞争，以达到某种平衡。

3. 竞争优势的保持

有时企业会发现，投入了巨大的资源建立起来的竞争优势，往往在激烈的市场竞争中慢慢丧失了，从而与企业战略者们原来的期望发生了偏离。如何保持竞争优势，实质上是保持企业长期生命力的关键。保持竞争优势的方法首先在于找到竞争优势丧失的原因。从实践看，大致可以分成三类：第一，随着时间的推移，企业原有的竞争优势被对手模仿；第二，外部环境的变化，导致原有优势被淘汰；第三，企业成长之后丧失创业精神。因此，要保持竞争优势，就要在以下两个方面作出努力。

第一，防止模仿。

为了保持竞争优势，防止模仿始终是企业战略的核心内容之一。

适当地隐蔽由于竞争优势所带来的超凡表现，从而避免让对手过早地注意或过快地跟踪。例如，新的产品推出，即使市场需求旺盛也不急于抬高价格，或者即使有丰厚的利润暂时也不公开，避免对手因较快地发现短期的高额利润而快速跟进。

降低对手的模仿动力，使试图模仿者感到要达到应具备的竞争优势是一件异常困难的事情。这可以包括设置壁垒或预设警告来阻止对手的模仿。例如，领先者一旦发现有人模仿，可以通过其原有的经济规模效益和市场控制能力，大幅度地降低市场价格，使对手预见到进入后的竞争是激烈的，获得期望的利益是困难的，从而放弃进入的计划。原有企业要想做到这一点，就需要有充分的能力和实力，因为它涉及的成本及风险也是巨大的。

另一种降低对手模仿动力的方法是快速抢占市场。通过扩大产品线、制造差异化的产品、迅速提高生产能力、快速覆盖市场及各项专有知识、专利迅速系列化等手段，使企业能占领现有的和潜在的各个细分市场，从而使试图模仿者的市场空间大大缩小，其投资信心必然减弱。

使形成竞争优势的原因模糊化。模仿者要实施模仿计划，必须分析优势的成因。竞争者之间表面上的差异是较易发现的。如一家超级市场的管理者，可以自由地进出竞争对手的店铺以发现其在定价、货物陈列、商品结构、促销活动等方面的差别。但他并不容易搞清楚这些表面现象背后的关键要素，诸如商店采购系统、商店信息系统、商店人力资源系统及该超级市场的企业文化等影响因素。因此，如能将竞争优势更多地建立在组织能力、企业各项资源和能力相互作用的基础之上，那么就将竞争优势形成的原因模糊化了，必然使模仿者的模仿动因大大降低。

使模仿者的资源重组有困难。企业要想得到新的资源可以通过两种途径实现：一是购买；二是自己制造。因此，企业应考虑如何使形成竞争优势的资源的流动性减小，或者是即便对手得到这些资源，它也要付出巨大的代价。例如，有些资源因地理位置决定了其不可流动性。又如，英特尔公司拥有CPU 的 3000 多项专利，它们把专利的价格定得很高，或根本不卖，使试图模仿者觉得成本太高，难于逾越，或因开发技术的相关原因而遭专利起诉。当然有些模仿者可以自己制造，但是，因整体组织能力或综合资源的限制，模仿者必须要花费很长的时间才能达到效果，这些困难都会降低对手的模仿动力。

第二，保持创业精神。

面对动态的竞争环境和行业技术的日新月异，企业能否维持竞争优势的关键在于是否有敏锐的洞察力发现机会和问题，这就需要企业的决策者始终保持创业精神。

企业战略管理要求战略制定者善于捕捉关键性的市场机会，并有能力将企业核心能力及优势在新的环境下或面对新的市场机会不断地加以提高。客观地讲，竞争优势是暂时的，优势的保持从某种角度来讲需要打破原有优势才能建立新的优势。所以，优势拥有者要有勇气自己打破优势，才能不断保持领先。

在此过程中，创业精神长期保持是至关重要的。只有保持创业精神，企业才能有不懈的追求，有新的目标。这其中，企业决策者扮演着重要的角色，他们的洞察力、经验和勇气对企业未来的发展会产生巨大的影响，企业全体人员只有在富有理想的领导者的带领下，才能为共同的新目标而努力。但是，只有理想是显然不够的，面对不断变化的竞争环境，企业必须有严格的制度和灵活的机制来调整经营活动，不断研发新产品才能为成功提供保证。

（四）协同作用

上述三种要素描述了企业在外部环境里的产品与市场的组合形式，而第四种要素则是从企业内部的协调考虑，力图获得更大的优势地位。

它指明了一种联合作用的效果。安索夫指出，协同作用是指企业在战略管理中将现有资源有效地与其新产品和市场项目相配合所能发挥效用的能力。在管理文献中，协同作用通常表述为"1+1>2"的效果，这意味着企业内部各经营单位联合起来所产生的效益要大于各个经营单位各自努力所创造的效益总和。

安索夫又进一步将协同作用划分为以下三种：①销售协同作用，即企业各种产品使用共同的销售渠道、仓库等营销资源的能力和程度；②运行协同作用，即企业内部分摊间接费用，分享共同的经验等方面；③管理协同作用，即在一个经营单位里运用另一个单位的管理经验与专门技能。当然，如果协同作用使用不当，也会产生负面作用，这就是所谓的内耗，从而产生"1+1＜2"的结果。在企业管理中，企业总体资源的收益要大于各部分资源收益的总和，这是企业追求的根本目的。

协同作用是衡量企业新产品与市场项目的一种变量。如果企业的共同经营主线是进攻型的，该项目的投入则应为企业提供最重要的要素，增强企业的竞争力；如果共同经营主线是防御型的，该新项目则要提供企业所缺少的关键要素，帮助企业克服暂时的困难。协同作用在企业选择多种经营战略时，也是一个关键的变量。在这种情况下，协同作用应当使各种经营项目形成凝聚力，从而在企业内部形成互动的效果。

一般来讲，企业的协同作用可以分为以下四类。

（1）投资协同作用。这种作用产生于企业内部各经营单位联合利用企业的设备、共用的原材料、研究与开发资源以及分享企业专用的技术和工具。

（2）作业协同作用。这种作用产生于充分地利用已有的人员和设备、共享由经验曲线形成的优势等。

（3）销售协同作用。该作用来源于企业的产品能够使用共同的销售渠道、销售机构和其他营销手段，企业可以减少大量的营销费用。

这三种协同作用实际是发生在生产经营活动过程的三个阶段上，说明企业在每个阶段上都可以形成自己的协同作用。

（4）管理协同作用。这种协同作用不能用简单的定量公式明确地表示出来，但却是一种相当重要的协同作用。例如，不同类型的行业在管理上会遇到不同的战略、组织和作业问题。当企业的经营领域扩大到新的行业时，如果在管理上遇到过去处理过的类似问题，企业管理人员就可以利用在原行业中积累起来的管理经验，有效地指导和解决这些问题。这种不同的经营单位分享以往的管理经验的特性就是管理协同作用。

从大量的实践可以看到，当一个企业进入新的行业开展多元化经营时，如果新行业的环境条件与原有经营环境截然不同，则以往的管理经验难以直接发挥作用。在这种情况下，管理协同作用中的理念、思想等方面所给予的支持就显得尤为重要。

总体来看，衡量企业协同作用的方法有两种：一是在企业收入一定时，评价由于企业内部各经营单位联合经营而使企业成本下降的情况；二是在企业投资一定时，评价由于企业内部各经营单位联合经营而使企业纯收入增加的情况。

共同经营主线除具有上述的意义外，还有更深层的含义，即企业应如何考虑寻求获利能力。产品与市场范围指出寻求获利能力的范围；增长向量指出这种范围扩展的方向；竞争优势指出企业最佳机会的特征；而协同作用则挖掘企业总体获利能力的潜力，提高企业获得成功的能力。这四个要素是相辅相成、互不排斥的，它们共同构成了企业战略的内核。

四、企业战略的本质和特征

任何成功的战略都要综合考虑众多的因素，都要对众多的经营管理问题进行总体谋划与安排；那么，作为功利性组织和营利性组织的企业，其战略到底是来干什么的或者说战略的本质到底是什么？同时，战略可以划分为不同的层次，同一层次又有多种战略选择，那么，这些纷繁多样的战略所共同关注的焦点是什么？前者是战略管理的根系，后者是战略管理的轴心，它们直接决定战略管理知识体系的构成、战略管理的重点和战略管理的边界。

（一）企业战略的本质

企业战略的本质在于持续满足利益相关者的不同需求，使企业实现持续发展，在竞争激烈的现代市场，企业的经营绩效和成败直接决定于多种利益相关者的行为。

所谓利益相关者，是指任何能够影响企业目标的实现或者受企业目标实现影响的个人或团体。利益相关者一般为企业提供了某种资源，如资金、人力资本、环境、政策等，因此，它们关注企业的行为与经营绩效，具有要求从企业获得利益的权利。

利益相关者至少可以分为三大集团，它们分别是：资本市场利益相关者（股东和公司的主要资本提供者），产品市场利益相关者（主要的客户、供应商、所在社区、工会）和组织内部利益相关者（公司所有的员工，包括非管理人员和管理阶层）。

每一利益相关者集团都希望从企业获取期望的价值。然而，不同利益相关者集团的目标通常各不相同，有的甚至相互冲突，如表1-2所示。

表1-2　　　　　　　　　各利益相关者集团的目标

利益相关者集团	期望的目标
股东	股价升值及分红
客户	产品和服务
雇员	雇用、工资及个人的成长机会
供应商	销售收入、成长机会
当地社区	就业、经济发展、市政建设
社会大众	经济安全保障、环境保护
商业协会	政治力量、活动经费

股东是企业最显而易见的利益相关者，至少对于中国企业是如此。股东希望他们的投资回报能达到最大化，财富越来越多。然而，企业收益的最大化有时是以牺牲企业的长远利益为代价的。例如，企业可以通过减少研发投入来增加收入，使股东短期回报增加。这种财富的短期增长往往会伤害企业未来的竞争力，而如果企业无法维持对未来的投资，那么拥有多元化股票投资组合的投资者就会将该企业的股票抛售。

战略决策者对企业的短期利益和长期利益都负有责任，必须避免企业因投资额不适当的减少对所有利益相关者的利益产生负面影响。

与股东相反，顾客则希望投资者获得最小的利益，希望企业不断提高产品的质量和性能，却不提高甚至降低产品的价格，从而使自己的利益最大化。但是，顾客利益增加了，股东的利益就可能会减少。同样，企业的雇员希望获得高的薪酬，获得职业发展的机会，拥有良好的工作环境和条件，这些均意味着企业成本的增长，如果这种成本的增长不能通过雇员更多的贡献来弥补，就会减少股东的收益。

由于潜在利益冲突的存在，一方面，每个企业都必须管理好它的利益相关者，首先，必须识别所有重要的利益相关者；其次，一旦无法满足所有利益相关者的要求，就要依据其对企业的权力大小、满足其需求的紧急程度、其对企业发展的重要程度等，进行区别对待。

另一方面，企业必须既要承担经济责任，又要承担社会责任，而这些都要求企业以赚取超过平均水平的利润，即超额利润为前提。有了超额利润带来的能力和灵活性，企业才可能同时满足多个利益相关者的不同需求。如果企业只能获取平均利润，就很难实现所有利益相关者利益的最大化，企业的目标就会变成最低程度地满足所有利益相关者的需求。那些连平均利润都赚不到的企业，就会连最低程度地满足所有利益相关者的需求都做不到。这种情况下，企业的目标就会退步到如何将利益相关者的损失最小化。

当企业经营绩效达到或超过利益相关者的期望时，他们就会继续支持企业；否则，就会减少或撤销对企业的支持，甚至实施对企业的惩罚。企业一旦持续地失去重要利益相关者的支持，就必定失败。因此，企业必须设法持续地满足利益相关者的不同需求。

然而，现代企业面临的挑战是，各个利益相关者群体的需求和行为是经常变化的，因此，企业必须综合考虑企业内外部各种因素，特别是利益相关者群体的需求和行为的动态变化，明察秋毫、见微知著，适时调整自己的经营行为，这就要求从战略上进行总体谋划。

同时，要持续地满足利益相关者的不同需求，就必须使企业实现"做强"、"做大"与"做长"的统一，即实现持续发展，避免出现"小老树"式企业（寿命较长，但竞争力长期较弱、规模长期较小）、"过山车"式企业（发展大起大落，极不稳定）和"流星"式企业（快速崛起，迅速消亡）。

课堂笔记

持续地满足利益相关者的需求与企业持续发展互为因果，互为前提。因此，战略的本质是设法使企业持续地满足利益相关者的不同需求，实现持续发展。

（二）企业战略的特征

尽管战略管理学者和企业经理们对企业战略内涵的认识各不相同，但是对于企业战略的特征的认识却没有太大的分歧，概括起来，企业战略具有如下特征。

1. 指导性

企业战略规定了企业在一定时期内基本的发展目标，以及实现这些目标的基本途径，并且指导和激励企业全体员工努力工作。企业战略是企业发展的蓝图，其牵引、制约和决定企业经营管理的各项具体的活动。

一个企业，它要形成怎样的企业文化、要建立怎样的组织结构、要推行怎样的绩效考核体系、要招聘怎样的经理和员工等，主要根据的都是它的战略。

2. 总体性

企业战略是以企业总体的持续发展为诉求对象，根据企业持续发展的总体需要而制定的。它所规定的是企业的总体行为，所追求的是企业总体效果。尽管战略要考虑大量的局部活动，企业战略也分为不同的层次，但各种局部活动和不同层次的战略均是作为总体活动的有机组成部分在战略中出现的，而且每一层次的战略又是企业在该层次上的总体谋划与安排。

3. 长远性

企业战略重点关注的是企业未来相对较长时期内的总体发展问题，追求短期效益与长期的协调统一，着眼于长期发展。一个只关注短期效益的企业，是不需要战略的。经验表明，企业战略通常着眼于未来三到五年乃至更长远的发展目标。

4. 现实性

企业战略尽管瞄准的是企业未来的发展，但是必须建立在现有的主观因素和客观条件的基础之上，一切从现有起点出发。一个好的战略不仅要考虑企业内外环境的动态变化，还要考虑企业当前的优势与劣势，通过利用优势和克服劣势，或者通过合适的战略举措改变劣势等，达到利用环境机会、迎接环境挑战的战略效果。

一个撇开企业现实条件盲目扩张、快速扩张的战略，往往会给企业带来严重的后果，新疆德隆集团、郑州亚细亚、珠海巨人集团等企业的失败均源于此。

5. 创新性

企业战略的创新性源于企业内外部环境的发展变化，由于战略是基于企业内外部环境制定的，而环境总是不断发展变化的，因此，新的战略必须不同于旧的战略。同时，企业要想获得竞争优势，所制定的战略必须不同于竞争对手的战略。即便新旧战略、自己的战略与竞争对手的战略表面上相同，但由于内外条件的变化和差异，实质上是不同的。因循守旧的和简单模仿的企业战略是无法适应现代市场竞争的。

6. 竞争性

在缺乏竞争的市场中，企业一般是不需要关注战略的，这也是直到20世纪60年代战略的概念才进入商业企业的管理领域，直到20世纪90年代中国的企业才开始重视战略的原因。企业战略与军事战略一样，其目的通常是为了克敌制胜，赢得竞争的胜利。

尽管在现代市场，竞争对手之间的合作越来越多，但这种合作也是为了赢得针对合作之外的企业的竞争，或者共同将市场蛋糕做大。因此，战略关注的焦点就是竞争优势的问题。

7. 风险性

企业战略是对未来发展的规划，然而环境总是动态变化的、不确定的和难以预测的，人类的战略管理的能力总是有限的，因此，任何企业战略都伴随有各种风险。随着市场竞争和市场环境动荡性的加剧，一方面，战略管理的重要性日益凸显；另一方面，战略管理的风险性和难度也在增加。

8. 适应性

企业战略不应脱离现实可行的管理模式基础，管理模式也必须调整，以适应战略的要求。企业战略旨在促使公司获得成长的机会，而公司成长机会来自组织内部条件（表现为优势和劣势）与外部环境（表现为机会和威胁）之间的适应性，即战略、内部条件和外部环境必须相互适应。此外，战略还要与公司治理、组织结构、控制模式、企业文化、企业家行为等相互适应。

9. 稳定性

现代企业战略的动态性尽管日益明显，但它并不排斥企业战略，尤其是总体战略一经制定，一般要在较长时间内保持一定的稳定性，以利于企业组织的贯彻执行。只有这样，企业才能沿着比较确定的方向构建企业的管理系统和运营系统、配置和培育所需要的资源和能力，企业组织的效率才有可能获得实现。

10. 综合性

企业战略必须与战术、策略、方法、手段相结合。一个好的企业战略如果缺乏技巧，也不会取得好的效果。正是由于企业战略的上述特征，战略管理通常会对企业的发展产生重大和长远的影响，在工商管理的学科体系中，战略管理通常被认为是整合性的管理、最高层次的管理，成为企业高层主管的主要职责，极具挑战性。

项目二 企业战略管理

一、战略管理的基本概念

从前，有两个相互竞争的企业的老板通过野炊休闲的方式商讨两家公司是否应当合并的问题。讨论中两个老板各不相让，都坚信可以在竞争中战胜对手。突然森林中跑出了一只大黑熊，一位老板急忙打开背包拿出一双运动鞋穿在脚上。另一位老板不解地问："难道你穿上运动鞋就能够跑过大黑熊吗？"这位老板回答说："我不用跑过大黑熊，我只要跑过你就行了。"这是一个很流行的笑话，它道出了战略管理的基本含义。

首先，战略管理包含企业对环境的反应（来了一只大黑熊）；其次，战略管理包含一系列的重要决策和行动（坐以待毙，或赶快离开，或与大黑熊搏斗，或穿运动鞋快跑）；最后，战略管理是为了达到一定的目的（比竞争者跑得更快）。

一般来说，我们将战略管理看作对战略的管理过程，可将其定义为：根据组织外部环境和内部环境确定其使命，设定企业的战略目标，为保证目标的正确落实和实现进行谋划，依靠企业内部能力将这种谋划和决策付诸实施，以及在实施过程中进行控制的一个动态管理过程。

这里有两点要加以说明：第一，战略管理不仅涉及战略的控制和规划，而且也包含将制定出的战略付诸实施的管理，因此是一个全过程的管理；第二，战略管理不是静态的、一次性的管理，而是一种循环的、往复性的动态管理过程。它需要根据外部环境的变化、企业内部环境的改变及战略执行结果的反馈信息等，重复进行新一轮的战略管理，是不间断的管理过程。

二、企业战略管理理论的演变过程

无论在管理理论还是管理实践中，战略管理理论都占据着十分重要的地位。从发展的先后顺序上看，它大体可以分为以环境为基点的经典战略管理理论，以产业（市场）结构分析为基础的竞争战略理论，以资源、知识为基础的核心能力理论。

（一）以环境为基点的经典战略管理理论

20 世纪 60 年代初，美国著名管理学家钱德勒的《战略与结构》一书的出版，首开企业战略问题研究之先河。钱德勒在这部著作中分析了环境、战略和组织结构之间的相互关系。他认为，企业经营战略应当适应环境和满足市场需要，而组织结构又必须适应企业战略，随着战略变化而变化。因此，他被公认为研究环境—战略—结构之间关系的第一位管理学家。其后，就战略构造问题的研究，形成了两个学派"设计学派"和"计划学派"。

1. 战略的设计学派

设计学派以哈佛学院的安德鲁教授及其同仁们为代表。他们在主张经营战略是使组织（企业）自身的条件与所遇到的机会相适应的基础上，建立了将战略构造分为制定与实施两大部分的基本模型。该学派认为：首先，在制定战略的过程中要分析企业的优势与劣势、机会与威胁，因为，这将涉及企业的竞争环境和企业发展的外部空间。其次，高层的经理人员应是战略制定的设计师，并且，他们还必须监导战略的实施。最后，战略构造的模式应是简单而又非正式的，而且最好的战略应该具有创造性和灵活性。

2. 战略的计划学派

几乎与设计学派同时产生的计划学派则是以哈佛商学院教授安索夫为杰出代表。安索夫在 1965 年出版了《公司战略》一书。以他为代表的计划学派主张：战略构造应是一个有控制、有意识的正式计划过程，企业的高层管理者负责计划的全过程，而具体制定和实施计划的人员必须对高层管理者负责；通过目标、项目、预算的分解来实施所制定的战略计划等。1972 年，安索夫在《企业经营战略》杂志上发表了《战略管理思想》一文，正式提出了"战略管理"的概念，为后来的企业战略管理理论的发展奠定了基础。1979 年，安索夫又出版了《战略管理》一书，系统地提出了战略管理模式。他认为，战略行为是对其环境的适应过程以及由此而导致的企业内部结构化的过程；企业战略的出发点是追求自身的生存与发展。

从以上所述的内容不难看出，尽管这一时期学者们的研究方法各异，具体主张不尽相同，但总体上说，其核心思想是一致的，主要体现在以下几点。

第一，企业战略的基点是适应环境。企业所处的环境往往是企业自身难以左右的，因而企业制定战略必须充分考虑环境的变化，只有适应环境变化，企业才能获得生存与发展。

第二，企业战略的目标在于提高市场占有率。企业战略适应环境变化旨在满足市场需求，获取理想的市场占有率，这样才利于企业生存与发展。可以说，企业如何获取理想的市场占有率在经典战略管理中居于核心地位。

第三，企业战略的实施要求组织结构变化与适应。经典战略管理实质是一个组织对其环境的适应过程及由此带来的组织内部结构化的过程。因而，在战略实施上，势必要求企业组织结构与企业战略相适应。这些核心思想为企业战略管理理论的形成与发展奠定了基础。

然而，需指出的是，以环境为基点的经典战略理论至少存在以下不足之处。

第一，该理论缺少对企业将投入竞争的两个或几个产业进行分析与选择，它从现存的产业市场出发，要求企业所适应的环境实质上是已结构化的产业市场环境，这势必导致：一方面，企业所追求的生存与发展空间十分有限；另一方面，企业往往被动地适应环境，处于被动地追随领先者的困境之中，充其量只能是战略的追随者。

第二，该理论缺乏对企业内在环境的考虑，它只是从企业的外部环境（即现存的、已结构化的产业市场环境）来考察企业战略问题。但从某种意义上说，正是这些不足之处为推动企业战略管理理论的发展提供了契机。

（二）以产业（市场）结构分析为基础的竞争战略理论

经典战略管理理论的缺陷之一是忽视了对企业竞争环境分析与选择。在一定程度上弥补这一缺陷的是波特。他将产业组织理论中结构（S）—行为（C）—绩效（P）这一分析范式引入企业战略管理研究之中，提出了以产业（市场）结构分析为基础的竞争战略理论。

波特认为，企业盈利能力取决于其选择何种竞争战略，而竞争战略的选择应基于以下两点考虑。

（1）选择有吸引力的、高潜在利润的产业。不同产业所具有的吸引力及带来的持续盈利机会是不同的，一个选择朝阳产业的企业要比选择夕阳产业更利于提高自己的获利能力，因为一个企业所选择的那个产业的内在盈利能力，是决定企业获利能力与机会的重要因素。

（2）在已选择的产业中确定自己优势的竞争地位。一般说来，在一个产业中，不管它的吸引力及提供的盈利机会如何，处于竞争优势地位的企业要比劣势企业更有利可图。而要正确选择有吸引力的产业及给自己的竞争优势定位，必须对将要进入的一个或几个产业结构状况和竞争环境进行分析。

在《竞争战略》一书中，波特提出了著名的五种竞争力量（进入威胁、替代威胁、现有竞争对手的竞争及客户和供应商讨价还价的能力）所形成的竞争模型，认为产业的吸引力、潜在利润是源于这五个方面的压力所产生的相互作用的结果。而"战略制定的关键就是要透过表面现象分析竞争压力的来源。对于表象之下的压力来源的认识可使公司的关键优势与劣势凸现出来"。在此不难发现，企业可以通过其战略对五方面竞争力量发生影响，并影响产业（市场）结构，甚至改变某些竞争规则，从而赢得竞争优势，提高自己的盈利能力。波特的研究正是按照这样的思路展开的。他首先构建了一个制定竞争战略的模型，分析了决定产业因潜在利润而带来吸引力的五种竞争力量；其次，在此基础上提出了赢得竞争优势的三种通用战略：总成本领先战略、差异化战略和目标集聚战略；最后，波特对各个具体产业如分散型产业、新兴产业、走向成熟的过渡产业、衰退产业等的环境进行了分析，把上述三种通用战略加以具体化。

与经典战略理论相比，竞争战略理论前进了一大步。它指出了企业在分析产业（市场）结构竞争环境的基础上制定竞争战略的重要性。从而有助于企业将其竞争战略的眼光转向对有吸引力的产业的选择上。然而，同经典战略理论一样，竞争战略理论仍缺乏对企业内在环境的考虑，因而无法合理地解释下列问题：为什么在无吸引力的产业中仍能有盈利水平很高的企业存在，而在吸引力很高的产业中却又存在经营状况很差的企业？受潜在高利润的诱惑，企业进入与自身竞争优势不相关的产业进行多元化经营，最终这些企业缘何大多以失败告终？波特后来对此缺陷有所认识，于是在此后的《竞争优势》（1985）一书中，从企业的内在环境出发，提出以价值链为基础的战略分析模型，试图弥补原有理论的不足。但是，就价值链的分析方法而言，它几乎涉及企业内部所有方面，存在着对主要方面（如特定技术和生产方面）重视不足的局限性。在这样的形势下，以资源、知识为基础的核心能力理论便迅速地发展起来。

（三）以资源、知识为基础的核心能力理论

近些年来，信息技术的迅猛发展使竞争环境更加复杂，使得企业不得不把眼光从关注其外部产品市场环境转向其内在环境，注重对自身独特的资源和知识（技术）的积累，以形成特有的竞争力（核心能力）。20世纪80年代中期"资源观"和90年代初"知识观"的提出正是对这种转变的积极响应。这一时期的企业战略管理理论称为以资源、知识为基础的核心能力理论。

该理论存在这样的理论假设：假定企业具有不同资源（这里的资源包括知识、技术等），形成了独特的能力，资源不能在企业间自由流动，对属于某企业特有的资源，其他企业无法得到或复制，企业利用这些资源的独特方式是企业形成竞争优势、实现战略管理的基础。

该理论认为，企业经营战略的关键在于培养和发展企业的核心能力。所谓核心能力，是"组织中的积累性学识，特别是关于如何协调不同的生产技能和有机结合多种技术流的学识"。因此，核心能力的形成要经历企业内部资源、知识、技术等的积累、整合过程。正是通过这一系列的有效积累和整合，形成持续的竞争优势后，才能为获取超额利润提供保证。很明显，该理论着重强调的是企业内部环境对于保持竞争优势及获取超额利润的决定性作用。这表现在战略管理实践上，要求企业从自身资源和能力出发，在自己拥有一定优势的产业及其关联产业进行多元化经营，从而避免受产业吸引力引诱而盲目地进入不相关产业经营。

该理论进一步认为，并不是企业所有的资源、知识和能力都能形成持续的竞争优势，而只有当资源、知识和能力同时符合珍贵（能增加企业外部环境中的机会或减少威胁的资源、知识和能力才是珍贵的）、异质（独一无二的，没有被当前和潜在的竞争对手拥有）、不可模仿（其他企业无法获得的）、难以替代（没有战略性等价物）的标准之时，它们才成为核心能力，并形成企业持续的竞争优势。因而，要培养和发展核心能力，企业应首先分析自身的资源、知识和能力的状况，然后依据上述标准，选择其中某一方面或几个方面，充分发挥这一方面或几个方面的优势，并成为最擅长者。显然，核心能力理论克服了波特的价值链分析模型涵盖企业内部所有方面的过度广泛性。此外，在选择那些可能成为核心能力的因素的同时，还应关注未来新的核心能力的培养。而要培养新的核心能力，必须提高产业预见能力。为此，企业应根据对未来消费者的需求、技术发展、社会大趋势等前瞻性的预测，从完全想象的市场出发来构想未来的产业，培养新的核心能力，从而使自己永久地保持核心竞争能力的领导地位，成为未来产业的领先者。

三、战略管理过程

战略管理是指对一个组织的未来发展方向制定重大决策并实施这些决策。战略管理过程可以大致分为两个阶段：战略制定和战略实施。所以，战略的实现不仅取决于战略制定与选择的正确性，而且取决于战略是否得到了有效的贯彻和执行。

（一）战略制定阶段

企业战略的制定大致有两种情况：一是企业原来就没有明确的战略，随着企业规模的扩大、经营领域的改变，出现了许多问题，而这些问题有时并非通过一些局部的策略变化就能解决，需要经过较大的调整，历经一段时间才能解决，这种情况就要使用企业的总体战略；二是企业虽然有总体战略，但是经过一段时间的发展，原有的战略已经不能适应企业发展的要求和外部环境的变化，如果企业不进行重大的调整，就可能面临生死存亡的问题，所以，必须制定新的战略。

第一，提出问题和分析问题。

无论企业面临上述哪一种情况，在制定战略时首先必须明确一系列问题：企业面临的主要的、关键的问题是什么？威胁企业生存的关键因素有哪些？企业能够有效利用的机会在哪里？企业在哪些领域具有优势？企业的主要竞争对手是谁？等等。

企业在制定战略时，如果对面临的问题并不十分清楚，就不可能制定出符合企业实际情况的战略，制定的战略也就不可能真正得到贯彻执行。如果企业对自身面临的问题不仅十分清楚而且加以认真总结，那么企业战略的制定就会水到渠成，战略的实施也就具有较强的可行性。

事实上，企业战略的制定过程就是一个不断地提出问题、分析问题和解决问题的过程。战略研究的过程应该体现出一种以问题为导向的方法论。而且提出问题和发现问题不仅是战略制定的核心，同时也是战略制定的基础，只有准确地找到企业存在的问题，才能制定出符合企业生存和发展的战略方案。

在此，应当明确一个重要的认识问题，即战略问题应当包括两个方面的含义。一方面是企业面临的真正问题。如企业自身存在的劣势，或外部环境的变化给企业造成的威胁，这些问题将会威胁企业的生存和发展。这类问题可以称为"坏"的问题。另一方面是企业面临的如何更好地发挥自身优势，或者如何抓住外部环境给企业带来良好的发展机会的问题。而且这种优势的发挥和机会的利用会给企业带来巨大的利益，此时这样的"问题"也需要提升到战略管理层，我们把这类问题称为"好"的问题。

所以，把战略问题应当理解为"好"和"坏"两类问题，这样更有利于对战略问题的认识和筛选。

在制定企业战略时，一般需要进行以下三个方面的分析。

1. 外部环境分析

（1）宏观环境分析。包括对宏观的政治环境、经济环境、法律环境、技术环境、人口环境、自然环境和社会文化环境的分析等。

（2）行业环境分析。包括对行业内竞争者的竞争态势、行业潜在进入者的威胁、替代品的威胁、供应商和购买者（集团）的砍价能力等方面的分析，对行业所处发展阶段的分析，对行业内战略集团的构成与竞争状况的分析等。

（3）竞争者分析。包括竞争者的确定、竞争者的战略目标分析、竞争者的现行战略分析、竞争者的假设及其能力分析等。

2. 企业内部环境分析

企业内部环境分析主要包括企业独特竞争力分析、管理能力分析、财务资源分析、市场营销能力分析、人力资源状况分析、生产运作分析及企业文化的分析等。

3. 机会、威胁、优势与劣势的分析

这方面的分析是指在企业外部和内部环境分析的基础上，运用战略研究的各种方法，确定企业所面临的外部环境中的机会与威胁、内部资源中的优势与劣势，为企业的战略方针、目标等战略管理要素的确定提供必要的信息。

以上分析为战略方案的制定提供可靠的依据、方向和指导原则，并且进一步提出制定战略的基本要求。

第二，明确制定战略的基本准则。

在明确了企业制定战略所面临的主要问题之后，还必须明确制定战略的基本准则。

（1）科学性准则。这一准则要求企业要依据科学的原理制定战略，要使用定量和定性的方法，经过科学的分析，提出可行的战略方案。不能以少数几个人对企业环境的认识、凭直觉作出决定。

（2）实践性准则。这一准则要求企业战略的制定要尊重企业发展的客观规律，从实践中来再回到实践中去。不仅要学习成功企业的经验，更要从失败企业的教训中总结出适合企业具体情况的可借鉴的经验，以便使制定的战略更符合企业实际状态，能够真正被贯彻执行，并给企业带来期望的效果。

（3）风险性准则。战略决策是事关企业生死存亡的重大决策，一旦决策失误，后果将很难挽回。因此，决策者在制定和选择战略时，必须具有强烈的风险意识和充分的心理准备，要对战略的风险性进行详细的分析评估，并制定必要的防范预案。

第三，明确组织的使命。

组织的使命是企业战略之魂，它表明企业存在的理由。企业使命一般由企业哲学和企业宗旨构成。企业哲学表明企业的价值观，是企业处理与其他相关利益群体关系的指导原则。

企业宗旨则说明企业的性质是什么，为社会提供什么。比如，是提供房屋清洁一类的服务，还是提供汽车之类的产品。企业宗旨确定企业的产品和服务范围，不但说明公司现在是什么，也要说明公司想成为什么，即管理层对企业未来的战略愿景。

良好构思的使命陈述能够使企业明确一个最基本的、独特的目的，它把本企业与其他企业区别开来。企业的使命应该在组织成员中充分共享，获得广泛认同。只有这样，企业才可能实现其使命。要想达到这一点，就必须保证企业存在的目的和未来发展的希望完全符合全体员工的愿望，而且这个愿望通过企业的实践是可以实现的。

第四，制定用来指导组织建立目标、选择和实施战略的方针。

对于一个企业而言，企业使命仅仅为企业提出了一个努力追求的目标和方向，围绕着目标的实现还需要制定相应的战略指导方针。战略指导方针规定着企业在制定和执行企业战略时的行动准则。例如，我们可以将企业的指导方针确定为"在发展中求稳定"，这就意味着在制定和执行战略时，发展是第一位的，而稳定是第二位的，在那些有较大风险的决策中就敢于创新、甘冒风险，在那些可做可不做的事情出现时一般就要选择去做；反之，我们也可以把企业的指导方针确定为"在稳定中求发展"，这就意味着在制定和执行企业战略时，稳定是第一位的，而发展是第二位的，在那些有较大风险的决策中就要相对保守、避免风险，在那些可做也可不做的事情出现时一般就要选择不去做。因此，方针政策的制定是至关重要的。

第五，建立实现组织使命的长期目标和短期目标。

长期目标和短期目标对企业都十分重要，正确地处理企业长期目标和短期目标的关系是每一个企业在制定战略时都必须慎重考虑的问题。作为战略管理来讲，一定要明确企业的短期目标必须服从和服务于长远的战略目标，这一根本指导方针是不能改变的。

第六，确定用于实现企业目标的战略。

这一阶段的主要任务是建立和选择企业的战略方案。战略通常需要在公司层、事业层和职能层分别设立，制定这些战略应遵循一定的决策程序。特别是最高管理部门需要开发和评价不同的战略选择，然后选定一组符合三个层次要求的战略，这些战略能够最佳地利用企业的资源和充分利用环境的机会。

通常，对于一个跨行业经营的企业来说，它的战略选择应解决以下两个基本的战略问题：一是企业的经营范围或经营领域，即规定企业从事生产经营活动的行业，明确企业的性质和所从事的事业，确定企业以什么样的产品或服务来满足哪一类顾客的需求；二是企业在某一特定经营领域的竞争优势，即确定企业提供的产品或服务，要在什么基础上取得超过竞争对手的优势。

最后，在事业部战略的指导下，每个职能部门按专业职能将其进行落实和具体化。它是将企业总体战略转化为职能部门具体行动计划的过程。根据这些行动计划，职能部门管理人员可以更清晰地认识本职能部门在实施总体战略中的责任和要求，从而丰富和完善了企业总体战略，甚至发展了企业总体战略。

（二）战略实施阶段

在战略方案制定以后，如何贯彻执行设计的战略是战略实施阶段的主要任务。

1. 建立实施战略的组织机构

不同的战略要求企业具有不同的组织机构。因此，企业的战略一旦确定，首先应该调整企业的组织机构，并根据战略的需要建立战略单元。

例如，在一个大型公司选择了多样化经营战略之后，它的组织机构一般应分为以下相应的层次。

（1）战略总部。它负责制定企业战略，整合各个单位的具体目标，实施创新与变革，制定和实现与战略目标相关的重大政策，并进行财务方面的总体安排。

（2）战略分部。它从事本部门的战略规划和资源分配，协调分部与总部之间的关系。战略分部的任务更接近于战略的实际操作内容。

（3）战略经营单元。它从事短期战略实施。它的任务更多的是确保短期目标的完成，并服从总目标的要求，更多履行实际操作。

（4）战略计划单位。它从事本单位基本的营业规划、产品与市场策略的制定及实施管理。

（5）产品市场区隔。它从事一个细分市场的经营与竞争活动，是企业从事战略活动的最小单元。它更注重年度经营目标的完成，因此，它的实施方案更注重策略的研究和可操作性。

2. 战略的实施与监控

这一阶段主要是通过企业的管理活动监控战略在实施过程中的有效性。事实上，战略的有效性不仅取决于战略的制定，而且还取决于战略的有效执行。而战略能否有效地执行，又取决于战略执行措施的制定与选择、实施战略时机的把握及战略实施程序的安排。

项目三　企业战略管理的基本类型

不同的企业在战略管理方面存在很大不同，甚至同一个企业，由于外部环境和内部条件的变化，也会在不同的时期实施不同模式的战略管理。下面给出企业战略管理的一些基本类型，以帮助读者了解不同战略的适用性。

一、按企业经营战略态势分

（一）发展型战略

发展型战略强调的是如何充分利用外部环境中的机会，避开威胁，充分发掘和运用企业内部的资源优势，以求得企业的发展。其特点是，投入的资源量较大，提高现有产品的市场占有率或用新产品开辟新市场，追求扩大产销规模，提高竞争地位，这是一种向更高水平、更大规模发展的战略态势。发展型战略主要包括产品-市场战略、一体化战略、企业购并或联盟战略、跨国经营战略等。

（二）稳定型战略

稳定型战略强调的是投入少量或中等数量的资源，保持现有产销规模和市场占有率，稳定和巩固现有的竞争地位。这是一种偏离企业目前状态最小的战略态势。当企业采用稳定型战略时，大多是因为企业面临的内外部环境对开展经营活动不太有利。稳定型战略主要包括无增长战略和微增长战略两种。

（三）紧缩型战略

紧缩型战略是指当企业外部环境与内部条件的变化都对企业十分不利时，企业只有采取撤退收缩的措施，把企业最具优势的方面集中到最有利的产品市场中，以便转移阵地或积蓄力量，保持生机，寻机发展。紧缩型战略主要包括抽资转向战略、调整战略、放弃战略和清算战略四种。

二、按企业规模分

（一）中小型企业战略

中小企业是指生产规模较小、生产能力较弱的企业。我国一般以企业职工人数、固定资产规模、产品批量等指标来区分大、中、小企业。

中小企业规模虽小，但在国民经济发展中占有十分重要的地位。据统计数据，我国中小企业占全国企业总数的97%以上。近年来乡镇企业、私营企业大量涌现，进一步壮大了中小企业的队伍。

中小企业的特点是适应性强，比较容易管理。其缺点是资金不足，抗经营风险能力差，经营成本相对大企业来讲较高。因此，中小企业战略主要包括以下几种类型。

（1）小而专、小而精战略。这种战略是指根据本地区资源优势，通过市场细分，选择能发挥企业自身资源优势，在某一特定的细分市场中进行集中经营。

（2）空隙战略。这种战略是指中小企业根据产业结构变动或产业结构中某一方面出现的空缺或薄弱之处，凭借自己的技术能力、生产特点、销售专长等优势，进入空隙市场，开展经营活动。

（3）特色战略。由于中小企业非常容易接近顾客，这就为中小企业了解用户的需求、及时有效地开发新产品提供了便利，并且通过有针对性的开发，能够形成产品特色和经营特色，通过与众不同的特色来吸引消费者，巩固自己的市场地位，从而取得较好的经营成果。

（4）技术创新战略。中小企业要在竞争中保持一定的优势地位，通常都会尽可能地发挥自己在技术上的能力，通过不断地开发新技术或新产品（如技术专利、技术专长等），以提升自己的竞争力，从而达到在竞争中保持优势地位的目的。

（5）联合战略。由于中小企业实力较弱，所以可以通过与其他中小企业形成多样化的松散或紧密的联合体，优势互补，克服单个小企业资金少、技术水平低、市场覆盖能力差等弱点，从而强化企业的生存和发展能力。

（6）依附战略。在任何一个行业中，不论多么强大的企业都不可能覆盖所有的市场，这就为中小企业提供了生存和发展的机会与可能。尤其在有大企业存在的行业中，中小企业可以凭借自身的特点和优势，为大企业提供某一方面的服务，成为它们的一个外包加工单位，通过紧密地依附于大企业，形成稳定的客户关系，确保企业长期稳定的发展。

（二）大型企业战略

我国大型企业约占全国企业总数的3%。大型企业的特点是：

（1）大型企业具有资金、技术、设备、人才、管理等多方面优势，是经济建设的主力军，是国民经济的命脉。从行业发展看，大型企业在行业中处于主导地位。

（2）大型企业依赖于规模经营，可以带来明显的规模效益。我国大型工业企业只占工业企业总数的0.5%，其产值、利润却占工业总产值和利润的60%左右。

（3）大型企业的生产设备有着大型化、自动化、计算机控制程度高的特点，表现为产品成本低、劳动生产率较高。

（4）大型企业具有科研、生产、销售和服务的多种功能，具有较强的技术和产品开发能力、综合配套能力、服务能力及强大的市场开发能力。

（5）大型企业抵御风险的能力较强，因此其经营状态较为稳定。

（6）大型企业适应变化的能力稍差。大型企业组织机构庞大复杂，管理层次多，信息传递及处理较慢，对外界环境变化反应迟钝，因而决策过程缓慢。由于管理机构较多，责、权、利结合相对困难，导致管理效率较低。又由于大多生产的是国民经济的主导产品，因此易受国民经济和世界经济波动的影响。

大型企业战略主要有：产品-市场战略、企业购并战略、集团战略、国际化经营战略等。

对于一个大型企业来讲，往往对不同外部环境及内部条件采用几种不同的企业战略模式，从而形成不同的企业战略组合。这种组合可以是同时组合，如企业同时采用发展型战略和稳定型战略；还可以是顺序组合，如企业先实施稳定型战略，待企业实力壮大后，再实施发展型战略；还可以实行混合型战略，即企业某些产品采用同时组合的战略，而对另外一些产品采用顺序组合的战略。

思考题

（1）从不同的角度可以得出不同的战略的定义，你认为什么是战略？

（2）如何理解战略管理对现代企业的重要性？

（3）在现代市场经济条件下，企业战略管理应关注企业成长中的哪些重要问题？

（4）战略管理具有哪些特点？

（5）简述战略管理过程。

（6）企业战略的构成要素有哪些？

实训项目一

实训内容	主题	考查方式	评分
分组探讨	如何看待战略对一个企业的影响	提交分析报告（500字以上）	
参观访问	联系地方企业进行团体参观，了解该公司的企业战略管理制度	制作成演示文件在课内讲解	
总分			

模块二 企业愿景、使命和战略目标

企业战略最重要的是方向。这个方向，从长远看是愿景和使命，从短期看是战略目标。利益相关者从公司的愿景和使命中可以获得大量信息。事实上，对愿景和使命描述的主要目的之一就是告诉利益相关者，企业是干什么的，企业希望成为什么，以及企业为谁服务。而战略目标能够将愿景和使命具体和细化，使企业各方面、各层次有了明确的奋斗目标，使企业各方面力量集中起来，形成推动企业不断前进的力量。

项目一 企业愿景和使命

一、企业愿景

（一）企业愿景的概念

企业愿景，实际上是为了企业描述未来的发展方向，回答企业要成为一个什么类型的公司，要占领什么样的市场，具有什么样的发展能力的问题。

企业在很长的时间跨度内，提出和制定具有创业精神并且清晰的企业愿景，这是一项很艰巨的任务。它要求企业凭借企业家式的直觉和创造力，洞悉出企业现有业务中将要发生的变化及将要出现的市场机会，客观地对待所要面临的市场环境、竞争环境、技术环境、管理环境和社会环境，客观地对待自身的资源和能力，理性地分析所需要采取的措施，提出一个可行的、具有吸引力的概念，进而规划企业的行动，激活企业的战略。

（二）企业愿景的要素

企业在愿景中要详细地阐述以下几个方面。

（1）界定企业的当前业务，即要回答我们做什么的问题。这个问题看起来简单，但从战略角度看却不那么容易回答。

（2）确定企业的发展方向，即要回答我们向何处去的问题。这里要解决目前企业业务的发展与领先地位的问题，要解决进一步向其他领域扩张的问题，以及在市场范围上进一步扩大的问题等。

（3）界定实现发展规划的具体步骤，即要考虑我们如何去做的问题。为

25

此，企业要考虑如何在目标市场上获得强有力的竞争优势，以实现世界级的效益；考虑如何从领域及价值方面进一步扩大消费者的偏好；以及如何进一步降低成本的问题。

（4）确定衡量效益的标准，即要回答我们如何衡量效益的问题。具体讲，企业的每一项业务都要为实现企业的目标作出自己最大的贡献。

（5）界定企业愿景的特殊性，即不同公司对愿景有不同的表述，不具有普遍性。这样，企业才能制定出具有自己特性的与众不同的战略。即使在同一行业里，企业的愿景也会是不同的。

当然，企业所面临的环境不会是一成不变的。当企业的环境发生巨大变化时，这些变化往往会影响企业的前景，要求企业对自己的发展方向作出大幅度的修订。英特尔公司的总裁安德鲁把这种情况叫作"战略转折点"。

二、企业使命

（一）企业使命的概念

企业使命是管理者确定的较长时期的生产经营的总方向、总目的、总特征和总的指导思想。它反映了企业管理者的价值观和企业力图为己树立的形象，揭示本企业与同行业企业在目标上的差异，界定企业的主要产品和服务范围，以及企业试图满足的顾客的基本需求。

（二）企业使命与企业愿景的异同

企业使命与企业愿景既有差异，也有联系。两者的不同之处如下。

（1）企业愿景更倾向于以企业的未来为导向，考虑的是我们将会成为什么样的企业这一问题。

（2）企业使命则表明企业现在的状况，指出当前的目的、任务、承担的社会责任等，考虑我们的业务是什么的问题。

两者的联系在于：企业使命是愿景的起点，愿景的确定又必须从使命出发，使命成为愿景的一个组成部分。综上所述，二者的关系，如下表所示。

表 2-1　　　　　　　　　　　　企业使命与企业愿景的异同

项目	企业使命	企业愿景
区别	我们目前是什么	我们想成为什么
	着重对外公布	着重对内公布
	较为抽象	较为具体
联系	企业使命是愿景的起点，愿景的确定又必须从使命出发，使命成为愿景的一个组成部分	

（三）企业使命的界定

企业可以从以下三个方面界定自己的业务。

1. 顾客的需求

顾客的需求，即企业需要满足顾客什么方面的需求。

一般来讲，企业产品或服务只有在满足顾客的某种需求和需要的时候，它才具有重要的意义，才真正成为企业的一项业务。

2. 顾客群

顾客群，即企业需要满足的对象是谁。企业必须对此做出明确回答，因为顾客群代表的是一个需要提供服务的购买者的类型需要覆盖的市场和地理区域。

3. 满足顾客的需求方式

满足顾客的需求方式，即企业采取什么样的技术和活动来满足顾客的需求。这一点的重要性表现在企业如何满足顾客的需求，即企业生产经营活动的重点放在价值链的哪些方面。

这三个方面实际上是要企业回答"什么"、"谁"及"什么方式"三个基本的问题。在实践中，企业能够用一个简单明了的句子，阐述企业所服务的目标市场及所开展活动的方式的确是一个挑战。各个公司所要实现的战略不尽相同，各自的阐述方式也是不一样的。

麦当劳公司回答"什么"、"谁"及"什么方式"的问题就是一个典型的例子。该公司界定自己的使命时，宣称是"一张有限的菜谱，质量一致的美味快餐食品，快递到位的服务，超值定价，卓越的顾客服务，便利的定位和选址，全球的市场覆盖"。

（四）企业使命的陈述

在具体阐述企业使命时，企业要注意以下几个问题。

1. 企业定位

企业要在市场竞争中根据所拥有的技术，所生产的产品和所服务的市场，客观地评价自己优劣条件，准确地确定自己的位置，制定竞争的基准。

2. 企业理念

企业理念是企业的基本信念、价值观、抱负和哲理选择，也是企业的行为准则。企业可以据此对自己的行为进行自我控制和自我约束。

3. 公众形象

企业管理者应该充分满足公众期望，树立良好的企业形象，尽到对社会应尽的责任。

4. 利益群体

企业管理者还必须充分地重视企业内、外部利益群体和个人合理要求。企业内部利益群体是指企业的董事会、股东、管理人员和职员。

企业外部利益群体是指企业的顾客、供应者、竞争者、政府机构和一般公众等。这些利益群体希望企业能够按照他们满意的方式，进行生产经营活动。

企业要满足上述各种需求，应做好以下工作。

课堂笔记

第一，判定要求者。企业要了解利益群体的人数、规模与重要性，分析其结构和功能，判断他们对企业经营成功的影响力。

第二，了解要求的内容。企业要了解利益群体的各种具体要求，做到心中有数，在可能的条件下，给予有效的满足。

第三，协调各种要求。企业往往会面对利益群体的各种相互矛盾的要求。例如，政府要求企业控制污染，顾客则要求企业尽可能多的提供产品。面对各种矛盾的要求，企业应该根据自己的长期目标、战略和资源配置的情况，并考虑到这些要求的轻重缓急程度，给予适当的解决。

第四，协调企业使命形成要素之间的关系。满足利益群体的要求只是企业使命中的一个内容，企业还必须考虑产品、市场、企业理念及企业对社会的责任等其他方面的内容。因此，一个企业的使命要完善地、综合地和协调地反映出各个方面的要求和自己的任务，为企业的战略指出一个统一的方向，肯定自己的社会义务，使内、外部利益群体都感到满意，最终达到保证企业生存、盈利、增长、发展的目的。

最后，需要强调的一点是无论企业的愿景还是企业的使命，都不能将企业的利润作为陈述的内容。有些公司从赢利的角度来表述它们的愿景或使命，这实际上是对企业愿景和使命的误解。企业如果仅仅谈利润，并不能说明自己的业务领域，也不能说明自己的长期发展方向。

例如，沃尔玛公司与本田公司在业务和长期的发展方向上截然不同，如果只谈利润，就很难看出两者在战略上的区别。为此，企业要考虑"我们开展什么样的业务，为谁开展这种业务，如何展开这种业务，最后才能赢利？"

企业的外部环境因素存在于组织外部，是影响企业经营活动及其发展的各种客观因素与力量的总和。企业通过搜集信息来认识外部环境，从而了解企业受到哪些方面的挑战和威胁，又会面临怎样的发展机遇。进行外部环境的分析，就是要通过建立适当的信息来源渠道，总结出若干能够影响企业未来发展的关键战略要素，并据此制定适合企业发展的战略。

项目二　企业战略目标

企业要制定正确的经营战略，仅仅有明确的企业使命和企业宗旨还不够，还必须把使命转换为企业目标。目标是要将愿景转换成为具体的效益，同时还要为效益提出一个衡量的标准，包括财务数据及一些其他的数据。企业愿景和企业使命比较抽象，制定企业目标的作用就是将其具体化。战略目标是对企业战略经营活动预期取得的主要成果的期望值。战略目标的设定，同时也是企业愿景和使命的展开和具体化，是企业愿景中确认的企业经营目的、社会使命的进一步阐明和界定，也是企业在既定的战略经营领域展开战略经营活动所要达到的水平和具体规定。

一、企业战略目标的内涵

（一）企业战略目标的含义

企业战略目标（strategic objectives）是企业在一定时期内，按照企业愿景和区域使命，通过战略期内的战略活动达到想要的结果，是对企业使命进一步具体、明确的阐述。目标可以是定性的，也可以是定量的，如企业赢利能力目标、市场份额目标等。

企业的战略目标从影响程度和时间上来看，分为战略目标、长期目标和年度目标三个层次。长期战略目标实现期限通常超出企业一个现行的会计年度。

二、企业战略目标的特征

战略目标与企业其他目标相比，具有以下一些特点。

（一）宏观性

战略目标是一种宏观目标。它是对企业全局的一种总体设想，它的着眼点是整体而不是局部。它是从宏观角度对企业的未来的一种较为理想的设定。它所提出的，是企业整体发展的总任务和总要求。它所规定的，是整体发展的根本方向。因此，人们所提出的企业战略目标总是高度概括的。

（二）长期性

战略目标是一种长期目标。它的着眼点是未来和长远。战略目标是关于未来的设想，它所设定的，是企业职工通过自己的长期努力奋斗而达到的对现实的一种根本性的改造。战略目标所规定的，是一种长期的发展方向，它所提出的，是一种长期的任务，绝不是一蹴而就的，而是要经过企业职工相当长的努力才能实现的。

（三）相对稳定性

战略目标既然是总方向、总任务，那么它在其所规定的时间内就应该是相对稳定的。战略目标既然是总方向、总任务，那么它就应该是相对不变的。这样，企业职工的行动才会有一个明确的方向，大家对目标的实现才会树立起坚定的信念。当然，强调战略目标的稳定性并不排斥根据客观需要和情况的发展对战略目标作出必要的修正。

（四）全面性

战略目标是一种整体性要求。它虽着眼于未来，但却没有抛弃现在；它虽着眼于全局，但又不排斥局部。科学的战略目标，总是对现实利益与长远利益、局部利益与整体利益的综合反映。科学的战略目标虽然总是概括的，但它对人们行动的要求却又总是全面的，甚至说是相当具体的。

此外企业战略目标还具有可分性、可接受性、可检验性等。

29

三、企业战略目标的内容

企业中的每一个业务单位都必须有一个具体的、可测度的业绩目标，从而在企业中形成一种以结果为导向的氛围。如果每个单位都完成了具体的分目标，就是为整个企业目标的完成和企业使命的实现作出了应有的贡献。

德鲁克认为各个企业需要制定目标的领域都是一样的，所有企业的生存都取决于同样的一些因素。他在《管理实践》一书中提出，企业战略目标的内容主要集中在 5 个关键领域：市场方面的目标；利益方面的目标；人力资源方面的目标；职工积极性发挥方面的目标；社会责任方面的目标。

格罗斯在其所著的《组织及其管理》一书中归纳出组织目标的 7 项内容。利益的满足：组织的存在以满足相关的任何组织利益、需要、愿望和要求；劳务或商品的产出：组织产出的产品包括劳务（有形的或无形的）商品，其质量和数量都可以用货币或物质单位表示出来；效率或获利的可能性：投入—产出目标，包括效率、生产率等；组织、生存能力的投资：组织能力包括存在和发展的能力，有赖于投入数量和投资转换过程；资源的调动：从环境中获得稀有资源；对法规的遵守；合理性：令人满意的行为方式，包括技术合理性和管理合理性。

不同的企业战略目标也有差异。但概括起来，企业的主要目标一般包括以下内容。

（一）赢利能力

企业经营的成效在很大程度上表现为具有一定的赢利水平，它通常以利润、资产报酬率、所有者权益报酬率、每股平均收益、销售利润等指标来表示。

（二）生产率

生产率经常用投入产出比率、年产量、设备自动化水平等指标来表示，有时也会把产品成本降低率、产品质量、废品率等指标作为企业生产效率指标提出来分析。

（三）市场竞争地位

其通常以市场占有率、总销售收入、准时交货、增加售后服务项目、顾客满意度、比竞争对手有更好的企业形象等指标来表示。

（四）产品结构

反映产品结构的指标，常用的有产品线的宽度与深度、企业新产品产值占企业总产值比率、新产品销售额占总销售收入的比例、新开发产品数、淘汰产品数等。

（五）财务状况

其通常以资本构成、流动资金、新增普通股、红利偿付、固定资产增值、总成本、收益增长、提高资本回报率、获得经济附加价值、良好的证券和评价等指标来表示。

（六）企业成长

企业应适应内外环境变化的需要而不断发展，因此企业的建设和发展应成为企业战略目标中的一个重要内容。这方面的指标有：年产量增加速度，经济效益提高速度，企业生产规模的扩大，生产用工面积的扩大，生产能力的扩大，生产自动化、数控化、计算机化水平的提高，企业管理水平的提高等。

此外，企业战略目标还包括研究与开发、职工福利等方面。

四、战略目标的制定原则

企业在制定战略目标的过程中，应遵循下列基本原则。

（一）关键性原则

关键性原则要求企业确定的战略目标必须突出有关企业经营成败的重要问题，有关企业全局的问题，切不可把次要的战术目标作为企业的战略目标，以免滥用企业资源而因小失大。

（二）可行性原则

确定的战略目标必须保证能够如期实现。因此，在制定战略目标时，必须全面分析企业各种资源条件和主观努力所能达到的程度。既不要脱离实际、凭主观愿望把目标定得过高，也不可不求进取把战略目标定得过低。

（三）定量化原则

要使企业的战略目标明确清晰，就必须使目标定量化，具有可衡量性，以便检查和评价其实现的程度。因此，战略目标必须用数量指标或质量指标来表示，而且最好具有可比性。

（四）一致性原则

一致性原则，又称平衡性原则。一致性原则要求：第一，战略目标组合中的各个分目标之间应相互协调，相互支持，在横向上形成一个系统；第二，总公司的长期战略目标和短期战术目标要与战略经营单位和职能部门的短期战术目标协调一致，形成系统，而不能相互矛盾，互相脱节。

（五）激励性原则

制定企业的战略目标既要具有可行性，又要考虑到它的先进性。所谓先进性，是指制定的目标要经过努力才能实现。只有那些可行而先进的战略目标才具有激励和挑战作用，才能挖掘出人的巨大潜能。

（六）稳定性原则

企业的战略目标一经制定和落实，就必须保持相对稳定，不可朝令夕改

课堂笔记

31

而引起企业战略的变更。当然，如果经营环境发生了变化，所有的经营单位及职能部门的短期战术目标也要及时作出相应的调整。

五、企业战略目标的制定过程

一般来说，确定战略目标需要经历调查研究、拟定目标、评价论证和目标决断这样四个具体步骤。

（一）调查研究

在制定企业战略目标之前，必须进行调查研究工作。但是在确定战略目标的工作中还必须对已经作过的调查结果进行复核，进一步整理研究，把机会和威胁、长处与短处、自身与对手、企业与环境、需要与资源、现在与未来加以对比，搞清楚他们之间的关系，才能为确定战略目标奠定可靠的基础。

调查研究一定要全面进行，但又要突出重点。为确定战略进行的调查研究是不同于其他类型的调查研究的，它的侧重点是企业与外部环境的关系和对未来的研究和预测。关于企业自身的历史与现状的陈述自然是有用的，但是，对战略目标决策来说，最关键的还是那些对企业未来具有决定意义的外部环境的信息。

（二）拟定目标

经过细致周密的调查研究，便可以着手拟定战略目标了。拟定战略目标一般需要经历两个环节：拟定目标方向和拟定目标水平。首先在既定的战略经营领域内，依据对外部环境、需要和资源的综合考虑，确定目标方向，通过对现有能力与手段等诸多条件的全面衡量，对沿着战略方向展开的活动所要达到的水平也作出初步的规定，这便形成了可提供决策选择的目标方案。

前面对企业战略目标包含的内容已经作出了介绍。在确定战略目标的过程中，必须注意目标结构的合理性，并要列出各个目标的综合排列的次序。另外，在满足实际需要的前提下，要尽可能减少目标的个数。一般采用的方法是：把类似的目标合并成一个目标；把从属目标归于总目标；通过度量求和、求平均或过程综合函数的办法，形成一个单一的综合目标。

（三）评价论证

战略目标拟定出来之后，就要组织多方面的专家和有关人员对提出的目标方案进行评价和论证。

（1）要围绕目标是否正确进行。要着重研究：拟定的战略目标是否符合企业精神，是否符合企业的整体利益与发展需要，是否符合外部环境及未来发展的需要。

（2）要评价和论证战略目标的可行性。评价和论证的方法，主要是按照目标的要求，分析企业的实际能力，找出目标与现状的差距，然后分析用以消除这个差距的措施，而且要进行恰当的运算，尽可能用数据说明。如果制定的途径、能力和措施，对消除这个差距有足够的保证，那就说明这个目标是可行的。还有一个倾向要注意的是，如果外部环境及未来的变化对企业发展比较有利，企业自身也有办法找到更多的发展途径、能力和措施，那么就要考虑提高战略目标的水平。

（3）要对所拟定的目标完善化程度进行评价。要着重考虑以下三点。①目标是否明确。所谓目标明确，是指目标应当是单义的，只能有一种理解，而不能是多义的；多项目标还必须分出主次轻重；实现目标的责任必须能够落实；实现目标的约束条件也要尽可能明确。②目标的内容是否协调一致。如果内容不协调一致，完成其中一部分指标势必会牺牲另一部分指标，那么，目标内容便无法完全实现。③目标内容有无改善的余地。

如果在评价论证时，人们已经提出了多个目标方案，那么这种评价论证就要在比较中进行。通过对比、权衡利弊，找出各个目标方案的优劣所在。

拟定目标的评价论证过程，也是目标方案的完善过程。要通过评价论证，找出目标方案的不足，并想方设法使之完善起来。如果通过评价论证发现拟定的目标完全不正确或根本无法实现，那就要回过头去重新拟定目标，然后再重新评价论证。

（四）目标决断

在决断选定目标时，要注意从以下三方面权衡各个目标方案：目标方向的正确程序；渴望实现的程度；期望效益的大小。对这三个方面宜作综合考虑。所选定的目标，三个方面的期望值都应该尽可能大。目标决断，还必须掌握好决断时机。因为战略决策不同于战术决策。战术目标决策常常会时间比较紧迫，回旋余地很小，而且战略目标决策的时间压力相对不大。在决策时间的问题上，一方面要防止在机会和困难都还没有搞清楚之前就轻率决策；另一方面又不能优柔寡断，贻误时机。

从调查研究、拟定目标、评价论证到目标决断，确定战略目标的这四个步骤是紧密结合在一起的，后一步的工作要依赖于前一步的工作，在进行后一步的工作时，如果发现前一步工作的不足，或者遇到新情况，就需要回过头，重新进行前一步或前几步的工作。

思考题

（1）什么是企业愿景、企业使命、企业目标？

（2）企业愿景与企业使命之间的关系是什么？

（3）在阐述企业使命时，企业要注意哪些问题？

（4）企业目标应该是由哪些内容组成的？

（5）企业使命是否随时间、环境而发生相应的变化？为什么？

（6）判断企业战略目标设定是否合理的标准是什么？

课堂笔记

实训内容	主题	考查方式	评分
分组探讨	如何看待企业的愿景、使命和战略目标对企业发展的影响作用	提交分析报告（500字以上）	
参观访问	联系地方企业进行团体参观，了解该公司的愿景、使命和战略目标	制作成演示文件在课内讲解	
总分			

模块三　企业外部环境分析

企业的外部环境因素存在于组织外部，是影响企业经营活动及其发展的各种客观因素与力量的总和。企业通过搜集信息来认识外部环境，从而了解企业受到哪些方面的挑战和威胁，又会面临怎样的发展和机遇。进行外部环境的分析，就是要通过建立适当的信息来源渠道，总结出若干能够影响企业未来发展的关键战略要素，并据此制定适合企业发展的战略。

项目一　外部环境概述

一、外部环境的概念和类型

企业的外部环境可以分成两个层面，即一般宏观环境和行业竞争环境。所谓一般宏观环境，是指对各个产业都产生不同程度影响的共同的外部因素。企业与生产同样产品的竞争对手相互作用，而且它们又同时面对这一组相同的外部因素，这些竞争对手及外部因素就构成了企业的行业竞争环境。

外部环境诸要素对不同的企业的影响程度是不同的。对于一个特定的企业来说，它是存在于某一行业环境之内的。行业是为同一类顾客提供产品或服务的企业的总和，行业的发展也为企业生存和发展提供了空间，它直接影响企业的生产经营活动。所以，第一类外部环境是行业环境。各个行业的社会使命、产品和生产过程及发展条件等各个方面千差万别，因此每个行业都具有不同的性质。第二类外部环境间接地或潜在地对企业发生作用和影响，因此将第二类外部环境称为企业的宏观外部环境。一般来说，宏观外部环境由四大方面的因素或力量构成，分别称之为宏观外部环境的政治法律环境、经济环境、技术环境和社会文化环境。行业环境和位于其内部的该行业的各企业都要受到政治、法律、经济、技术和社会文化等宏观环境的影响，当然，这些因素或力量又是相互联系并且互相影响的。

对外部环境的未来变换做出正确的预见，是战略能够获得成功的前提。但不确定性又是外部环境的基本特性。

不确定并不等于不可知。H. Courtney 等人在《不确定性之下的战略》一文中指出，"在低估不确定性情况下产生的战略，既不能让企业防御不确定带

35

来的风险，也不能帮助企业捕捉不确定性带来的机遇"。

环境的不确定性可分解为复杂程度和变化程度。复杂程度是指对组织产生影响的外部因素的数量及种类，变化程度是指还击中各构成因素是否发生变化及这种变化的可预见性。

外部环境的变化性在于任何企业都不会处于一个永恒不变的外部环境之中，企业的外部环境总是处于不断变化之中。例如，企业与行业竞争者位置的变化、法律义务和法律制约的改变、国家政策方针的改变都会引起企业外部环境的变化，而且这些外部环境的变化，有些是可预测的、逻辑渐进式的，有些则是不可预测的、突发性的。

外部环境的变化性，要求企业的外部环境分析应当是一个与企业环境变化相适应的动态分析过程，而非一劳永逸的一次性工作。战略本身的选择也应该依据外部环境的变化做出修正或调整。企业要不断分析与预测未来环境的变化趋势，当环境发生较大的变化时，为了适应这种变化，企业必须适时修订战略，使企业战略与外部环境间实现新的匹配与平衡。

外部环境的复杂性在于企业在进行外部环境分析时，应当考虑的环境因素及各因素之间联系的多少。如果企业外部的影响因素多，且各因素相互关联，则意味着环境复杂。一般来说，随着时代的发展，企业作为一个开放的系统，它所面临的外部环境因素越来越多，越来越多元化，因而使企业所面临的外部环境变得更加复杂。例如，企业迫切需要增加对国际同行业情况的了解，以及考虑生产要素在国际范围内的优化组合。从这点来看，更加说明企业战略管理的重要性。

一个组织面临的环境不确定性越大，环境对管理当局的限制就越大。环境的不确定性大致为以下四种，如图 3-1 所示。

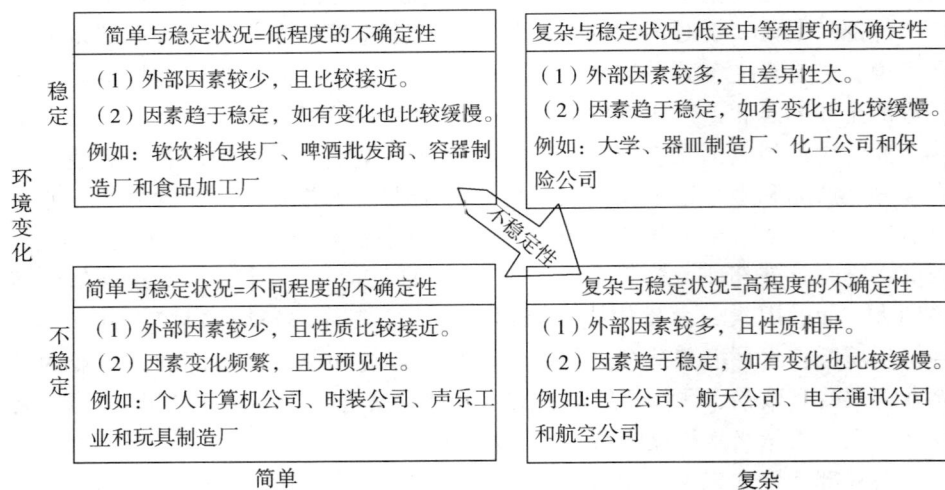

简单与稳定状况=低程度的不确定性	复杂与稳定状况=低至中等程度的不确定性
（1）外部因素较少，且比较接近。 （2）因素趋于稳定，如有变化也比较缓慢。 例如：软饮料包装厂、啤酒批发商、容器制造厂和食品加工厂	（1）外部因素较多，且差异性大。 （2）因素趋于稳定，如有变化也比较缓慢。 例如：大学、器皿制造厂、化工公司和保险公司
简单与稳定状况=不同程度的不确定性	复杂与稳定状况=高程度的不确定性
（1）外部因素较少，且性质比较接近。 （2）因素变化频繁，且无预见性。 例如：个人计算机公司、时装公司、声乐工业和玩具制造厂	（1）外部因素较多，且性质相异。 （2）因素趋于稳定，如有变化也比较缓慢。 例如：电子公司、航天公司、电子通讯公司和航空公司

稳定　环境变化　不稳定

简单　　　　　复杂

不稳定性

图 3-1　评估环境不确定性框架图

（一）简单与稳定状况

在简单与稳定状况下，不确定的程度很低。企业所面临的环境比较容易理解，变化不大。例如，原材料供应商和大批量生产企业。在这类企业中，相关的外部因素较少，技术过程相对比较单一，竞争和市场在较长的时期内固定，市场和竞争的数量可能有限。例如，软饮料制造厂、啤酒批发商、容器制造厂、食品加工厂及律师事务所等。如果企业所处环境简单且稳定，那么，对过去环境的分析就有一定的实际意义，因为历史上出现过的规律性时间有可能继续在未来出现。

在这种环境中，通常可以采用历史分析方法（historical analysis）。历史分析包括以下两部分：①将企业自己内部的资源和目前的发展与企业过去的经历进行比对，从而检测自己是否已经有所提高，或是具备了从前所不具备的竞争能力；②根据自己目前所取得的行业历史资料来对自己所处的行业进行历史分析，从而根据分析的结果来对行业的未来进行预测。由于所处环境比较简单而稳定，因此，历史分析的结果对未来的预测一般比较准确。

（二）复杂与稳定状况

复杂与稳定状况表明不确定性有所增加。在对外部环境审查过程中需要考虑较多的环境因素。为了提高企业的效益，必须对这些因素进行分析。然而，这种环境下的外部因素变化不大，且往往在意料之中，例如，电器制造厂和保险公司所处的环境复杂但比较稳定。尽管外部因素较多且在不断变化中，但是变化速度比较缓慢，而且可以预见。

在这种环境中，企业也许没有足够的能力对未来进行各种可能性的假设，复杂的环境也限制了企业对未来进行各种假设。因此，企业可以为自己的不同部门配以相应的资源和权利，即对环境问题进行分解，让各个部门自己去处理它们各自的环境问题，从而分解企业所处的环境压力。例如，市场部门解决自己的市场环境问题，人力资源部门解决自己的人力资源环境问题。

（三）简单与不稳定状况

在简单与不稳定状况中，不确定性进一步增加。尽管企业的外部因素很少，然而，这些因素很难预测，往往与企业初衷相违背。这种环境下的企业有时装公司、个人计算机公司、玩具制造公司和娱乐行业的一些公司。这些企业面临的市场供求关系经常发生变动。

在这种环境中，仅仅依靠历史分析方法是不够的，还可以用场景分析方法。场景分析方法是对将来可能出现的几种情况进行假设，分析每种可能性假设所产生的结果（好与不好），再将几种可能性假设进行组合，从而对未来进行预测。场景分析方法的步骤有以下两步：①识别出关键力量。第一，具有高潜在影响力，它可能是变化的驱动力，也可能是 PEST 分析中识别的因素；第二，具有高不确定性。②场景构建。根据假设情况进行组合，预测未来可能出现的几种情况。

（四）复杂与不稳定状况

复杂与不稳定状况下不确定程度最高。企业面临着较多的外部因素，且变化频繁，对企业的举措影响甚大。当几种因素同时变化时，环境会发生激烈动荡。例如，电子公司和航空公司往往处在这种复杂与不稳定的环境中。许多外部因素会同时发生变化。例如航空公司，在过去出现了不少地区性航空公司，法规进一步放宽、价格战不断出现、燃料成本上升、海湾战争爆发、机场拥挤不堪、顾客需求变化等。除此之外，电子通信公司也属于这类在复杂与不稳定状况下的企业。

在这种环境下，企业只能根据自己多年的经验累积（experience and learning）来对未来环境进行大胆的预测。这种经验也能帮助企业形成自己的战略能力，从而获取竞争优势。而如何确定环境的性质在很大程度上取决于企业的市场调研能力和力度，如尽可能地从不同的信息渠道（如报纸、杂志、网络）搜集信息并加以分析，用简洁的文字对企业所处环境的性质进行描述。

在当今竞争日益全球化、技术进步迅猛、市场变化速度加快的时代，所有行业的企业都面临着更高程度的复杂和变化的环境。

项目二　宏观环境分析

任何一个组织都处于一定的环境中，而且必须在一定的环境中生存与发展，并在环境中发现机会，迎接挑战。企业宏观环境是指那些来自企业外部对企业战略产生影响、发生作用的主要社会力量。企业宏观环境虽然比较"大"，但对企业战略的影响却是"实实在在"的。例如，一项新出台的产业政策，可能催生或发展一批行业和企业，但也可能对其他一些行业和企业构成威胁甚至造成灭顶之灾，所以我们必须高度重视研究企业的宏观环境。为什么要分析宏观环境呢？这是因为宏观环境是影响企业战略选择的最终根源——不研究宏观环境，不分析宏观环境，企业就很难超前做出正确的战略决策。

PEST 分析为研究企业的宏观环境提供了一个有益的框架。PEST 分析将企业的一般环境分为四个方面，即政治的（political）、经济的（economical）、社会的（social）和技术的（technological）因素。这些因素可以揭示外部环境中的重要机会和威胁，为企业战略的制定提供基础。

一、政治法律环境

政治法律环境是指对企业经营活动具有实际与潜在影响的政治力量和有关法律、法规等因素。它主要包括国家的政治制度和体制、政局的稳定性、国家的方针政策及与企业经营活动有关的法律法规。政治法律环境对企业行为的影响是比较复杂的，有些是直接的，有些是间接的；有些是积极的，有些是消极的。具体而言，政治程序和立法影响到产业必须遵守的环境管制。对于高度依赖政府合同或补贴的产业和企业来说，政治预测是外部环境分析中最重要的部分。专利法规的变化、反垄断立法都可以显著地影响企业。一般来说，政治行为对企业行为有直接的影响，但政府主要是通过制定法律和法规来间接影响企业的活动。企业应关注和企业经营比较密切相关的经济法律法规，如公司法、合同法、专利法、商标法、税法、破产法等。政治法律环境对企业来说是不可控的，带有强制性的约束力，只有适应这些环境的需要，使自己的行为符合国家的政治路线、政策、法令法规的要求，企业才能生存和发展。同时，中国已加入 WTO，将履行承诺，逐步放开金融、保险、电信企业带来的严峻挑战。经济、市场、政府和企业之间全球性的相关、依赖程度不断提高，企业急需考虑政治因素变化对竞争战略的制定、实施的影响，日益激烈的全球竞争使准确地进行政治、政府和法律分析显得更为必要。在企业实施国际化战略的过程中，企业管理人员需要很好地了解公司将要进入并开展业务的国家的政治状况及决策过程。

对于中国企业来说，许多政策的出台是不可控的，但是政策的产生有其必然的因素和连续性，从这个意义上讲，政策是可以预见的，同时也是可以把握的，抢先判断出未来的政策走向，可以使企业在发展和战略布局上先人一步。并且，企业作出的决策只有与政策保持方向的一致才有可能持续发展。

每一次重大的政策出台对企业来说就是一场公平的状态下的新竞争的开始，这在以往已经多次得到了验证。从企业决策的角度上来看，政策应当是首要考虑的问题之一，这将决定企业今后的发展空间及是否会受到限制或者是否得到支持。

1978 年中国决定走改革开放的道路，从城市到乡村，很多人在党的政策指引下走上发家致富的道路。1983 年以后，国家又开始允许个体经济的出现，一些敢于尝试个体经营的人在那时得到回报，中国最早一批先富裕起来的群体基本上是那时候诞生的。包括现在一些国内知名的民营企业家，也是在那时赚得的"第一桶金"。这些人在随后二十几年的时间里，经过大浪淘沙，基本上组成今天中国民营经济的主体力量。他们成功的道路虽然各不相同，但是有一点必须承认，这些人都是打拼在市场经济大潮浪尖上的人，而做到这一点的关键就是他们对政策的理解比其他人要快、要透彻，并领先于其他人。这也就是为什么在过去曾经有一段时间里人们谈论"撑死胆大的"。其实并非胆子大，而是当时的政策开放了广阔的市场空间，在卖方市场的环境中，这些"胆大"的人得到了实惠。如果在现今买方市场环境中，"胆大"就不一定能够成功。

从几年来不断延续的改革措施着眼，在未来的几年中，中国的主要方针政策将不会发生大的改变。这要求企业在重要的战略选择上要充分考虑这个方面。

二、经济环境

经济环境是指构成企业生存和发展的社会经济状况及国家经济政策。与政治环境相比，经济环境对企业生产经营的影响更加直接和具体。现代经济环境正发生巨大的变化，每一个企业都应充分地理解和把握这一变化。

我国经济的持续快速增长及其巨大的市场规模的形成，对于几乎所有的企业包括跨国企业都是不容错过的重大发展契机。然而，经济周期性波动特别是宏观经济紧缩往往使一批又一批抗风险能力差的企业陷入困境甚至绝境。

（一）企业经济环境构成

企业经济环境是一个多元动态系统，主要由社会经济结构、经济发展水平、经济体制、宏观经济政策、社会购买力、消费者收入水平和支出水平模式、消费者储蓄和信贷等要素构成。

（1）社会经济结构。社会经济结构又称"国民经济结构"，是指国民经济中不同经济成分、不同产业部门及社会再生产各个方面在组成国民经济整体时相互的适应性、量的比例以及排列关联的状况。一般而言，社会经济结构主要包括五方面的内容，即产业结构、分配结构、交换结构、消费结构和技术结构，其中产业结构对企业的影响尤为重要。

实践证明，当社会经济结构出现问题时，会造成很多企业甚至整个产业出现问题，严重的还会造成整个国民经济的动荡。所以企业应时刻关注社会经济结构的变化动向，及时妥善调整企业的经营活动，主动适应宏观经济环境变化，才能保证企业的安全与健康，有时还能把握时机，开拓创新，推动企业的发展。

（2）经济发展水平。它是指一个国家经济发展的规模、速度和所达到的水准。所反映一个国家经济发展水平常用的主要指标有国内生产总值、人均国民收入、经济增长速度等。对企业而言，从这些指标中可以认识国家经济全局发展状况，通过分析全国、各省市、整个产业的数据与企业自身数据的对比，以及一定时间间隔下数据变化的分析，企业可以从中认识国家宏观经济形势及企业自身的发展是否符合这一形势，避免与实际情况发生冲突。

（3）经济体制。它是指国家组织经济的形式。经济体制规定了国家与企业、企业与企业、企业与各经济部门之间的关系，并通过不同的管理手段和方法，调控或影响社会经济流动的范围、内容和方式等。正因为如此，经济体制对企业的生产和发展的性质、内容、途径都提出了系统的基本规则与条件。在经济体制改革过程中，企业应加强和重视对新经济体制实质、形势及运行规律等方面的了解，把握并建立新的体制意识，改变企业行为的方式与方法。

（4）宏观经济政策。它是国家在一定时期内为达到国家经济发展目标而制定的战略与策略，或根据一定时期经济领域中普遍存在的问题而提出的针对性政策。宏观经济政策规定企业活动的范围、原则，引导和规范企业经营的方法，协调企业之间、经济部门之间、局部与全局之间的关系，保证社会经济正常运转，实现国民经济发展的目标和任务。宏观经济政策包括综合性的国家经济发展战略和产业政策、国民收入分配政策、价格政策、物资流通政策、金融货币政策、劳动工资政策、对外贸易政策等。就产业政策而言，国家确定的重点产业总处于优先发展的地位，因此，处于重点产业的企业增长机会相对就多，发展空间就会更大；而那些非重点发展的产业，发展速度就会较缓慢，甚至停滞不前。

（5）社会购买力。它是指一定时期内社会各方面购买产品的货品支付能力。国民收入的使用主要是由消费和积累两部分构成。其中，消费部分又分为个人消费和社会消费，前者形成居民购买力，后者形成社会集团购买力。市场规模归根结底取决于购买力的大小。调查社会购买力水平，要注意国家经济政策和分配政策带来的居民购买力的变化，注意不同地区居民货币收入的变动情况。

（6）消费者收入水平支出模式。消费者支出模式最终取决于消费者收入水平。随着消费者人均收入的增加，消费者用于购买食品方面支出比重会有所下降，而用于服装、交通、娱乐、卫生保健等方面的支出比重会上升。调查消费者支出模式，除要考虑消费者收入水平外，还要考虑不同国家、地区的生活习惯、价值观念及家庭生命周期的不同阶段等因素。

（7）消费者储蓄和信贷。消费者储蓄的最终目的是消费，它来源于消费者货币收入。但在一定时期内，消费者储蓄水平直接影响消费者的本期货币支出和潜在购买能力水平。所以，消费者储蓄的增减变动会影响市场需求规模和结构的变动，从而对企业的营销活动产生影响。调查消费者储蓄情况，应注意政策变动，利率变动、通货膨胀水平等因素的影响。

（二）反映宏观经济运行状况的指标

宏观经济运行状况可通过一系列的指标来反映，如经济增长率、就业水平、物价水平、通货膨胀率、汇率、国际收支情况、利息率等。这些指标的变化几乎会对所有的产业中的企业，包括原材料生产商、最终产品和服务提供商及批发商、零售商产生极为重要的影响。

（1）国民经济运行状态及其趋势。这是宏观经济环境的基础，企业应当了解国民经济目前处于什么阶段，是产业结构调整时期、经济低速增长时期或是高速增长时期，并具体分析有关的经济指标，如国民生产总值、国民收入、国家预算收入水平及分配状况等。一般来说，国民生产总值增长速度较快，居民用于个人消费的支出相应增长，从而提供了开辟新市场或开办新企业的机遇。反之，居民个人消费会有所减少，不利于企业的增长。国民收入的提高影响着消费者的可支配收入和购买力，极大地改变了消费者的偏好和需求结构，使质量、品牌、服务成为市场竞争的有效武器。

课堂笔记

（2）利率。利率的变化直接影响对企业和服务的需求，存款利率的提高使流通中的货币量减少，居民购买力降低；贷款利率的提高会使企业成本提高，以致降低企业产品的竞争力。相比较而言，利率的提高对于房地产会产生严重的不利影响，而对于生活必需品行业相对影响较小。

（3）通货膨胀。对大多数企业而言，通货膨胀率是一个不利因素，因为它使企业经营的各种成本（如购买原材料费用、劳务费用、工资等）相应增加。同时，长期的通货膨胀率既抑制企业的发展，又会促使政府采取放慢增长速度的紧缩政策，对整个宏观经济环境不利。但对某些企业而言，较高的通货膨胀率也可能是一种机遇。例如，假定石油与天然气价格的增长速度快于其他行业产品价格的增长率，那么石油开发公司将因此获利。

（4）汇率。汇率是一国货币购买力的表现形式。在国际市场上，它直接影响企业成本，进而影响企业国际战略的制定。一般而言，如果本国货币购买力较高，企业将乐意购买外国的产品和原材料，或到国外投资。反之则会减少利用到国外投资的热情。汇率的变化会对企业产生极大的影响，如人民币的升值会严重地削弱中国出口商品的竞争力，并会间接地促进中国企业对外直接投资的进程。

另外，经济环境因素中还包括其他内容，如居民收入因素，这可进一步细分为名义收入、实际收入、可支配收入及可随意支配收入等，消费支出模式和生活费用，经济体制，金融制度等。

因此，企业的经济环境分析就是要对以上各个因素进行分析，运用各种指标准确分析宏观经济环境对企业的影响，从而制定出正确的企业经营战略。

三、社会环境

社会环境是指企业所处环境中诸多社会现象的集合。企业在保持一定发展水平的基础上，能否长期地获得高增长和高利润，取决于企业所处的环境中社会、文化、人口等方面的变化行为。

近年来，人们价值观的变化、生活方式的改变、收入差距的扩大、受教育状况的改善及对环境和健康问题的关注，为很多行为的发展带来了新的机会，当然，也对很多行业构成了威胁与挑战。

当人们更加强调个人自由，更加喜欢展示自己和张扬个性的时候，许多行业开始关注产品的大众化向个性化发展。如服装行业的主流厂商越来越关注品牌定位和时尚潮流；汽车厂商更加关注顾客的口味，宝马公司更是将自己的产品直接瞄准个性化客户并大获成功；星巴克则将自己定位于"第三空间"而大受"小资"阶层的欢迎。

贫富差距的扩大和社会阶层的变化导致了新型的市场需求结构。许多跨国公司对于中国市场存在的与总体发展水平不相符合的巨大的高端市场需要感到吃惊。

四、技术环境

技术环境是指企业所处的环境中的科技要素及该要素直接相关的各种社会现象的集合，包括国家科技体制、科技政策、科技水平和科技发展趋势等。在科学迅速发展的今天，技术环境对企业的影响可能是创造性的，也可能是破坏性的，企业必须要预见新的技术带来的变化，在战略上做出相应的战略决策和调整，以获得新的竞争优势。

没有一家企业或一个产业可以将自己与新兴技术分隔开来。技术的发展可以创造全新的产业，也可以改变现有产业的边界。技术进步导致了新的产品和服务的产生，改善了产品生产和送达到最终用户的方式。技术进步可以对企业的产品、服务、市场、供应商、分销商、竞争者、顾客、制造工艺、营销实践及竞争地位产生巨大影响。

基因工程、互联网技术、计算机辅助设计/计算机辅助生产（CAD/CAM）、人造和特殊材料、激光、克隆、卫星网络、光导纤维、生物测定及电子银行等技术进步正在影响企业的未来发展方向。互联网正在突破传统地域市场的限制，改变产品生命周期，加速产品分销速度，创造新的产品和服务，从而改变着企业面临的机会和挑战。

技术的影响远远超出了"高技术"公司的范畴。尽管有些产业的技术敏感程度相对较低，但它们同样受到技术的影响。无论是工业企业还是服务业企业，都必须密切关注最新的技术机会与威胁。戴尔公司营销模式的创新和沃尔玛高效物流配送体系的建立即这方面的典型案例。

项目三　行业环境分析

行业环境分析属于外部环境分析中的微观环境分析，它的内容主要是分析本行业中的企业竞争格局与竞争态势、行业的发展阶段及本行业和其他行业的关系。行业的结构及竞争态势决定着行业的竞争原则和企业可能采取的战略，因此行业竞争性分析是企业制定战略最主要的基础。

一、行业的竞争结构

按照迈克尔·波特的观点，一个行业的激烈竞争，根源在于其内在的经济结构。在一个行业中存在五种基本竞争力量，即新进入者的威胁、行业中现有企业间的竞争、替代品或替代服务的威胁、供应者讨价还价的能力、用户讨价还价的能力。行业竞争结构如图3-2所示。这五种基本竞争力量的现状、消长趋势及其综合强度，决定了行业竞争的激烈程度和行业的获利能力。在竞争激烈的行业中，一般不会出现某个企业收益非常高的状况；在竞争相对缓和的行业中，可能会出现相当多的企业都获得较高的收益。这五种基本竞争力量的作用是不同的，问题的关键是该行业中的企业能否找到较好地防御这五种竞争力量的位置，甚至对这五种基本竞争力量施加影响，使它们有利于本企业。因此，有必要对这五种基本竞争力量逐一加以分析。

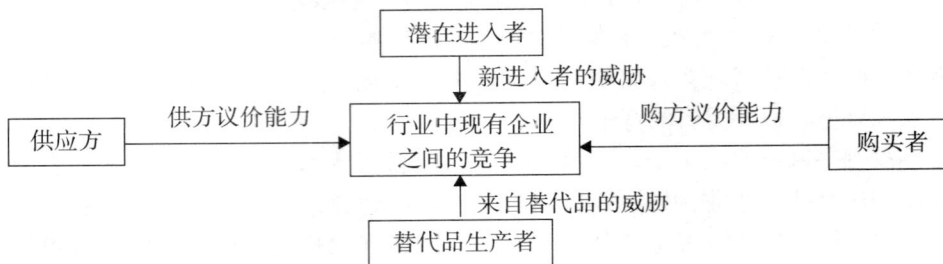

图3-2　行业竞争结构图

（一）新进入者的威胁

新进入者可以是一个新办的企业，也可以是一个实施多元化经营战略的企业。新进入者会给这个行业带来生产能力的增加，并要求取得一定的市场份额。这个新进入者对本行业威胁的大小取决于该企业进入新行业需要克服的障碍和付出的代价，以及进入新行业后原有企业反应的强烈程度。

新进入者需要克服的障碍也称为行业的进入壁垒。进入壁垒的高低主要取决于以下因素。

（1）规模经济。如果行业内原有企业的生产都已达到相当大的规模，当新进入者以较小的规模进入该行业时就会处于成本上的劣势，表现在价格竞争和获利能力上就缺乏竞争力；若以较大规模进入该行业将面临市场变化、价格竞争等方面的威胁，其经营风险可能会更大。

（2）现有企业的经营情况。如果行业内现有企业已经树立了良好的企业形象和品牌知名度，并已取得了用户的广泛信任，那么，新进入者要想在短期内树立起良好的企业形象、取得同样的效果就要付出相当大的代价。甚至新进入者要有充分的心理和物质准备，在一开始进入该行业时要承受一定的亏损。

（3）投资规模。通常进入一个新的行业都需要进入者投入很大的资金，除了要建设厂房、购买机器设备等固定资产投资外，还要培训职工、招聘技术和管理等方面的人员、进行广告促销宣传、开拓市场、进行研究与开发等，所有这些工作都需要较多的资金投入。

（4）资源供应。若行业内现有企业已与原材料及技术供应渠道建立了良好稳定的供应关系，那么，新进入者的进入壁垒就相当高。因此，新进入者在进入该行业之前，就要做好资源供应方面的调查，研究供应渠道关系及各供应商可能的合作行为。

（5）销售渠道。如果新进入者也想利用现有企业已建立起来的销售渠道，那么，新进入者必须考察销售渠道的各种关系，研究渠道的运行方式，渠道成员对本企业进入的态度，他们的讨价还价能力会是怎样等因素。由于新进入者对市场的影响力不大，在这种情况下，渠道成员通常要求新进入者提供更优惠的批发价格或加强广告宣传。如果渠道成员根本不接纳新进入者，这时新进入者就要采取"拉"的策略，强化本企业对市场的影响力，以此吸引消费者和渠道成员。当然，这些做法都会大大降低新进入者的盈利能力。

（6）转变费用。这是指购买者由于从一个供应商转向另一个供应商购买产品所引起的一次性费用，如重新训练业务人员、增加新设备、检测新资源的费用及产品再设计所引起的费用等。如果这些转变费用高，那么新加入者吸引购买者的难度就大。为此，需要新加入者尽可能降低客户的这部分费用，或通过提高产品或服务质量等措施树立自身特色。但这会降低企业盈利。

（7）其他成本因素。如果行业内现有企业已经具备了某些长处，如掌握了某种技术诀窍、积累了丰富的生产经验、工人操作熟练、废品率低等，那么，新进入者在短期内就难以达到这种能力。在这种情况下，新进入者的竞争能力就很差。

（二）替代品的威胁

替代品是指那些与本行业产品具有相同或相似功能的产品。如糖精可以部分替代食糖，洗衣粉可部分代替肥皂，圆珠笔可部分代替钢笔。来自替代品的压力有以下三个因素。

（1）替代品的盈利能力。如果替代品具有较大的盈利能力，那么，生产替代品的企业会对本行业原有企业形成较大的竞争压力。通常替代品有足够的能力把本行业的产品价格约束在一个较低的水平上，使本行业企业在竞争中处于不利地位。

（2）生产替代品的企业所采取的战略模式。如果生产替代品的企业采取迅速扩张的发展战略，那么，替代品就会对本行业构成巨大的威胁，如 VCD 机对录像机的竞争威胁。

用户的转变费用。用户在改用替代品的过程中，其转变费用越小，则替代品对本行业的竞争压力就越大；反之，替代品对本行业的竞争压力就越小。

（三）用户的讨价压力

用户对本行业的竞争压力表现为要求产品价格更低廉、质量更好、提供更多的售后服务，他们会利用各企业间的竞争来施加讨价的压力。总之，用户的讨价压力会导致本行业的盈利能力大大降低。来自用户的讨价压力主要取决于以下九个因素：

（1）用户的集中程度。如果本行业产品集中供应给少数几个用户，而且用户购买数量占本行业产量的比例很大，那么这少数几个用户会对本行业形成较大的讨价压力。

（2）本行业产品的标准化程度。如果本行业生产的产品标准化程度越高，那么用户在购买产品时的选择余地也就越大，用户讨价的能力就会大大增强。

（3）用户从本行业购买的产品在其成本中所占的比重。如果用户购买的本行业产品所支付的成本在其产品生产成本中占的比重很大，则用户在购买时对价格、质量等问题就更为敏感和挑剔，就会激发用户强烈的讨价欲望。

（4）转变费用。用户转向购买其他行业产品的转变费用越低，其选择余地就越大，对本行业形成的讨价压力也就越大。因为，用户的转移将大大减少本行业产品的销售量，甚至威胁本行业的生存和发展。此时，用户的讨价能力就大大增强。

（5）用户的盈利能力。如果用户盈利能力较低，那么，用户在购买本行业产品时对价格就特别敏感，必然形成强烈的讨价动机。因为，用户不加大讨价的力度，其盈利能力就会大大减弱。

（6）用户后向一体化的可能性。如果用户有可能实现后向一体化，来保证原料供应的稳定性，那么用户就会增强对本行业的讨价压力。因为用户已经有了一定的原料供应保障，这意味着它对本行业其他企业的依赖性减小，它的讨价能力自然就提高了。

（7）本行业企业前向一体化的可能性。如果本行业的企业有可能实现前向一体化，就意味着本行业的企业有了一个较为稳定的销售市场，在这种情况下，本行业的企业就会大大降低它们对用户的依赖性，由此就会大大地削弱用户对本行业的讨价压力。

（8）本行业产品对用户产品质量的影响程度。如果本行业产品对用户产品的质量有至关重要的影响，那么，用户对本行业产品的价格就不会很敏感，其讨价的动机就不会很强烈，对本行业的企业构成的讨价压力较小。

（9）用户掌握行业信息的程度。如果用户获得行业的经营信息很及时、很准确，信息来源广泛，那么，用户对行业内的企业就构成了较大的讨价压力。因为，用户可以充分利用有利的信息提高其讨价的能力。

（四）行业中现有企业之间的竞争

实践表明，任何行业内的企业之间都会为增强各自的盈利能力而展开竞争。竞争的激烈程度通常取决于以下七个方面的因素。

1. 竞争者的多少及力量的对比

一个行业内企业数量越多，行业竞争就会越激烈。因为行业中的每一个企业都想改善其不利的竞争地位，而且都会认为自己的行动不会引起业内其他企业太大的反应，从而导致竞争趋于激烈。如果一个行业内企业数量不多，即行业是高度集中的，则当行业中每个企业的实力都相差无几时，行业内的竞争会很激烈；如果各企业的实力有相当的差距，则行业内各企业之间的竞争就不会很激烈。这是因为，高度集中的行业内如果存在企业实力差距较大的情况，说明行业所面对的市场还有较大的发展空间，各企业都有各自满意的市场，它们都在致力于本企业的经营和发展。但是，从发展的态势看，这种相安无事的状态不会保持太久，一旦各企业的实力逐步接近时，行业的竞争就必然趋于激烈。

2. 市场增长率

当行业面对的市场增长率低时，行业内的企业必然面对激烈竞争的局面。因为在这种情况下，不能获得较高市场占有率的企业没有竞争优势，就可能被淘汰，所以，行业的竞争程度是可想而知的。

3. 固定费用

如果行业内的企业在经营中表现出较高的固定费用，那么，这种情况就会迫使行业内的企业尽量充分利用其生产能力，以求充分发挥固定资产的作用。尤其当生产能力利用不足时，企业宁愿降低产品价格，增加销售量，保持生产规模，也不愿让生产设备闲置，因而必然导致行业内企业之间竞争的加剧。

4. 存储费用

如果行业内各企业产品的存储费用较高或产品不易保存时，各企业都会急于把产品销售出去，在这样的经营环境中，也会使行业内各企业之间的竞争加剧。

5. 产品特色与用户的转变费用

如果用户从购买一个企业的产品转到购买另一个企业的产品时，其使用新产品的转变费用较低，那么，用户的转移行为对本行业的获利必然产生不利的影响，此时，行业内原有企业必然会竭尽全力留住用户，这种经营行为就会导致行业内各企业之间的激烈竞争。反之，如果用户的转变费用较高，行业内各企业产品都各具特色，用户对具有特色的产品依赖性很强，就很难施加讨价的压力，那么，行业内各企业之间的竞争就不会激烈。

6. 行业内生产能力大幅度提高

如果由于行业的技术特点和规模经济的要求，行业内企业生产能力大幅度提高，将会导致一段时间内行业的总体生产能力过剩，这必然导致各企业之间的竞争加剧。

7. 企业退出壁垒

退出壁垒是指企业退出某个行业时要付出的代价。它包括如下。

（1）资产处置。这是指企业退出行业时，将蒙受巨大的财产损失。

（2）退出费用。这是指企业退出行业经营后，要支付大量的人员安置费、处理库存物品的损失费等多种费用。

（3）无形资产损失。它包括企业的社会形象及原有品牌的损失、企业的信用损失、购销渠道的损失等。

（4）心理因素。企业的各级管理者，尤其是决策者，他们不愿作出退出行业的决策。因为这会大大降低其在职业经理人市场中的价值和竞争地位。另外，企业员工也不愿意失去多年为之辛勤劳作的企业。

课堂笔记

上述因素构成了企业退出的壁垒。由于退出壁垒高，即使经营遇到困难，在各种因素的压力下，企业也不愿轻易退出行业，这就使行业内竞争加剧。而且，这类企业的存在，往往会加剧行业的竞争程度。因为，它们为了维持经营，通常会采取非常规经营手段，容易打乱行业的经营规则，从而导致行业的竞争处于无序状态。

迈克尔·波特提出了行业进入壁垒和退出壁垒关系的矩阵，如图 3-3 所示。尽管进入壁垒与退出壁垒在概念上有所不同，但它们之间却有密切的联系，构成了行业分析的一个重要方面。从行业利润的角度来看，最好的情况是进入壁垒高而退出壁垒低在这种情况下，新投资者的进入壁垒是较高的，而在本行业经营不成功的企业会较容易地离开本行业。反之，进入壁垒低而退出壁垒高是最不利的情况，在这种情况下，当某行业的吸引力较大时，众多投资者会纷纷进入该行业。当该行业经营不景气时，过剩的生产能力难以顺利退出，仍会继续滞留在该行业内，这种情况必然导致企业之间竞争加剧，使得部分企业因竞争能力低下而陷入困境。

退出壁垒

	低	高
低	稳定的低利润	低利润高风险
高	稳定的高利润	高利润的风险

图 3-3　行业进入壁垒和退出壁垒矩阵

（五）供应商的讨价压力

供应商对本行业的讨价压力表现在，各供应商要求提高原材料或其他供应品的价格，减少紧俏资源的供应，降低质量，减少服务项目，或者在满足用户对产品质量的基本要求的基础上不再提高产品质量等。总之，供应商总是希望通过提高其讨价还价的能力，从行业中谋取更多的利润。供应商对本行业的讨价压力主要取决于以下七个方面的因素。

（1）供应商的集中程度与本行业的集中程度。如果供应商集中程度较高，即本行业原材料的供应完全由少数几家供应商控制，而本行业集中程度又较低，即本行业的企业数量较多、各企业的采购量较少，在这种由少数几家大企业供给本行业中众多分散小企业的情况下，那么，供应商通常会在价格、质量和供应条件上对本行业的购买者施加较大的讨价压力。因为，本行业众多的小企业不能对大供应商构成规模采购优势，反而会形成对供应商的依赖，这样就使得供应商的讨价能力增强。

（2）供应品的可替代程度。如果存在着合适的可以替代的其他供应品，那么，不论供应商的实力多么强大，它们的竞争能力也会受到很大的牵制。在此情况下，原有供应商的讨价能力就会被大大削弱。

（3）本行业对于供应商的重要性。如果本行业是供应商的重要用户，那么，供应商的经营成果将与本行业的发展紧密相关，此时，来自供应商的讨价压力就会较小。

（4）供应品对本行业的重要性。如果供应品对本行业的生产起关键性作用，那么，供应商的讨价能力就会大大提高。

（5）供应品的特色和转变费用。如果供应品具有明显的特征，并且用户要想摆脱对原有供应品特征依赖的转变费用很大时，那么，供应商就具有极强的讨价能力，本行业的企业就处于极为不利的地位。

（6）供应商前向一体化的可能性。如果供应商有可能前向一体化，就意味着供应商有了一个较为稳定的销售市场，在这种情况下，供应商就会大大降低它们对用户的依赖性，由此也就会大大削弱用户的讨价压力，而增强了供应商的讨价能力。

7. 本行业内的企业后向一体化的可能性。如果本行业的企业有可能实现后向一体化，形成产品供应的稳定性，那么，就会削弱供应商对本行业的讨价压力。因为，本行业的企业若是还需要采购的话，它就不会太迫切，有充足的时间和余地与供应商讨价还价。所以，供应商的讨价能力就会降低。

（六）政府的作用

除了以上五种竞争力量外，行业竞争中的政府作用也不可忽视。在分析行业结构时，必须认识到各级政府对行业结构的许多方面施加的直接和间接的影响。在许多行业中，政府可能是一个购买者，也可能是一个供应者，如政府的办公设备采购、救灾采购等。另外，政府可以利用某些指令性计划、各项政策、法规和条例对供应商和购买者进行限制，从而影响企业的成本结构和获利能力。因此，如果不调查分析现在与将来各级政府对行业竞争结构的影响，这种行业分析就是不全面的。当然，不应把政府作为一个竞争因素加以分析，而应把政府作为影响企业战略的一种动态环境因素，分析它如何综合地影响行业的竞争结构。

通过以上对五种基本竞争力量和政府行为因素的分析，可以了解本行业的基本状况、企业在行业中的竞争地位、优势与劣势，从而确定企业在各种竞争力量中的基本态度和应对策略。

需要注意的是，影响这五种基本竞争力量的各种因素是动态的，企业应通过采取一定的策略，利用企业的资源，对五种竞争力量中的各种因素进行有效的组合，影响其他不利于企业提高竞争地位的力量，从而改善企业所在行业的竞争环境。因此，分析行业竞争环境是制定企业竞争战略的重要基础部分。

专　题

行业竞争结构中的第六种力量

一、第六种力量提出的背景

在战略管理中，对企业所处的行业进行系统全面的行业环境分析是必不可少的。行业环境是指对处于同一行业内的组织都会产生影响的各种要素的

课堂笔记

总和。与一般的宏观环境不同的是，行业环境只对处于某一特定行业内的企业及与该企业存在业务关系的其他企业产生影响。行业环境分析的目的是让企业对自身所处的竞争环境、获利能力、发展前景、竞争强度等环境因素有清楚的认识，从而有助于企业战略的制定。所以，把国家宏观政策与行业政策区分开，并把行业政策纳入行业竞争结构中进行统筹分析是极为必要的。为此本文提出了行业环境分析的第六种力量。

（一）经济全球化更加需要强化行业管理

本文提出行业竞争结构的第六种力量是基于经济全球化迫使企业置身于国际市场竞争环境中，并且由于各国的经济发展不平衡，促使各国对本国某一行业采取相应的保护措施，或者出台促进行业发展的政策，由此必然改变产业的竞争结构。比如，发达国家动辄使用WTO的反倾销条款，以保护本国行业。而发展中国家则通过颁布政策促进或保护本国行业。所以，本文提出行业存在第六种竞争力，即政府的政策。明确提出第六种力量，不仅丰富了理论研究的内容，而且有助于提醒企业关注行业政策的重要性和必要性，有利于企业有效地区分宏观政策和行业政策，抓住主要问题，对企业决策和制定正确的竞争战略都会产生积极的作用。

（二）企业必须关注刚性的行业政策

实践证明，任何政府的行业政策都具有针对性，而且在实施期间始终具有影响力。因此，从其存在的作用来讲，企业只能积极主动地适应和调整自己，这就是迈克尔·波特认为的在"政策力量的作用"下企业不得不采取的行为。由于行业政策对行业内每个企业的激励或约束都是等效的，而每个企业的竞争力又各有不同，各自调整资源的能力存在很大的差别，在这种情况下，这种资源调整的结果必将导致行业竞争结构由失衡向重新平衡转化。由此可以断定，政府的行业政策对行业的影响是刚性的，企业没有讨价还价的余地，它与市场的作用机制有着本质的区别。所以，从这个意义来讲，行业的竞争结构分析就不能不考虑政府政策这个重要的因素。

（三）有必要严格区分宏观政策与行业政策

企业应当清醒地认识到，行业政策的影响力对企业的作用是最直接的，也最具有针对性。所以，有必要把行业政策纳入竞争力量来管理，如宏观政策中的国民经济发展速度的确定、主导产业和支柱产业的确立、紧缩银根、刺激需求、环境保护等政策。这些政策对任何一个行业都会产生同等的影响。然而，诸如某一产品的出口退税，或者采取许可证制度，这些都是针对某一行业的政策性规定。更具体的如2004年7月底，我国交通部发布《关于公布川江及三峡库区标准船型的公告》，原200种非标准化船将逐步被淘汰。这一政策是考虑三峡库区蓄水后，水域得到根本性改变，为降低运输成本，提高三峡永久船闸效率而出台的。为此，交通部拨出专项资金研究和开发新船型，并分阶段限制和禁止非标准船只进入川江及库区航运市场。这一政策对未来长江航运必然产生重要的影响。

（四）行业的有序发展离不开行业政策

随着市场的国际化，技术的不断创新，新型行业不断涌现，传统行业也在全球化经济的推动下进行着重大调整。在这种复杂的经济环境中，各国政府都加强了对本国行业的管理。

面对这种行业环境，企业没有任何理由不把行业政策纳入行业竞争结构要素实施管理。如2000年国家技术监督局为解决VCD行业形成的两大产品标准阵营对峙的局面，确保行业健康发展及消费者的利益，下令行业协会组织并协调业内企业统一产品技术标准。由于政府及时干预，避免业内无序的竞争而导致的内耗，确保了行业的稳定发展和整体竞争力的提高。

这类明显针对和将会改变行业竞争结构的政策，对行业发展影响是巨大的，它会大大改变行业内部竞争结构的现有平衡关系。

由此可以看出，行业政策对竞争结构的影响是显而易见的，必须将其纳入行业环境分析中，而不是简单地归类为宏观环境中的政策性要素。

二、对迈克尔·波特关于政府政策认识的解析

对于企业的行业环境分析，目前最普遍应用的分析方法就是迈克尔·波特的五种力量分析模型。迈克尔·波特将构成行业环境的主要因素分为五种：行业内现有企业之间的竞争强度、潜在进入者威胁、供应商讨价还价能力、买方的讨价还价能力及在功能上与行业产品具有某种替代性的替代品。这五种力量的共同作用决定了行业的基本活动方式、行业内企业的基本关系、行业竞争强度、行业的基本获利能力和获利潜力等。

著名管理学家安德鲁斯认为，公司最关心行业内的竞争程度："在处理行业威胁（包括遭到竞争性反击的风险）方面，目标与方针是否在资源允许的范围内。"这句话被迈克尔·波特在其所著的《竞争战略》中引用，说明迈克尔·波特已经认识到，除了他认为的五种力量之外，还有一些环境因素对行业竞争产生影响。但是，安德鲁斯和迈克尔·波特对环境因素中最主要的是哪些或者哪一个没有明确提出。尽管在迈克尔·波特的竞争结构分析中也论述了政府政策的影响力，但是他并没有将其定义为"竞争力量"，只是认为政府的政策对行业的竞争强度是一种"影响因素"。另外，迈克尔·波特认为，政府的政策应当在宏观环境中分析。可是，他在论述行业竞争强度时也认为"竞争战略就是在由行业经济和技术形成的竞技场中确定的"，那么，其中的"行业经济"的形成必然摆脱不了政府的行业政策的影响力。可以说，迈克尔·波特认识到行业政策的重要性，只是没有明确提出来。因此，在行业环境分析中，人为地隔离行业政策的影响力是不合适的。这种人为隔离对当今的企业置身于国际化竞争所要进行的行业环境分析是不利的。因为，把行业政策与国家的宏观政策混为一谈是人为地忽略了一种直接的强有力的竞争力量的存在，而且会误导企业过分关注行业的"五种力量"而有失偏颇，埋下隐患。

迈克尔·波特在对"行业竞争中的政府作用力"的简短阐述中，认为

"70年代和80年代政府直接和间接地在行业结构的许多方面——如果不是所有方面——都发挥着不可忽视的潜在影响"。但是，迈克尔·波特存在不完善或者称为局限性的认识——"政府作为供方或买方的角色更多的决定于政治因素而非经济因素"。这一认识反映了迈克尔·波特的三点认识偏差。其一，仅把政府看作"供方或买方"是远远不够的，政府更重要的职能是管理行业活动，从这个意义上讲，政府必然对行业竞争结构平衡的形成产生不可忽视的影响；其二，现实的各国政府在指导行业发展时，决策的因素注重更多的是经济因素；其三，从现实的行业内部竞争看，政府对行业的影响已经不是"潜在影响"的因素，而是直接的、公开的和更加明确的影响行业的行为，诸如，满足WTO的规则要求、某一国的反倾销调查、绿色贸易壁垒的建立等。也许因为迈克尔·波特认识的局限性使其没有把政府力量明确列入行业竞争力结构中。

在论及政府的作用时，迈克尔·波特还说："政府还可以通过法规对行业成长速度和行业成本结构施加影响，从而使竞争者之间争夺的激烈程度发生变化。"尽管迈克尔·波特提出了政府对行业竞争结构的影响，但是，他并没有把这一因素明确地列为行业竞争结构的重要力量。在此还应提出，迈克尔·波特指出的"竞争者之间的争夺"是一个含糊的认识，即没有明确竞争者是谁和对竞争者的影响是怎样的。如果说明确了，也只是明确了"五种力量"，那么，他认为"对行业成长和成本的影响"就缺乏一致性。其原因应当是迈克尔·波特对政府政策对行业竞争结构深层次的影响力没有认识清楚，另外，也是对宏观政策和行业政策的性质没有辨别清楚所致。

所以，在当今企业竞争国际化的新环境中，迈克尔·波特的五种竞争力量就显得局限性较大，为此，对迈克尔·波特的行业竞争模型提出修正是必要的。

三、对迈克尔·波特产业分析模型的修正

迈克尔·波特的五种力量模型对现代企业战略管理理论作出了突出的贡献。该模型推出二十多年，在企业战略制定中应用较广，被普遍认可。

但鉴于前述政府政策的特征，就有必要细分出政府的宏观政策和行业政策。而且，这种细分有助于企业充分关注行业政策的变化对行业和本企业的影响，有助于遴选出重要政策和次要政策，确保抓住主要问题。

故对迈克尔·波特的行业分析模型进行如下修正，把政府行业政策因素引入行业分析模型。这里指的政府行业政策不同于一般宏观环境分析中的政府政策，它既是指国家直接用于行业管理的政策，也可以指企业所处的当地政府的管理政策，这些政策直接关系到一个行业的竞争强度、获利水平及发展潜力。当地政府的行业结构调整方向如何、对这个行业管制的程度、有没有严格的准入条件、有没有向个别的企业提供倾斜政策、未来对该行业的发展思路是什么，等等，都将直接关系到行业内的总体情况及结构变化。所以应该把行业政策纳入到行业结构分析中来，并且在分析中关注其重要的作用。

四、政府行业政策的功能分析

（一）经济性政策

这类政策是属于能够改变行业内部现有企业获利状况的政策，如设立行业准入政策。我国政府规定移动电话、医药等行业需要首先用大笔资金获得行业准入证。这一政策增大了投资成本，使得有些投资者力不从心。而对于该行业现有企业则是一项非常有利的保护性政策。另外，世界很多国家都设立各种类型的经济技术开发区，并颁布了多种相应的鼓励性优惠政策，以此吸引更多的投资者。上述种种政府的经济性政策的目的对行业现有企业或打算投资进入某一行业的投资者来说无非有两种功能：一是鼓励，二是限制。这就是政府的行业政策的使用效果。由此可以认为，政府政策对行业竞争结构的巨大影响力是绝对不容忽视的。

（二）技术性政策

这类政策主要是指对企业申请需要法律保护的创新性技术或对某些技术应用的规范性政策。如政府或行使政府职能的行业管理部门颁布的产品技术标准，以此统一要求行业产品质量水平。同时，也相关地要求了企业为达到这一产品标准而必须具备的生产技术能力。再有，对某一类产品使用状态的技术规定，如北京、上海等城市规定在本市运行的汽车尾气排放必须达到标准要求，就属于更宽泛的技术性限定政策。

（三）管理性政策

这类政策更倾向于对行业内企业管理行为的约束，如从保护消费者权益的角度出发，对企业的产品售后服务的规定；从劳动者利益出发颁布的企业用工管理制度；从有利于消费者对商品合理、准确地作出判断的角度出发，对企业所做产品广告的管理；等等。再如，美国法院裁决微软公司不得捆绑销售其视窗产品的判决也属政府政策的实施行为。诸如这些类似的管理都属于政府的管理性政策，其对行业竞争结构同样会产生影响。

（四）间接影响

政府政策的间接影响是指由于对行业内企业行为的直接作用导致经营行为改变，由此使得其他4种竞争力量为了适应行业改变的行为，而不得不改变自己的经营策略，这时政策的间接影响结果就形成了。但是，这种间接影响是已经弱化了的影响。它一般会促使4种力量作适当的或适应性的调整。如本行业产品技术标准改变可能对供应商提出新的或改变供应品的要求；政策性提高行业进入的"门槛"会阻挡投资者；强制实施的环境保护政策会导致行业生产成本增加，如果由此迫使产品价格不得不提高，那么，其结果会影响用户购买。所以，政府政策的影响力具有连锁反应效果。

（五）要注意政府政策的三大特点

一是时效性。即政策一旦出台，其影响效果既表现在当前，也影响未来一段时期，这就要求企业对政策的未来判断要有深刻认识。二是普遍性。即政策的作用效果对业内所有企业是一样的。因此，有实力并且适应能力较强

课堂笔记

53

的企业会在政策作用下提升竞争优势。三是针对性。即政策是为某一种行业现象制定的，所以，面对同一个政策，业内有些企业调整难度大，有的企业调整难度就小，这与企业对行业发展状态的研判正确性有关联。

鉴于行业政策的这些特点，业内企业必须对行业政策有清晰的认识、准确的判断，只有这样才能保持长久的竞争优势地位。

二、用行业生命周期理论确定行业发展阶段

行业生命周期是指从行业出现直到行业完全退出社会经济活动所经历的时间。行业生命周期主要包括四个发展阶段：幼稚期、成长期、成熟期、衰退期。该曲线形状是由社会对该行业的产品需求状况决定的，因此，行业的生命周期轨迹与产品的生命周期有很大的关联性。行业生命周期一般要历经一百年到几百年的时间，甚至伴随人类的形成一直到现在，存续时间最短的行业也有 60 年左右。相信随着科技的发展，某些行业的生命周期会更短暂。

行业生命周期可以把成熟期划分为成熟前期和成熟后期。在成熟前期，几乎所有行业都具有类似 S 形曲线形态。而在成熟后期，行业大致可分为两种类型：第一种类型是行业长期处于成熟期，从而形成长期稳定型行业；第二种类型是行业较快地进入衰退期，从而形成迅速衰退型行业。行业生命周期曲线是一种理论的、定性的研究行业生命周期的工具。

但是，由于一个国家的需求结构、资源禀赋、要素供给、政府政策、社会经济发展状态等因素对行业的发展具有重大影响，所以这些影响因素很难定量地反映到行业生命周期中，因此，行业生命周期曲线仅仅是一条近似的假设曲线。

如何识别一个行业处于生命周期的哪个阶段？其主要标志有：市场增长率，需求增长率，产品品种，竞争者数量及进入、退出壁垒，技术变革，用户购买时间、购买行为等。

行业幼稚期的特征有：市场增长缓慢，增长率变化不大，需求增长不快，技术变动较大，行业中的企业主要致力于消费者对行业推出的新产品的态度及其要求方面的研究，致力于开辟新用户、提高市场占有率，力促新产品尽快进入成长阶段。但此时行业内各企业生产技术和产品特性都有很大的不确定性，需要改进的方面比较多。而且，由于对行业发展特点、行业竞争状况、用户特点等方面的信息掌握不多，所以各企业在市场营销、顾客服务等策略上有很大的模糊性。但此时，行业的进入壁垒最低。

行业成长期的特征有：市场增长率很高，需求高速增长，通常在市场中表现出供不应求的状况，消费者的需求特征表现明显。这为行业中的企业提供了重要的决策依据，如可以有目的地改进生产技术，完善产品的技术性能，采取有针对性的营销策略，进一步完善服务体系。在这一阶段，企业的生产技术渐趋定型，行业特点、用户特点比较明朗，产品品种及竞争者数量增多，行业竞争趋于激烈。由此导致行业经营风险增加，进入壁垒提高。

　　行业成熟期的特征有：市场增长率不高，一般比较平稳，市场需求增幅不大，企业的生产技术已经成熟，产品功能已非常完善，差异化倾向较大，但差异化的难度也大大增加，因此，产品开发费用和针对差异化的促销费用也大幅度增加。但是，这一阶段的前半段是企业盈利最多的时期，因为此时企业的产品销售量大，单位产品成本最低。而在后半段，行业竞争更加激烈，用户特点非常清楚而稳定，买方市场完全形成，行业盈利能力下降，新产品和产品新用途的开发更加困难，经营风险最大，企业进入壁垒最高。

　　行业衰退期的特征有：市场增长率下降，需求下降，产品品种及竞争者数目减少。

　　从行业生存、发展的环境条件出发，衰退行业可归纳为以下四类。

　　（1）资源性衰退行业。由于生产所需要的资源枯竭，行业无法在原有领域继续经营，导致行业衰退。这种类型的行业大多数都以不可再生的自然资源为原材料。

　　（2）效率性衰退行业。由于效率优劣势的比较而引起行业衰退。譬如，原先在甲地具有比较优势的行业，可能因为其生产技术已经扩散到地租、原料、劳动力、税收政策等方面生产要素更低廉的乙地，这时必然因比较优势的存在而发生产业转移，导致甲地的该行业出现衰退。

　　（3）收入低弹性衰退行业。因需求收入弹性较低而导致行业衰退。随着经济的发展，人们的生活在由低收入向高收入的发展过程中，必然会出现由于不同的消费者或工业类别对不同行业的产品需求量不同而影响行业的发展速度和方向的变化。这会导致有的行业高增长，有的行业低增长或不增长，还有的可能是负增长。

　　（4）聚集过度性衰退行业。因经济过度聚集而引起行业衰退。就工业发展过程来看，行业聚集的现象是存在的。当行业聚集到一定程度，就会走向反面而出现扩散。这种扩散一般出于三方面原因：一是经济上的原因，某一行业的过度聚集已不能使企业获得应当得到的经济利益；二是社会的原因，消费者需求的变化和市场的扩展，引发行业通过扩散实现总体布局的均衡；三是发展上的原因，由于社会经济活动和科技等诸多因素的影响，通过国家或市场机制的作用，导致行业中原有企业进行新的行业选择，从而使原有行业变迁。有选择地淘汰一些行业，腾出空间来发展技术更先进的行业，反映了在生产日益社会化的条件下，行业兴衰与全社会整体需求和整体利益的依存关系，是行业发展受经济、社会、生态保护、布局均衡等多重目标制约的结果。

　　多数行业由幼稚期、成长期进入成熟期后，会出现有的行业成熟期很长，有的则很短，也有的行业从成熟期又回到成长期等。这些都是技术、社会、经济等多种因素综合作用的结果。

　　行业生命周期分析在应用上有一定的局限性，即生命周期曲线是一条抽象的典型化了的曲线，各行业按实际销售量绘制出来的曲线没有这样光滑、

课堂笔记

有规则。因此，在某些情况下要确定行业发展处于哪一个阶段是困难的，若识别不当，容易导致战略上的失误。因为，单以销售量的变化来衡量行业所处的生命周期是不全面的。我们都知道，影响产量变化的因素有很多，各种因素之间的关系极为复杂。而且，有些行业演变是由集中到分散，有些行业是由分散到集中，无法用一个战略模式与之对应。因此，应将行业生命周期法与其他方法结合起来应用，才不致因分析的片面性而造成战略决策的失误。

三、行业战略集团分析

在进行行业竞争性分析时，其基点是确定广义的五种竞争力量的来源及强弱，这些力量决定了行业中竞争的性质和该行业中所具有的潜在利润。而行业内部结构分析则是解释在同一行业中，企业之间在经营上的差异及这些差异与它们的战略地位关系。按照行业内各企业战略地位的差别，可以将各企业分成不同的战略集团，通过分析行业内各个战略集团之间的关系，进一步认识行业内部竞争结构的状态。

（一）战略集团的概念

战略集团是指一个行业内执行同样或类似战略并具有类似战略特征的一组企业。在一个行业中，如果所有的企业都执行基本相同的战略，那么该行业中只有一个战略集团。如果每个企业都执行不同的战略，则该行业中有多少个企业便有多少个战略集团。通常情况下，一个行业中有几个战略集团，它们采用战略的性质是根本不同的，每个战略集团中的企业数目也是不确定的，但每个战略集团内的各企业的战略性质具有很大的相似性。

在同一战略集团内的企业除了广义的战略方面相似外，还在许多具体方面具有非常相近的做法。因为，它们在相似战略的影响下，会对外部环境作出相似的反应，必然会采取相似的经营行动。对于战略集团来说，纵向一体化程度、专业化程度（产品线）是两个重要的约束条件。

实际上，在战略分析时还可以根据行业的特点和需要，确定不同的、重要的战略约束条件，以便更清楚地勾画出行业中不同类型的战略集团。

行业战略集团结构图作为一种分析工具，既不同于行业整体竞争结构分析方法，也不同于单个企业的竞争地位分析方法，它介于两者之间。它找出产业中不同企业的战略管理性质带有共性的特征，并把它们进行大类分割。这种分类划分的方法与市场细分方法有些类似。这样做可以更准确地把握行业中竞争的方向和实质，避免以行业分析代替战略集团分析或以竞争对手分析代替战略集团分析所造成的缺陷。

在进行战略集团划分时，要注意选择具有可比性的划分要素，否则难以进行有效而准确的归类，也不能保持各集团的明显界限。选择比较战略要素时应遵循如下原则。

（1）所选要素是对行业中战略集团的形成起决定作用的变量。

（2）所选的要素不可一同变化。例如，如果一切实行产品差别化的企业也都具有宽产品线，则不应将这两个要素都选为可比要素，而应把反映行业中战略组成多样化程度的要素作为可以比较的要素。

（3）比较要素无须连续或单调。

（4）对一个行业可能划分出数个战略集团。

（二）战略集团间的竞争

在一个行业中，如果出现两个或两个以上的战略集团，则可能出现战略集团之间的竞争，也就是会有价格、广告、服务及其他要素方面的企业行为的竞争。战略集团之间的竞争激烈程度不仅影响着整个行业的潜在利润，而且对潜在的进入者、替代产品、供应商和销售商讨价还价能力等方面也会有一定的影响。通常情况下，有以下四个因素影响一个行业中战略集团之间的竞争程度。

（1）战略集团之间的市场相互关联程度。这是指各战略集团对同一顾客群争夺的程度。或者说，它们对不同细分市场中的顾客群感兴趣的程度。当战略集团之间的市场关联程度较大时，战略集团之间将产生剧烈的竞争。如在化肥行业中，对所有战略集团来说，顾客都相同。当各战略集团将目标关注在彼此之间差别很大的细分市场上时，各战略集团会更加关注自己感兴趣的目标市场，而对其他的细分市场关注就少，这种行业的战略集团结构，其相互影响就会小得多。当它们的销售对象区别很大时，其竞争就更像是不同行业的集团之间的经营状态。

（2）战略集团数量及它们的相对规模。一个行业中战略集团数量越多且各个战略集团的市场份额越相近时，战略集团之间的竞争就越激烈。战略集团数量多就意味着战略集团分散化程度高，某一战略集团采取削价或其他战术攻击其他战略集团的可能性增大，从而激发战略集团之间的竞争。反之，如果战略集团的规模极不平衡，某一战略集团在行业中占有很小的份额，另一集团却占有很大的份额，由于战略的不同，一般不会引起战略集团之间的竞争冲突。因为小战略集团的力量太弱，不大可能以其竞争战术威胁大战略集团。

（3）战略集团建立的产品差别化程度。如果各个战略集团因不同的战略形成不同的顾客群，并使他们各自偏爱某些产品特征和形成品牌偏好，则这种战略集团之间的竞争程度就大大低于产品差异化很小的战略集团之间的竞争。

（4）各集团战略的差异程度。集团战略差异是指不同战略集团奉行的战略在关键战略方向上的差别程度。战略方向包括品牌信誉、销售渠道、产品质量及特征、技术水平、成本状况、服务质量、纵向一体化程度、价格、与母公司或东道国政府的关系等。如果其他条件相同，则战略集团之间的战略差异越大，发生冲突的可能性就越小。但是，由于各战略集团奉行不同的战略，也可能导致其在竞争指导思想上有很大的差异，这种差异可能引发战略集团之间难以相互理解对方的经营行为，从而对其他战略集团竞争行动的过度反应。这种敏感性也可能引发集团之间较为激烈的竞争。

上述四个因素的共同作用决定了行业中战略集团的竞争激烈程度。最不稳定的竞争状况是，产业中存在几个势均力敌的战略集团，他们奉行极为相似的战略并争夺同一类基本顾客群。

项目四　竞争对手分析

竞争对手是指那些对企业现有市场地位构成直接威胁或对企业目标市场地位构成挑战的竞争者。如果一个企业不监测其主要竞争对手的各种行为，不分析、理解它们的经营战略，不去预测它们下一步可能采取的行动，那么就不能战胜竞争对手。从这一点来说，更加深刻、准确地理解竞争对手甚至比了解自己更为重要。

一、识别主要竞争对手

谁是竞争对手，这似乎是显而易见的。但是，情况会有所变化。有的企业可能会在变化中消失，有的企业在变化中会快速成长。因此对潜在竞争对手的识别和分析比对现有竞争对手的分析更为重要。如何识别潜在竞争对手？可以参看以下一些因素：

（1）不在该行业但能够特别容易克服进入壁垒的那些企业；

（2）进入该行业后可产生明显协同作用的企业；

（3）其战略的延伸必将导致进入本行业的企业；

（4）可能通过后向一体化或前向一体化进入行业的客户或供应商；

（5）可能通过购并而快速成长的企业等。

对于重要竞争对手，要进行有效的信息收集和分析活动。可以从多渠道中获取，如报纸、杂志、网络、政府文件广告、用户、供应商等。

二、竞争对手分析的内容

大部分企业在对竞争对手的分析中，对对手的竞争战略、优势和劣势等都能有一个较准确的判断和了解，但对于竞争对手的未来目标及假设却了解甚少，因为对这两点了解起来可能较难。但对这两点了解和分析是非常重要的。

（一）竞争对手的目标分析

对目标的了解和分析将有助于推断每个竞争者是否对其目前的地位和财务状况满意，并由此推断该竞争者改变战略的可能性，从而在战略管理一开始就能针对主要竞争者可能采取的行动设计应付方法。对竞争对手目标的分析也有助于预测它对战略变化的反应，从而帮助企业避免那些会招致引发激烈战争的战略行动。

（二）竞争对手的假设分析

竞争对手的目标是建立在其对环境和对自己的认识的基础之上的，这些认识就是竞争对手的假设。竞争对手的战略假设分为两类：一是对自己的假设；二是对行业及行业内其他企业的假设。竞争者的战略假设主要与一些因素有关：如企业的历史和文化、最高管理者的经历和背景、在市场上成功和失败的经验、行业的传统思路等。

一个竞争对手对其自身的假设可能是正确的，也可能不正确的。在假设不正确的情况下，常常会使企业找到战略契机。例如，假如某竞争对手相信它的产品拥有极高的品牌忠诚度，而事实并非如此，那么刺激性降价就是抢占市场的有效方法。这个竞争对手很可能拒绝作相应降价，因为它相信降价不会对其市场占有率产生什么影响。只有在发现已丢失一大片市场时，它才会认识到其假设是错误的。了解竞争对手的战略假设，不但可以了解竞争对手当前的战略，进而推断它可能采取的战略行动，还可以了解它的认识方式，针对其特定的认识方式选择自己针对它的竞争方式。

（三）竞争对手的现行战略分析

对竞争对手现行战略进行分析的重点在于，通过竞争对手的产品和市场行为来推断它的现行战略，预计它目前战略的实施效果，分析竞争对手现行战略对本企业的影响，如分析该企业当前的业绩、分析它继续实施当前战略的背景、竞争对手改变当前战略的可能性等。对当前业绩及前景持满意度的竞争对手可能会继续实施现行战略，当然它也可能做一些调整，这与它的目标和假设有关。但是，业绩很差的竞争对手一般会推出新的战略行动。

（四）竞争对手的资源和能力

对竞争对手的资源和能力做实事求是的评估，把握它的优势和劣势。竞争对手的潜在能力主要包括以下几个方面。

（1）核心潜力。竞争对手在各个职能领域内的潜在能力如何？其最佳能力在哪个职能部门？最差能力在哪个职能部门？

（2）增长能力。其潜在能力将会增长还是缩小？在哪些领域？

（3）迅速反应能力。竞争对手对其他竞争者的行动做出迅速反应的能力或发动及时进攻的能力如何？

（4）适应变化的能力。竞争对手的固定成本相对于变动成本的情况如何？其未利用的成本潜力如何？这些情况将影响其对变化可能做出的反应。

（5）持久耐力。竞争对手对维持一场长期的较量的能力如何？这种能力是否会对收益或现金流通施加压力？

（五）预测主要竞争对手的下一步行动

在对以上四个方面因素进行分析的基础上应对各个竞争对手可能发动的

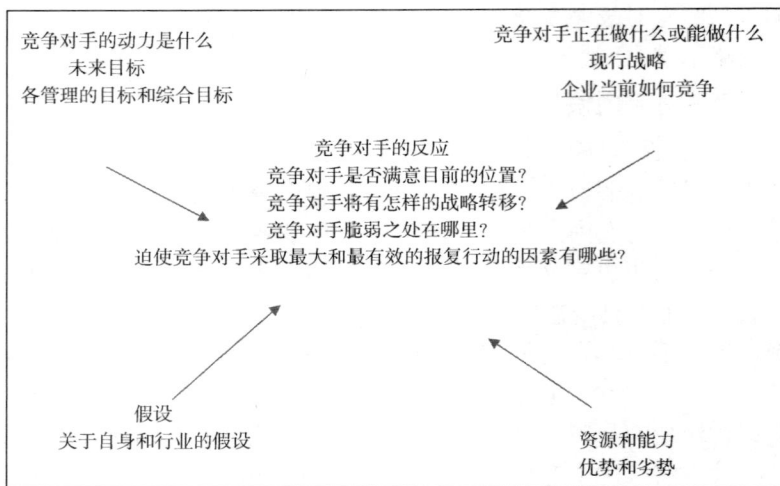

图 3-4 主要竞争对手分析的内容

战略行动和防御能力做出判断。

1. 推断竞争对手可能发动的战略变化

（1）对现行地位和业绩满足。将竞争对手的目标与其现行地位和业绩相比较，推测谁可能想要实行战略性转变。

（2）可能采取的行动。根据竞争对手的目标、假设、资源和能力，分析它最可能做出什么样的战略变化。这类变化将反映竞争对手对未来的见解。

（3）行动的强度和严肃性。对某个竞争对手的目标、资源和能力进行分析，能够评估出竞争对手这类可能采取的行动的预期强度。这对于评估该竞争对手可能从这类行动中获得什么收益也是很重要的。

2. 分析竞争对手的防御能力

（1）易受攻击性。竞争对手最易受到攻击的是哪些战略行动和哪些事件？什么事件具有不对称的获利后果，即对某个竞争者的利润的影响比发起行动企业的利润的影响是大还是小？哪些行为可能需要太大的代价去报复或效仿，以致使该竞争者无法冒险去采取这类行动？

（2）什么行动或事件将会引起竞争者之间的报复？

（3）报复的有效性。报复会不会迅速进行？报复可能以什么形式展开？采取何种行动能使竞争者报复的有效性下降？

思考题

（1）企业面临的外部环境因素有哪些？

（2）影响企业行业环境的五种竞争力量是什么？以家电业为例，分析这五种力量是如何影响该行业竞争格局的？

（3）以某一企业为例（如联想），试分析其面临的宏观环境因素，并分辨哪些是机会？哪些是威胁？

（4）读了本模块专题"行业竞争结构中的第六种力量"，你对行业竞争中的政府作用有什么样的理解？你同意专题中的观点吗？

（5）请你简要绘制本地某一行业的战略集团图。

（6）你能从哪些方面着手去分析你的竞争对手？

（7）有人说："重要的外部机会和威胁来自主要的外部趋势之间的相互作用，而不是来自单一的外部事件。"你的看法如何？

实训项目三

实训内容	主题	考查方式	评分
分组探讨	如何看待企业的外部环境对企业发展的影响	提交分析报告（500字以上）	
参观访问	联系地方企业进行团体参观，了解该公司的行业竞争状况	制作成演示文件在课内讲解	
总分			

课堂笔记

模块四　企业内部环境分析

外部环境分析是"知彼"的过程，便于企业更好地抓住外部环境中的机遇，避开其中的威胁。而企业内部环境分析在于"知己"，通过客观地审视自身来清晰地把握企业内部的资源与能力、优势与劣势。只有"知己知彼"，才能为制定适当的战略目标和战略方案提供尽可能多的信息资料，才能帮助企业在激烈的商战中"百战不殆"。

企业内部环境分析包括很多方面，如管理能力、营销能力、财务状况、人力资源状况、生产能力、研发能力和企业文化分析等。但对于企业，最为重要的是企业所独具的有价值的独特竞争能力，它是帮助企业超越竞争对手并保持持久竞争优势的法宝。因此，本模块首先对企业独特竞争能力进行分析，再从管理、营销、财务等若干方面逐项分析。

项目一　企业独特竞争能力分析

企业独特竞争能力的战略意义是，它使企业超越竞争对手并获得较大的利润。竞争者也试图模仿这些独特竞争能力，如果成功的话，则最终消除企业所具有的竞争优势。如许多个人电脑企业极力模仿美国苹果电脑公司所具有的图像显像绘图系统，这是该公司的独特竞争能力。

一、企业独特竞争能力的获得

独特竞争能力有两个相互补充的方面：第一，企业所具有的资源；第二，企业的能力。企业所具有的资源可以是财务、实体、人力、技术，也可以是组织形式。企业资源按其特点可分成两大类：一类是有形资源，如土地、建筑物、工厂、设备等；另一类是无形资源，如商标、专利、工业知识产权、合同协议、商业秘密、声誉、技术或市场营销诀窍、商业交易网络、企业文化等。企业资源要形成竞争能力，则必须具有独特性和有价值。独特资源是指竞争对手所不具有的资源。资源的价值是指这种资源能有助于创造对企业产品的需求。

企业能力是指企业协调资源并将其发挥作用的技能。这些技能存在于企业的日常活动中，即存在于企业作决策和管理其内部过程以达到企业目标的方式中。概括起来，企业的能力是组织结构和控制系统的产物。这些系统规定了在企业内部如何作出决策，在哪里作决策，企业要奖惩的行为，企业的文化和价值等诸多方面。企业能力不存在于企业中的单个人员身上，而更多地体现在企业内部个人之间及部门之间的相互作用、相互配合和作出决策的方式上。

区别资源和能力对理解企业独特竞争能力非常重要。一个企业可能具有独特而有价值的资源，但是除非这个企业具有使这些资源有效发挥作用的能力，否则资源就不能创造竞争优势并使这些竞争优势持续下去。下面以美国EMI公司和它的医用CT机为例来说明。医用CT机可以说是自1895年发现X射线以来在放射领域中最伟大的技术进步，它可获得用于分析判断人体剖面的图像。这项技术是由EMI公司高级研究人员亨斯·菲尔德发明的，他并因此获得诺贝尔奖。亨斯·菲尔德的这项发明，使EMI公司独家具有制造医用CT机这一技术诀窍的独特而有价值的无形资源。然而遗憾的是，EMI公司缺乏在市场上成功挖掘这种资源的能力，缺乏向潜在客户说明这种产品特点的市场营销技能，也缺乏售后服务和对产品的支持性技能。结果在开发出医用CT机的8年之后，EMI公司不再从事CT机业务。这是由于它的模仿者通用电气公司成了这方面的市场领导者。这就是说，EMI公司尽管具有了独特和有价值的无形资源，但由于缺乏挖掘这些资源的能力，最终不能建立起独特的竞争能力而保持长久的竞争优势。

另一方面，一个企业只要具有了竞争者所不具备的能力，它可能不需要具有独特而有价值的资源，同样可以建立起自己的独特竞争能力。例如，在美国钢铁行业的竞争者中，人们公认纽柯公司（Nucor）这个短流程的钢铁企业是成本效率最高的钢铁生产厂家。纽柯公司在低成本钢铁生产方面所具有的独特竞争能力并非来源于它具有独特而有价值的资源。它与其他短流程钢铁生产企业一样，具有相同或相似的工厂、设备、技术人员、诀窍等。纽柯公司与其他钢铁生产企业的不同之处是，它具有以高效率的方式管理其资源的能力。在企业的所有层次，纽柯的组织结构、控制系统、企业文化等都鼓励提高生产效率。

二、建立独特竞争能力的模仿障碍

由于独特竞争能力可使企业获得超额收益，竞争对手总是极力去模仿它们。因此，所建立的模仿壁垒越高，模仿就越难，企业的竞争优势就能越持久。然而，任何独特竞争能力最终都能被竞争对手模仿。这里的关键因素是竞争者模仿所花费的时间和付出的代价。如果竞争者模仿独特竞争能力所花的时间越长，付出的代价越多，则企业建立起竞争对手难以攻击的强大市场地位和声誉的能力就越大。此外，竞争者模仿所花的时间越长，越给企业赢得了改进这种独特竞争能力或建立新的竞争能力的时间，使竞争者永远跟不上企业的竞争步伐。

（一）可模仿性的资源

竞争者最容易模仿的独特竞争能力是独特而有价值的有形资源，这是由于竞争对手能够看到这些资源并且通常在市场上可以购买到。例如，如果一个企业的竞争优势是基于它具有高效率和大规模的生产设施的话，那么，竞争对手就可能会很快地建立类似的设施。在20世纪20年代，福特汽车公司通过第一个采用装配流水线的汽车制造技术，获得了超越通用汽车公司的竞争优势。但通用汽车公司很快就模仿了这种生产技术，并使福特汽车公司的这种独特竞争能力完全丧失。

无形资源最难以模仿，特别是企业的品牌或商标更是如此，因为商标象征着企业的声誉。如在计算机行业中，IBM品牌与高质量机器、卓越的售后服务和支持系统成为同义词。顾客通常对企业的产品显示出极大的偏好，因为品牌是高质量的重要保证。尤其当用户是技术外行时，品牌的优势就凸显出来。虽然竞争对手可能想模仿知名品牌，但法律是禁止的。市场营销及技术诀窍也是企业重要的无形资源，然而，它们却不像品牌这类无形资源更具有持久性和影响力。企业特定的市场营销及技术诀窍可能比较容易被模仿，这是因为技术人员在不同企业之间的流动有助于诀窍的扩散和传播。尤其是市场营销技术，由于它能被竞争对手看到，所以很容易被模仿。

从理论上讲，专利制度可保护技术诀窍免受模仿，因为它可使发明人享有独断专有的权利。但许多发明并非那么容易受到保护；如在电工及计算机工程领域中，通常就有许多围绕专利技术而出现的发明。例如，我国科研人员经过长期艰苦的努力，于20世纪70年代研究出了浮法玻璃生产技术，这可以说要比突破专利技术的保护还要困难。但这也足以说明，专利保护是相对的。研究结果表明，60%受专利保护的革新，大约在四年后都可能很成功地被发明出来。这说明基于技术诀窍的独特竞争能力也可能是很短暂的。

（二）可模仿性的能力

模仿一个企业的能力要比模仿一个企业的有形及无形资源要难得多，主要是因为企业的能力对外界来说是不可见的。企业能力存在于公司中作出决策及管理过程的方式、方法中。对外界来说，很难识别一个企业内部运作的本质的东西，因此也就难于模仿一个企业的能力。但是，企业能力不可见性的这一特点对防止模仿是不完全充分的。

但是，企业的能力不是只存在于单个人身上，相反它是在一个独特的公司环境中，是许多个人相互作用的方式或方法的产物。因此就有可能出现，公司中没有任何一个人熟悉企业的内部运作程序和方式。在这种情况下，竞争对手从一个成功企业中雇请一些人员并不能保证它可模仿到关键的能力。即使模仿到了，又会由于企业文化的不同而难以推行下去。因为企业员工的思维方式、行为习惯、评价事物的方法是不同的，他们很难适应别人繁杂的管理方式和方法。

总之，企业的独特竞争能力来自企业所具有的资源和能力。企业若具备独特的竞争能力，起码它必须具有独特而有价值的资源及开发利用这些资源所需要的能力。从实际看，资源要比能力更容易被模仿，因此，企业能力的独特性要比企业资源的独特性更具有持久优势。另外，影响企业独特竞争能力持久性的还有两个因素：一个是竞争对手模仿公司独特竞争能力所需要的时间。所需的时间越长，竞争对手作出反应的速度就越慢，公司就能建造更大的竞争优势和声望，公司的市场地位也就越难被动摇。另一个因素是环境的稳定性。即适用于一种环境的资源和能力可能并不适用于另一种环境。

专题

最早明确提出核心竞争力的概念并给予定义的是普拉哈拉德和哈默，他们从技术与产品创新的角度出发，认为核心竞争力是一种能为企业进入各类市场提供潜在机会，并能借助最终产品为所认定的顾客利益作出重大贡献，而不易为竞争者所模仿的能力。之后，对核心竞争力的论述又出现了分别基于知识观、资源观和系统观的三种核心竞争力观点。这三种观点从不同的侧面对企业核心竞争力进行了阐释，但都有不足之处。综合这三种观点，不难发现企业的核心竞争力本质是企业特有的知识和资源。这里的资源包括组织独特的价值观和文化。另外，信息、能力、专长等在本质上是属于企业内部的知识。从表面上看，似乎企业的核心竞争力就是企业拥有的核心技术，其实不然。因为企业所拥有的核心技术只不过是企业核心竞争力范畴的一种表现方式。例如，美国的"Toys RUs"玩具公司的核心竞争力是建立完善的玩具市场信息和分销系统；麦当劳的核心竞争力是质量、服务、清洁、价值的高度规范化能力；海尔的核心竞争力是在质量和服务方面的专长。

那么，企业核心竞争力的内在源泉是什么呢？它应当是一定时期或特定环境下企业凝炼出的正确的经营理念，指导企业未来的经营行为，由此形成的某种专长，进而构成企业核心竞争力。因此，理念决定制度，并影响技术的形成，进而技术又决定产品。所以，拥有最新理念的企业才会拥有最强大的竞争力。由此认为，企业的经营理念和某种专长共同构成了核心竞争力的源泉。培育企业核心竞争力主要从以下七个方面入手。

一、实施企业战略管理

通常情况下，企业总是简单地建立市场战略、产品战略、技术战略等，这些职能战略是企业外在和显性化的战略，最多只能获取暂时的优势。企业唯有把培育核心竞争力与战略管理融合在一起，才是使企业立于不败之地的根本战略。许多成功企业的经验为我们证明了这一论断。这些企业集中资源，通过对本行业的专注和持续投入，精心培育核心竞争力，把它作为企业保持长期竞争优势的根本战略任务，并以核心竞争力为基础拓展经营业务和领域，将其延伸到力能所及的范围，最终获得了成功。当然，企业战略行为正确与否是以对内外环境现状和未来发展趋势的充分认识和准确判断为依据的，并以此确立的正确的经营理念指导战略的实施为前提的。因此，核心竞争力是战略形成中层次最高、最持久的要素，是战略管理的中心议题。从时间的角度看，培育核心竞争力绝不是一朝一夕的事，它必须经过不断提炼、升华才能形成，这样一个过程只有通过战略管理才能实现。

深圳巨人集团起初能以较快速度发展，是因为在正确的经营理念指导下选择了正确的战略模式。即集中资源在软件一条产业链上不断创新。但由于巨人集团没有把软件技术这个核心竞争力作为一个根本战略来培育，而是在公司规模实力不够强大时匆匆进入了几乎没有相关性的房地产与保健品行业，分散了公司的资源，削弱了核心竞争力作用的发挥，同时，也忽略了对核心竞争力的进一步培育和提升，最终导致"巨人"倒下。实际上，其本质原因在于改变了公司的战略指导思想。鉴于此，企业要想具有长期竞争优势，就要从战略上高度识别、培育和提升核心竞争力。

二、实现企业内部的知识共享

知识共享和相互交流是知识创新的一个重要步骤。其目的就是在企业内部打破权力和职位的限制，人人都可以充分利用企业内部的知识资源。同时，营造促进员工之间进行交流的良好氛围，以使知识在交流中得到融合、升华，进而形成新的知识。企业内部知识的广泛共享会增加创新成功的可能性，有利于加速核心竞争力的形成与提高。

从某种意义上来说，企业的核心竞争力是一个企业所特有的知识的凝结，而保持这种能力的有效手段就是知识在应用中的不断创新。只有通过共享和交流才能把知识成功应用于实践，并融入每个员工的行动，这样知识才能化为力量，为企业创造新的价值。注重知识的应用，首先要能发现问题，并设法解决。而问题的形成更多的是发生在企业的内外部环境变化，如消费者需求的变化、竞争对手战略或策略的调整、新技术的诞生及其他相关环境要素的变化。企业要有能力在变化的环境中，运用已积累的知识，把握机会，化解威胁，并在运用知识的过程中创造出新的知识，增强企业的竞争力。

三、强化市场营销能力

由于核心竞争力是一种能为企业进入市场提供潜在机会，而且不易被竞争对手模仿的能力。因此，核心竞争力本身能够促进市场营销能力的提高。反过来，市场营销能力也能改进核心竞争力。因为，企业对顾客的需求研究，是在不断地寻找新的市场空间，这个过程又是企业将其核心竞争力很好发挥作用，并最终通过产品附加价值的增加和竞争力的提高，表现其核心竞争力的重要作用和价值所在。

在实践中，有些企业在技术上具有独特的优势，但它在市场竞争中所得到的却是与此不相称的绩效。例如，美国铱星公司作为卫星移动通信业的开拓者，曾耗资50亿美元，花费12年的时间用于技术研究，研究与开发出了由66颗低地球轨道卫星组成的移动通信网络，可以说铱星的核心竞争力表现在技术创新上，但由于它忽视了市场潜量和市场购买者承受能力的测定，由此形成的经营指导思想背离了市场需求，企业的技术专长没能为顾客创造利益，也就没有创造出企业赖以生存的市场，最终导致破产。因此，作为以技术为核心竞争力的企业，只有在正确的经营理念指导下，才能实现企业核心竞争力的真正价值。

四、提高信息收集和处理能力

现代社会已进入信息爆炸时代。谁能快速全面地掌握全国或全球的经济、科技等信息，谁就掌握了国内国际经济发展的脉搏。企业在整个生产经营过程中，都在不断地处理来自企业内外的各种信息，从而在各个阶段、各个层次上作出相应的决策，以便指导下一步的工作。正确的决策必须建立在获得正确信息的基础上，但是处在"信息爆炸"的时代，信息多得好似汪洋大海，如何鉴别、筛选、提炼对企业有用的信息，这就要求企业应用先进的信息技术，挖掘企业内外部信息，支持企业的各项经营活动，从而强化培育核心竞争力的能力。

五、增强研发能力

在市场需求趋于个性化和多样化，速度和创新成为竞争主题的今天，企业为了生存和发展，必须不断地开发新产品。这就要求企业增强研究与开发能力，以最快的速度去满足复杂多变的顾客需求。增强研究与开发能力会使企业的核心竞争力得到进一步的巩固和提升。不过，企业的研究与开发必须以核心竞争力为基准，在资源充分共享的前提下，围绕市场需求展开，而不是盲目进入与核心竞争力无关的领域；否则，不仅不利于核心竞争力的培育和提升，反而会因资源的分散，削弱核心竞争力的作用，给企业的经营带来风险。

六、强化组织结构和学习能力

由于核心竞争力构筑于企业战略管理之中，而战略模式必然需要相应的组织结构与之相匹配。因而，核心竞争力必然在沟通、参与和跨越组织的活动中具有共同的认知要求，使核心竞争力渗透到整个组织中，并在组织中形成一个综合的、不可模仿的组织专长。因此，组织设计必须从系统的角度致力于改进以知识为基础的组织结构，以创造出新的交流途径并能激励组织成员的学习行为。只有那些能够推动这些行为的组织才能使企业根据竞争环境中越来越复杂多变的情况，有效地调整自己的策略，同时又能保持自己的经营特色，这样才能在激烈竞争的环境中发挥优势并能长胜不衰。

企业以往的学习行为所积累的具有特殊性的专长，决定了学习能力是核心竞争力形成的重要因素之一。企业向市场学习营销技巧，向竞争对手学习竞争手段与技术，向国内外一些著名企业学习管理。在组织中形成推崇学习的文化，最终形成具有旺盛学习能力的学习型组织，以此夯实企业培育核心竞争力的基础。

七、加强人力资源开发与管理

如果说企业的核心竞争力是企业特有知识的凝结，那么作为知识生产载体的人才就是知识创新的不竭源泉。因此，培育和提升企业核心竞争力，归根结底要靠人才。例如，小天鹅集团公司为了在洗涤技术领域占据领先地位，形成核心竞争力，下大力气培养自己的洗涤专家。公司先后以高薪招聘了流体力学、微控制技术、变频技术等方面出类拔萃的专家，并把专家的知识作为资本投入。这一措施既增强了企业的创新能力，又防止了由于人才流失造成核心竞争力的削弱，同时又可把竞争对手的人才吸引过来，使企业创新能力得到增强。

人才是所有培育核心竞争力诸要素中最根本、最关键的一个，是企业的最重要财富。人才竞争是企业面临的最严峻的竞争。只有对人进行培训和教育，提高和发挥人的潜能，才能在激烈的竞争中使企业不断成长、兴旺发达。

随着经济全球化、市场开放化的日益形成，使处于经济转轨时期，缺乏竞争力的我国企业遇到了前所未有的挑战与压力。在这样一个竞争环境中，企业欲获得竞争优势，必须从企业与环境的特点出发，培育自己的核心竞争力。

上述七个方面的工作最终形成企业两个方面的能力：一个是显性的能力，如技术专利、管理方法等。它容易被竞争对手识别，并通过某种手段加以模仿，使企业在这方面的优势逐渐消失。另一个是隐性的能力，如产品品牌、企业形象、经营理念等。这些能力是对手无法模仿的。因而，隐性能力对企业来讲，起着隐蔽和保护核心竞争力的作用。对竞争对手而言，强有力的隐性能力能够模糊对手的视线，削弱其模仿能力，阻挡其跟随的步伐，减少竞争的压力，以此营造良好的生存环境。所以，企业必须有能力识别和培育自己的核心竞争力，只有做好这七个方面的工作才有助于核心竞争力的形成、完善和提升，才能体现出企业独特的竞争优势。

项目二　企业管理能力分析

管理也是资源，它对于管理对象的价值或功能有扩大和加强的作用，同时对管理对象的价值或功能的有效发挥起着引导和推动的作用。所以，企业的管理资源是内部环境分析的重要内容之一。

一、组织结构的现状分析

企业组织结构分析是企业内部条件分析的基本环节和主要内容。因为企业的一切活动都是人的活动，有组织的合理分工和有效的组织活动，才能实现组织追求的目标。按照管理学的职能分工观点，组织是进行有效管理的手段。企业作为一个组织最重要的是组织成员的团结和睦，这是组织的力量所在。而在管理中最令管理者头疼的似乎不是技术问题、财务问题，而是组织成员的人事矛盾问题，产生此问题的原因很多，其根源之一就是组织机构最初的设置和人员安排不合理，这就埋下了冲突的隐患。

在不合理的组织机构里，任何人都可能在工作中遇到矛盾，发生冲突，只是表现的程度不同而已。所以，分析企业管理组织的情况，改善组织工作，建立合理的组织结构，对于形成组织内部良好的人际关系是大有益处的，对企业管理而言也是治本之举。因为没有组织的活动无异于一盘散沙，这样的组织是没有效率的组织，也是不能取得良好效果的。只有结构良好的组织才是精锐之师，才有高效率，才能达到组织所期望的效果。

按照安索夫的观点，当一个企业实施战略管理时，它必须做到企业所采取的战略模式与环境、组织结构是协调一致的。也就是说，分析企业的组织结构也是满足企业实施战略管理的需要。只有进行企业组织结构的分析，才能发现组织结构中导致效率低下的因素，进而进行组织变革，满足战略管理的要求，提高企业管理的效率。

企业组织结构的有效性分析主要从以下几个方面进行。

（一）企业组织结构分析

企业组织结构分析主要包括以下内容。

（1）考察企业历史沿革。一般来讲，企业的发展历史能够充分反映企业的组织结构随企业规模、经营特点的变化而发生的变化，能够了解企业组织结构变迁的特点、领导班子的决策风格及组织行为的特征等。

（2）组织中的岗位描述。通过对企业组织机构图及关于各机构任务的文字说明和各个岗位的描述，能够充分地了解组织结构设计的合理性、运转的效率状况，还可以了解企业内部人员对本企业组织状况的看法，各级管理者的任职情况和实际业绩，组织职位的设置情况及各个职位的管理幅度，整个企业组织和各个局部组织的管理层次，组织内权力的分配情况，职位标准的规定，组织内信息的沟通情况，组织氛围（团结协作精神，对组织目标认识的一致性，对企业的负责精神，对企业前途的看法等），等等。

（3）企业内部与组织问题有关的重大问题的发生过程，企业高层领导者对企业组织方面存在问题的看法和组织变革的设想，企业中下层管理者对企业组织方面存在问题的看法及组织变革的想法和建议。

（二）企业管理任务分析

企业管理任务分析主要分析以下内容。

（1）企业目标任务的说明。这主要有产品品种、产量、产值、实现利润等目标的实现要求、过程安排，考察目标表述得是否清晰，是否符合企业的基本情况，以及被员工接受的程度。

（2）企业生产技术特点的说明。这方面的分析能够发现企业的生产作业管理水平、生产组织能力及组织结构的整体设计是否合理和有效。

课堂笔记

69

（3）企业职工及各级管理干部的人数和基本素质的说明。

（4）现代化管理手段的推广和使用情况。

调查分析组织结构可采用的方法有：由企业各级人员填写组织状况调查表，召开各级管理人员和职工代表座谈，与各级管理人员和职工个别谈话，查阅企业会议纪要及企业组织结构图、职位说明书、干部考核表等。

通过了解上述情况，形成对该企业的概括性认识，并要对该企业进行任务分解的分析，看企业对目标的认识是否准确、明确，看企业目标分解是否符合逻辑和生产技术发展规律。

二、企业基础管理现状分析

（一）计量管理

企业计量管理工作具有非常突出的日常性和琐碎性，因此，做好计量管理是一件很困难的工作。它又是一件非常重要的基础工作，因为它为企业提供决策所需的全部基础数据。所以，计量工作不扎实，提供的数据不准确，就会影响决策的正确性。计量管理分析主要分析计量管理制度的执行情况、计量仪器仪表的完好率和准确率、计量器具的先进性、数据记录的保管和分析情况等方面。

（二）标准化管理

企业的标准化管理包括三大方面：技术标准、管理标准、工作标准。技术标准分析主要分析产品质量标准的执行情况，新产品或改进产品的标准制定情况，还有工艺技术标准的制定、执行、修改的情况。管理标准分析主要是分析标准的执行、修改及管理制度上升为标准的认定等方面的情况。工作标准分析主要分析岗位设置是否合理、岗位职能陈述是否清楚及执行的情况。

（三）企业制度建设

企业制度建设既是全面工作又是系统工作，具有很强的动态性。这方面分析主要分析制定制度的及时性、科学性、合理性，以及制度的废除、修订，更重要的是考察制度的执行情况等方面。

（四）定额管理

企业的定额管理水平的高低，关系到企业的经济效益和成本费用的控制。这方面分析主要分析各项定额制定得是否科学合理、修订的周期与及时性、定额执行的情况、定额纳入经济指标的考核情况。

（五）信息管理

企业信息管理除了要注重信息管理的程序合理、高效，还要注重信息的分析和处理；既要注重外部的信息收集和管理，也要注重企业内部的信息收集与管理。这样才能保证企业运转灵活、高效，保证决策正确。

（六）班组建设

企业的班组建设是对企业的最小部门的管理，也是生产经营的最前线。这方面分析主要分析班组划分的合理性及班组的凝聚力和战斗力、整体技术水平、所承担的经济技术指标的完成情况、对生产突发事件的处理能力、参与企业经营活动的效果、提出的合理化建议的数量和采纳情况等方面。

三、企业综合管理现状分析

（一）计划管理

企业的计划管理具有很强的综合性，主要表现在计划的全局性和指标体系的可操作性。也就是说，它既能统领全局又能指挥具体行动，而且还具有协调的功能。计划管理分析主要分析计划目标与实际完成目标的差距、在执行阶段对计划修订的次数、出现计划重大失误的次数、计划被员工接受的程度等方面。那么，通过对过去战略的执行情况和各年度的经营计划的完成情况的分析，可以看出企业的计划水平和执行计划的能力。如果该企业的计划是科学合理的，而计划完成得不够理想，那么就应当分析是否在其他管理方面存在严重的问题。

（二）企业管理

企业的另一个具有综合管理职能的部门是企业管理办公室。在通常情况下，它承担着规章制度的制定、检查考核、督办任务及企业重要管理任务的组织与协调、向企业提供重要决策方案供领导决策使用等职能。这方面分析主要分析工作效率、协调能力、提供方案的被采纳情况、其他部门对考核方案的接受程度等方面。

（三）财务管理

企业的财务管理也具有一定的综合性。因为它与计划部门具有相似的功能，两者的工作共同构成企业生产经营的总工作任务。

四、企业管理现状分析中应注意的问题

（一）管理幅度与管理层次的关系

管理幅度是指一名主管人员直接管理的下级人员的数量，管理层次是指企业组织结构的层级数。管理幅度与管理层次成反比关系，即加大管理幅度，管理层次就可适当减少；反之则需增加管理层次。管理层次决定了企业组织的纵向结构，管理幅度决定了企业组织的横向结构。

一般来讲，应根据工作的性质和内容、管理人员的工作能力、上下级信息交流及反馈的程度、工作任务需要协调的程度、计划与授权等因素来决定管理幅度。一般来讲，在企业的工作内容和性质相似、人员工作能力较强、授权比较充分、上下级信息交流和反馈迅速而有效、组织系统内容易协调的

课堂笔记

情况下，管理幅度可宽一些；反之，管理幅度则要窄一些，这时可能就要增加管理层次。

管理层次越多，效率相对就越低，而且管理费用也高，信息传递的速度就慢，失真的可能性增大。但是，对管理者的能力要求相对较低。企业的管理幅度较宽，向下级授权加大，对管理者的能力要求较高，这种组织结构能获得较高的效率，管理费用也相对较低，信息失真的程度会大大减少。当今大型企业，尤其是跨国经营的企业大多采用这种组织结构模式。

（二）直线指挥系统与职能参谋系统的关系

直线指挥系统是指企业中直接完成企业目标的执行机构，职能参谋系统是企业中协调直线系统有效完成企业目标的机构，它对直线系统不具有指挥的权力。在企业经营中，由于直线指挥系统和参谋系统的工作内容难以截然分开，对涉及的问题又行使着不同的权力（指挥和参谋），因而两个系统经常发生矛盾。主要表现在如下方面。

（1）两个系统各自强调本系统工作的重要性，使企业经营难以协调，影响工作效果。

（2）它们会从各自的地位、角度观察问题，有时还出于对本部门的利益考虑，得出不同的结论或提出不同的解决方案。

（3）信息交流不畅，使最高领导人的决策受到阻碍，效率降低。

（4）工作过程中责、权、利不易分清，常出现对企业经营中的问题互相推诿、指责等情况。

这样的企业结构要求直接领导者有较好的决策能力、较为精通的生产技术，对各级中层管理人员有全面的了解，能够比较容易地驾驭他们的行为。

（三）集权与分权的关系

集权与分权是一个相对的概念。在分析时要注意影响职权集中和分散的原因，以便因势利导，使企业的职权集中或分散有效化。一个具体企业的职权分散与集中的程度涉及一系列因素，往往需要综合考虑。从实践来看，规模较大的企业易采取分权管理方式，反之则应集中权力。从内部发展扩大的企业，一般愿意沿用集权管理方式；兼并收购或联合的企业，通常会因企业文化的差异，大多采取分权管理模式。如果企业内部各级管理人员的数量不足或素质不高，则采取职权集中的管理模式；如果企业控制手段较完备，整体管理水平高，则倾向于采取职权分散的管理模式。在实行多元化经营的企业里，一般都采取事业部的分权管理模式；对从事单一产品生产的企业，大多采取集权管理模式。但是，如果这种企业的市场范围非常大时，如跨国经营的企业，大多采取事业部的分权经营模式，其事业部的设置以销售地区为单位。

（四）综合管理与专业管理的关系

专业管理是指企业中有关局部性、执行性和具有较强专业特征的某些部门的管理工作，如企业中的市场营销、技术研发、生产管理、物资采购、设备管理等职能部门。综合管理是指企业中的有关全局性、决策性的综合部门的管理工作，如企业的计划管理、财务管理、企业管理办公室等部门。处理好综合管理与专业管理之间的关系是企业机构分析中的一个重要课题。传统的企业形式是直线职能制，它虽有助于发挥各个专业职能部门在本领域内的高效运作能力的长处，但却给综合管理工作带来困难，导致本位主义意识增强，对企业的总体目标关心不够，协调难度增大，整体效率低下。企业的综合管理使得整体效率提高，但有时会因局部利益的损失而影响该部门的积极性。鉴于这些利弊关系，在进行管理资源分析时，就要考虑这些关系的协调问题。

（五）企业机构形式适用性问题

现代企业机构形式主要有直线职能制、事业部制、模拟分权制和矩阵结构等。各种企业机构形式各有其优点和不足，也有一定的适用范围。对企业机构形式的适用性分析，可以找到比较适宜的企业机构形式。这一过程要用到企业流程再造的理论和方法，解决好这一问题，有助于实现"战略模式—组织结构—内外部环境"的协调一致。

（六）部门划分合理性问题

企业机构形式的确定和改变必将伴随着部门的划分，从而确立企业中各个部门、各种岗位、各项任务与责任的归属，因此部门的划分也是企业机构分析中的一个方面。部门划分主要考虑按功能划分，它是保证企业能否有效运转的核心问题。在此基础上，要考虑各职能部门的功能有效发挥的问题。这时可根据企业的实际情况，适当考虑人数、地区、产品、用户、销售渠道等因素。分析部门划分的合理性应考察企业部门设置的依据、部门的业务性质、工作量的大小、工作复杂程度、外部环境变化等因素。

项目三　市场营销能力分析

企业的市场营销能力是指企业适应市场变化、积极引导消费、争取竞争优势以实现经营目标的能力。它是企业决策能力、应变能力、竞争能力和销售能力的综合体现。市场营销能力的强弱是决定企业经营成果的优劣、影响企业生存和发展的关键因素，因此分析企业的市场营销能力是掌握企业内部的重要工作之一。

市场营销能力分析主要包括以下内容：产品市场竞争力分析，产品结构分析，企业新产品研发能力分析，产品价格分析，产品销售渠道及促销活动

73

分析和企业市场营销能力的综合分析。

一、产品市场竞争力分析

从市场营销的观点来看，产品是满足消费者需求和对社会作出贡献的商品，消费者在购买商品实体的同时，也购买了附属于商品实体的许多无形的东西，诸如质量保证、销售服务、包装设计、商品信誉等。消费者所购买的并不仅仅是商品的实体，而是通过购买商品使其某种欲望获得最大的满足。因此，企业生产产品不仅要重视产品的功能和质量，也要重视产品的外观、价格、包装、商标和销售服务等。

单项产品的分析往往是从分析产品所处的生命周期的位置入手，从而提出各有关建议。产品生命周期通常可分为四个阶段：投入期、成长期、成熟期和衰退期。根据市场营销理论，在明确了企业各产品所处生命周期的某阶段时，分析人员应针对不同阶段为改善企业营销策略提出对策，同时分析人员在总体上要为企业谋划产品结构。最佳产品结构是当第一个产品进入成长期时，次位产品进入投入期，当第一个产品进入成熟期时，次位产品进入成长期，而再次位产品进入投入期，依此类推。

产品的市场竞争力分析是对企业当前销售的各种产品的市场地位、收益性、成长性、竞争性及产品组合等方面进行分析。

（一）产品市场地位分析

产品的市场地位除通过企业形象分析进行定性评价之外，还要在市场占有率和市场覆盖率两方面进行定量分析。其中，市场占有率的计算公式为：

市场占有率 =（本企业产品销售量/市场上同类产品销售量）×100%

市场占有率应分品种、分地区、分时期进行统计，并与竞争企业进行对比分析，找出本企业市场占有率低的产品和地区，以便进一步查明原因。

销售地区可以是省、市或县，在进行对比时，销售地区相应也应是省、市或县等，概念要统一，否则无可比性。

（二）产品的收益性分析

产品的收益性是决定经济效益的重要因素，企业应确定以高收益产品为中心的产品组合。收益性分析的主要内容是如下。

（1）进行销售额的 ABC 分析，确定销售额最高的 A 类重点产品。

（2）进行边际利润分析，以明确企业各种产品的边际利润贡献度。对边际利润贡献最多的产品应加以重点发展。

（3）进行本、量、利分析，以查明经营安全率和确定目标销售量，以及在降低产品成本方面寻找最佳途径。

（三）产品的成长性分析

产品的成长性分析一般是把企业最近 3~5 年的销售量或销售额，按时间顺序绘制成曲线图来观察增长变化趋势。一般用销售增长率表示，其计算公式如下：

销售增长率 = [（本年度销售量（额）/上年度销售量（额）−1] ×100%

有时也可用市场扩大率来进行分析，其计算公式如下：

市场扩大率 =（本年度市场占有率/上年度市场占有率−1）×100%

（四）产品竞争力分析

企业产品相对于竞争对手的产品在技术性能、质量、外观、包装、商标、成本、价格、售前售后服务、销售渠道、促销策略等指标所具有的特殊属性，即产品竞争力。产品竞争力分析的主要方法是对比评分法，其步骤如下。

（1）选择主要的竞争产品，确定对比产品竞争力的评比项目。

（2）规定各个项目的评分标准，绘制评比表格。

（3）确定参加评比的人员，应尽可能选择本企业各部门有关人员、行业资深管理人员、相关市场管理人员、中间商及对产品有一定了解的用户参加，以期他们能客观地评定。

（4）进行评比，把企业的产品与竞争产品的各评比项目的评分填入表格并计算总分，根据评分结果研究本企业产品的竞争力大小。

二、产品结构分析

（一）产品结构的概念

企业向市场提供的全部产品品种的总和，称为产品结构，也可称为产品组合。它是指企业产品线的宽度与深度结构。产品线宽度是指产品的系列结构，产品线深度结构是指同一系列的规格结构。图 4-1 所示的是一种产品线宽度为 3、平均深度为 2 的产品结构。

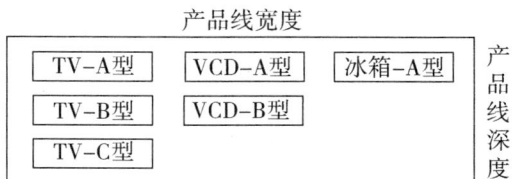

产品线宽度

TV-A型	VCD-A型	冰箱-A型
TV-B型	VCD-B型	
TV-C型		

图 4-1 企业产品结构示意图

（右侧纵向：产品线深度）

（二）产品结构分析方法

在产品结构分析方法中，最常用的是市场增长率—市场占有率矩阵，如图 4-2 所示。

在该矩阵中，"相对市场占有率"代表企业在该项业务上拥有的实力和相对的竞争地位，该项业务的销售额增长率（即市场增长率）是根据历史资料计算的。其计算公式为：

销售额增长率＝［（本期销售总额－上期销售总额）／上期销售总额］×100%

		相对市场占有率	
		高	低
销售增长	高	需要继续投入资源	尚未打开市场 发展潜力较大 需加大投入获取市场 或出售
	低	资源投入较少，企业的主要经济来源	衰退类业务 撤退战略 可将此类业务单元合并，统一管理

图 4-2　市场增长率—市场占有率矩阵示意图

销售额增长率所代表的是某项业务所处行业在市场上的吸引力，它与本企业该项业务所处的地位无关。选这一指标来代表市场吸引力是出自产品生命周期的概念。因为，产品生命周期理论主要是以市场销售量的变化来判断和划分产品的投入、成长、成熟和衰退四个时期的。图 4-2 中的市场增长率高低分界线定为 10%。如果企业经营的多项业务属于同一行业，则可把行业的平均增长率作为分界线。在分界线以上的，可以看成处于投入期或成长期；在分界线以下的，可以看成处于成熟期或衰退期。如果企业经营的各项业务很分散且缺乏共性，则可以把国民生产总值的增长率作为分界线，也可以用各项业务的加权平均增长率作为分界线。有的企业用总的目标增长率作为分界线，以此来区别哪些业务拉高或拉低企业的总体增长率。

相对市场占有率的计算公式如下：

相对市场占有率＝（本公司某项业务本期销售额／最强的竞争对手该业务本期销售额）×100%

有时由于统计资料缺乏，有些商品统计不出市场占有率。另外，由于各行业的集中程度不同，直接以市场占有率来表示一个企业某项业务在同行业中的地位是不确切的。例如，10% 的市场占有率在一个高度分散的行业中可能处于相当强的地位，而在一个高度集中的行业中却代表了较弱的地位。同时，为了与竞争企业进行对比，采用相对市场占有率指标。图 4-2 中的相对市场占有率高与低的分界线定在 1.0，高于 1.0 就是市场占有率的领先者。

通过市场增长率和相对市场占有率可以把企业从事的各项经营业务分成

四个区域，各区域中的业务因资金流向不同而有不同的特征。

左上区的业务称为"明星"产品，它们是具有高度吸引力的业务（销售额增长率高），而本企业又具有强大的实力（相对市场占有率高），因此，在该区的业务能回收大量资金。但企业要在迅速增长的市场中保持一定的优势，也需要投入大量资金，两者相抵，企业资金净收入并不多。为此，有时企业需要注入资金以抓住市场快速发展的机会。

左下区的业务称为"金牛"产品，它们是企业资金的主要来源，即它们能回收的资金大于再投资的需要，在企业能够集中调度资金的前提下，它们能提供投资于其他业务的资金。

右上区的业务称为"问题"产品，它们是待开发的机会，由于市场迅速增长而具有吸引力，但企业并没有在这个市场上占有适当地位。企业需要作出决策：在其中选出一部分业务使其能成功地提高到行业的领先地位，从而变成"明星"产品，但这需要投入大量资金；反之，对一些企业认为无希望的业务，即使它很有吸引力，也不得不作出退出的决策。

右下区的业务称为"瘦狗"产品，它们既无吸引力又无竞争地位，可能有少量投资收回，但仅够维持其经营的开支，恰当的决策是尽量利用或转让。

一般说来，较为合理的产品结构为：明星产品约占企业全部产品销售额的 25%～30%，金牛产品约占 35%～40%，问题产品约占 10%～20%，瘦狗产品约占 5%～10%。

由以上分析可以看出，合理的产品结构是一个动态优化的过程，只能通过不断地开发新产品、剔除衰退产品来实现。同时，对企业进行产品结构调整还必须考虑实际情况，制定对企业适合的调整方法，强调合理的产品结构和多样化的调整方法。

（三）合理产品结构

合理的产品结构是指在环境因素约束下，在一定时期内，企业的产品品种组合形成的能获得良好经济和社会效益的产品群。判断产品结构合理性的原则如下。

（1）符合国家宏观经济政策。国家对符合产业政策的企业实行优先发展的方针；反之，则采取限制的方针。因此，企业产品结构与国家宏观经济政策的吻合度对企业的发展影响很大。

（2）适应市场及用户要求。要用"5R法"去了解市场需求信息，才能为企业产品结构调整制定出正确的方向和策略。分析产品结构的优劣，就是以用户为中心，分析企业产品组合能否满足在适当的场所和适当的时间、以适当的数量和适当的价格向用户提供适当的商品。用户满足程度的大小，反映了企业产品结构的优劣。这种分析方法称为"5R（Right）法"，具体分析因素见表 4-1。

77

表 4-1   5R 检查表

5R	含义	分析因素
适当的商品 （right goods）	能满足消费者的利益和需要	（1）从长短期利益出发考虑问题，提高产品的安全性，为客户创造价值 （2）遵守国家环境保护法
适当的场所 （right place）	方便用户购买	（1）方便用户购买的场所，购物地点的距离，选购商品摆放的便利性 （2）产品的外形和包装适合场所及用户便利性 （3）方便用户运输
适当的时间 （right time）	适合用户购买的时间需要	（1）营业时间安排 （2）产品的使用寿命 （3）保修、维修的时间
适当的价格 （right price）	用户支付得起并乐于支付	（1）价质相当 （2）用户的价值观念 （3）反对盲目的低价倾销
适当的数量 （right quantity）	用户便于购买、使用的数量	（1）用户两次购买的时间间隔 （2）用户习惯的购买量 （3）用户的支付能力 （4）用户购买量的便利性

（3）良好的经济效益。研究和调整企业产品结构的最终目标是使企业综合效益最大化，能为本企业获取良好效益的结构就是合理的产品结构。

（4）自我调整机制。合理的产品结构应当是动态的，即要求企业能及时有效地根据环境的变化调整产品结构，使企业的产品结构有良好的弹性，保证企业产品结构能长期处于较合理的状态。

（四）产品结构调整的方式

产品结构调整的方式主要有战术性调整和战略性调整两种。

1. 战术性调整

（1）适应型调整。适应型调整是指企业根据近期市场的情况对企业现有产品进行量和质的调整。量的调整包括对原有产品进行适当的品种数量和产量的比例调整；质的调整是对原有产品在质量、花色、包装、规格及成本等方面进行调整，质的调整需要一定的技术及资金投入。适应型调整的最大特点是立足于现有存量范围，是以内涵为主的调整，采用扶优限劣的基本原则，达到促进整体发展的目的。这种调整投资少，见效快。

（2）改进型调整。根据市场需求，改进型调整可分为改进老产品和开发系列产品两种。

①改进老产品。根据市场需求，对老产品进行质量、外形、性能的改进，

一方面延长产品生命周期，另一方面不断地对老产品进行改进，力争实现从量变到质变，直到转变为新产品，这是产品结构调整的重要措施。②开发系列产品。针对各种不同目标市场的需要进行系列开发，增加产品深度，提高产品适应能力。战术性调整是企业在原有生产技术的基础上，根据市场的发展和变化而采取的应急调整措施，它可以使企业尽快摆脱困难，挖掘企业内部潜力。其不足之处是易受原有产品结构现状的限制，以致往往在发现了市场机会时，由于条件所限而无力抓住。因此，企业在重视战术性调整的同时，还应不失时机地下决心进行战略性调整。

2. 战略性调整

战略性调整主要依赖于较大的投资，属于增量调整的范围。

（1）全新型调整。根据市场需要，拓宽企业产品市场，使企业产品实现战略转移，开发全新产品，形成新的企业增长点。

（2）发展型调整。企业要使深受用户欢迎的名优产品成为具有较大竞争力的企业支柱产品，应当在产品成长期下决心，在提高产品水平的前提下扩大生产规模，使产品处于强有力的竞争地位。适宜的战略性调整是保证企业产品结构合理化的关键，也是保持企业产品结构活力的有力措施。但这种调整投资大，所需周期长，见效慢。因此，战略性调整应与战术性调整相结合，忽视哪一种都会给企业产品结构调整带来不利的影响。

（五）产品结构调整需要注意的问题

（1）产品结构调整是一个系统工程，它是企业总工程师和技术人员的重要工作，也是企业主要领导人决策的重点。在企业的经营中起关键作用的是市场、人才与资金积累。在市场方面要抓住三个动向：①了解本行业及其相关行业的销售增长率，及时发现本行业的变化趋势；②了解本企业产品的市场占有率及其变化情况，对本企业的竞争状况有基本的了解；③抓住可能出现的市场机会，为开拓新市场做准备。在人才方面要重点组织好营销人才、技术人才和管理人才，其中营销人才是先导，管理人才是关键，技术人才是主力。在资金积累方面，需要建立产品结构调整基金。

（2）由战术性调整走向战略性调整。对许多企业来说，主要应以适应性调整为主，在多次战术性调整成功的基础上转向战略性调整。

（3）产品结构调整要伴随着企业机构的调整。许多企业现行的组织机构越来越不适应市场和发展的要求，应在进行产品结构调整的同时注意组织结构的调整，这是决策者在产品结构调整中应当考虑的问题。

三、企业新产品研究与开发能力分析

企业应着重从新产品开发机构、开发效果、开发过程和开发计划等四个方面进行分析，其目的在于提高新产品开发的效果，改进企业的产品结构，增强企业的应变能力。

课堂笔记

（一）新产品开发组织分析

新产品开发机构分析主要分析：①新产品开发机构能否迅速适应市场变化和技术发展的要求；②机构的权限是否具有对各部门进行协调的能力；③业务工作能否保证在新产品研制成功后顺利地向生产方面移交；④企业领导是否给予高度重视和有力支持。

（1）开发人员素质分析。主要分析开发组织成员的年龄、学历、职称、研究能力和工作业绩等；分析各类专业人员配备、使用是否合理；分析开发人员是否不断地进行知识更新，有计划地进行培训和进修；企业在委托外单位进行开发研究时，要对该单位的信誉和能力进行分析。

（2）情报管理工作分析。这项工作主要分析企业在情报收集、翻译、整理和归档方面的状况，能否及时掌握市场状况和消费者要求的信息，有无合理化建议制度，情报的数量和质量，是否有效地加以利用。

（二）新产品开发效果分析

新产品开发效果分析主要分析新产品开发成功率，并进一步分析导致成功或失败的具体原因，对老产品改进工作进行分析，对新产品的投资效果进行分析，对企业技术储备状况进行分析。

（三）新产品开发过程分析

对新产品开发过程进行分析主要分析新产品开发程序是否合理，各阶段工作内容是否完善。对新产品开发进度管理也要进行分析，着重分析有无完善的开发计划，能否按计划进行，对计划的调控能力如何；若计划延期，还要对造成计划延期的原因和形成的不利影响进行分析。

（四）新产品开发计划分析

新产品开发计划分析主要对开发项目的可行性进行分析，即对开发项目的目标市场、产品的竞争性、新产品开发的成功可能性、生产和销售的关键问题等进行分析，对新产品开发计划是否落实、安排是否合理、各部门能否顺利地完成等情况进行分析。

四、产品价格分析

价格对商品的生产和流通起着一定的调节作用，提高某些商品价格，可以提高企业的积极性，从而促进生产；降低商品价格则可提高消费者购买的积极性，从而促进流通。因此，对企业来说，销售价格是企业实现战略目标的重要手段和决策事项，企业必须遵循客观经济规律，正确地制定企业的价格策略。

产品价格的决定要从企业战略出发，综合考虑国家的价格政策、市场需求、产品系列、产品成本、竞争产品的价格、销售渠道、商标信誉、销售方法、销售费用、销售服务、经济法规等多方面因素，并应对以上各因素逐一进行分析，最后进行价格决策。

五、产品销售渠道及促销活动分析

（一）销售渠道分析

正确应用销售渠道策略可使企业迅速及时地将产品传递到用户手中，达到扩大商品销售、加速资金周转、降低流通费用的目的。

销售渠道分析主要是作两方面的分析：一是对中间商作用的分析；二是对消费品市场或工业品市场的销售渠道结构进行分析。销售渠道的选择要根据产品的性质、行业的销售特点和习惯、市场竞争关系、零售商分布状况、企业自身的条件及国家政策等因素进行综合评价和分析。

（二）促销活动分析

企业产品的促销方式是企业使用各种手段对消费者进行推销产品或服务的宣传，以激发消费者的购买欲望，进而满足消费者需求，扩大销售的一切活动。促销的主要任务在于传播信息、提供情报，使消费者对本企业产品产生偏爱进而达到保持和扩大销售的目的。

企业促销活动的手段有四种：广告、人员推销、公共关系及营业推广。这四种手段各有优缺点和适用范围，通过相互组合、互相补充，可达到"1+1>2"的效果。这种组合称为促销组合，它是市场营销组合的重要手段之一。

促销活动分析主要分析促销活动经费占销售额的比例、促销活动方式选择及组合是否恰当、促销人员素质分析、促销效果评判。

六、企业营销能力的综合分析

在综合分析中，可以把市场营销能力分解成四种能力：产品的市场竞争力、销售活动能力、新产品研究与开发能力及市场决策能力。这四种能力自成系统，彼此相互影响。但市场营销能力受市场环境的影响，因此，市场营销能力分析应与市场环境分析一起进行。企业市场营销能力综合分析体系如图4-3所示。

市场决策能力分析是以市场竞争力分析、市场营销活动能力分析和新产品研究与开发能力分析的结果为依据，对照企业当前实施的经营方针及战略，指出企业在市场决策中的不当之处，探讨企业的中、长期市场营销所应采取的市场营销战略，以提高企业领导者的决策能力和决策水平，使企业获得持续发展。

		基础环境	政治环境
市场营销能力的综合分析	市场环境分析		人口环境
			经济环境
			自然环境
			科技环境
			社会环境
		相关环境	营销中间人
			顾客
			供应者
			竞争者
	产品市场强度分析	销售绩效分析	
		销售渠道分析	
		产品销售组织分析	
		促销活动分析	
		销售计划分析	
	市场营销能力分析	产品的市场地位分析	
		产品的收益性分析	
		产品的成长性分析	
		产品的竞争力分析	
		产品机构分析	
	新产品开发能力分析	开发组织分析	
		开发效果分析	
		开发过程分析	
		开发计划分析	
	市场决策能力分析	经营方针分析	
		经营计划分析	
		决策过程分析	
		信息系统分析	

图 4-3　市场营销能力综合分析体系

项目四　企业财力资源分析

　　为了制定企业战略，财力资源分析的重点是中期和长期的财务优势和劣势，而不是短期的财务状况，因此要把更多的注意力放在长期的企业净收入趋势及总资产利用上。同时，要计算企业在计划期内为保持战略所要求的增长率而必须进行再投资的数量，从而判断企业能否单独依靠自己内部的财力资源来支持预期的增长。根据这个计算结果，企业可以了解，如果能够用自己的财力支持增长的话，企业还可以有多少剩余资金去支持企业内部其他经营单位的发展。同样，如果不能依靠自己内部的财力支持增长的话，企业需要多少外部资金，应当用什么筹资方式来解决企业生存和发展需要的资金。

因此，对企业的财力资源状况应作出全面分析，既要考察企业过去的业绩，又要评估当前企业的财务效益状况，才能研究企业财务变化规律和中长期财务发展趋势，并从分析中找出企业财力资源存在的优势与不足，以便采取相应的措施。

一、企业经济效益分析

（一）经济效益的评价标准

经济效益分析是以比较法作为基本的分析方法。一般以企业经济效益现状与各种标准进行比较，通常进行六种比较：①企业现实指标与上一年同期实际水平比较；②与本企业历史最好水平比较；③与同行业的平均水平比较；④与同行业的先进水平比较；⑤与国际同行业先进水平比较；⑥与自己设定的新目标比较。在实际工作中应结合起来进行评价。

（二）企业经济效益的评价指标

分析企业经济效益，一般从分析企业收益性、流动性、安全性、成长性及生产性来进行，又称为经济效益的五性分析。

1. 收益性分析

企业收益性分析的目的在于观察企业一定时期的收益及获利能力，收益性指标见表4-2。

表4-2　　　　　　　　　　　企业收益性指标

收益性指标	计算公式
总资产报酬率	（净利润/资产总额）×100%
所有者权益报酬率	（净利润/所有者权益）×100%
毛利率	（销售毛利/净销售收入）×100%
销售利税率	（利税总额/所有者权益）×100%
净利润率	（净利润/净销售收入）×100%
成本费用利润率	［（净收益+优先股股利+所得税）/成本费用总额］×100%
每股利润	（净利润-优先股股利）/普通股发行在外平均股数
每股股利	支付普通股的现金股利/普通股发行在外平均股数
股利发放率	（每股股利/每股利润）×100%
股利报酬率	［（净利润-优先股股利）/平均普通股权益］×100%
市盈率	（普通股每股市场价格/普通股每股利润）×100%

2. 流动性分析

企业流动性分析的目的在于观察企业在一定时期内资金周转的状况，是对企业资金活动的效率分析，为此要算出各种资产的周转率或周转期，分别讨论其运用效率。这是企业资金的动态分析，主要指标见表4-3。

表4-3　　　　　　　　　　　企业流动性指标

流动性指标	计算公式
存货周转率	（销货成本/平均存货）×100%
应收账款周转率	（赊销收入净额/应收账款平均额）×100%
流动资产周转率	（销售收入/流动资产平均额）×100%
固定资产周转率	（销售收入/固定资产平均额）×100%
总资产周转率	（销售收入/资产总额）×100%

3. 安全性指标

安全性是指企业经营的安全程度。企业安全性分析的目的在于观察企业在一定时期内的偿债能力。一般来说，企业收益性好，安全性就高。但在有的情况下，收益性高，资金调度却不顺利。企业安全性主要指标见表4-4。

表4-4　　　　　　　　　　　企业安全性指标

安全性指标	计算公式
流动比率	流动资产/流动负债
速动比率	速动资产/流动负债
负债比率	负债总额/资产总额
权益乘数	资产总额/股东权益
负债与股东权益比率	负债总额/股东权益
利息保障系数	（税前利润+利息费用）/利息费用

4. 成长性指标

企业成长性分析的目的在于观察企业在一定时期内，企业的经营能力的发展状况。一个企业即使收益性高，但如果成长性不好，也不能给予很高的评价。成长性分析就是从量和质的角度，评价企业发展情况及将来的发展趋势，其指标是将前期指标做分母，本期指标作分子，求得增长率，具体指标见表4-5。

表4-5　　　　　　　　　　　企业成长性指标

成长性指标	计算公式
销售收入增长率	［（本期销售收入/前期销售收入）-1］×100%
税前利润增长率	［（本期税前利润/前期税前利润）-1］×100%
固定资产增长率	［（本期固定资产/前期固定资产）-1］×100%
人员增长率	［（本期职工人数/前期职工人数）-1］×100%
产品成本降低率	（本期产品成本/前期产品成本-1）×100%

5. 生产性指标

企业生产性分析的目的在于要查明企业在一定时期内的人均生产经营能力、生产经营水平、生产成果的分配问题，其主要指标见表4-6。

表4-6　　　　　　　　　　企业生产性指标

生产性指标	计算公式
人均销售收入	销售收入/平均职工人数
人均净利润	净利润/平均职工人数
人均资产总额	资产总额/平均职工人数
人均工资	工资总额/平均职工人数

（三）企业经济效益分析方法

经济效益分析可采用某些统计、数学等具体方法，这些方法是多种多样的，企业应该依分析的目的、企业的特点及掌握资料的性质和内容来决定。

1. 因素分析法

把综合性指标分解为各个原始因素，以便确定影响经济效益的原因，这种方法称为因素分析法，其要点如下。

（1）确定某项指标是由哪几个因素组成，各因素排列要遵循正常的顺序。

（2）确定各因素与某项指标的关系，如加减关系、乘除关系、乘方关系、函数关系等。

（3）根据分析的目的对每个因素进行分析，测定某一因素对指标变动的影响方向和程度。

因素分析法的每一层次分析计算称为连锁替代法。这种方法是把影响一项指标的几个相互联系的因素，按顺序把其中一个因素作为可变量，暂时把其他因素作为不变量，然后逐个进行替换，以测定此因素对该项指标的影响程度。根据测定的结果，可以初步分清主要因素与次要因素，从而抓住关键性因素，并有针对性地找出改进经营管理的措施。因素的排列顺序要根据因素的内在联系确定。

2. 结构分析法

结构分析法也称比重分析法。这种方法是计算某项经济指标各个组成部分占总体的比重，分析其内容构成的变化，从而区分主要矛盾和次要矛盾。从结构分析中能够掌握事物的特点与变化趋势。如按构成流动资金的各个资金项目占流动资金总额的比重确定流动资金的结构，然后将不同时期的资金结构进行比较，观察构成变化与产成品积压的情况，以及产销平衡情况，为进一步挖掘资金潜力指明方向。

3. 动态分析法

动态分析法是将不同时间同类指标的数值进行对比，计算动态相对数，借以分析指标发展的方向和增减速度。例如，以某年作为基准年，该年的某

85

一指标定为100，将其以后几年的指标与该基准年的指标进行比较，然后换算成百分数，或者采用环比的方法，以此来分析某指标的变化趋势。

（四）企业经济效益综合分析

在前面的企业经营活动分析中，虽然可以了解企业在偿债能力、资金周转状况及获利能力等各方面的财务状况，但并不能反映这三者之间的关系。实际上，各种财务比率之间都存在一定的相互关系。因此，在经济效益分析时应把企业的财务状况看作一个系统，分析人员必须对整个系统进行综合分析，才能比较全面地了解企业的财务状况。

杜邦分析法就是利用几种主要的财务比率之间的关系，综合分析企业的财务状况的方法。杜邦系统图如图4-4所示。

由图4-4可知，该系统反映了以下几个主要关系。

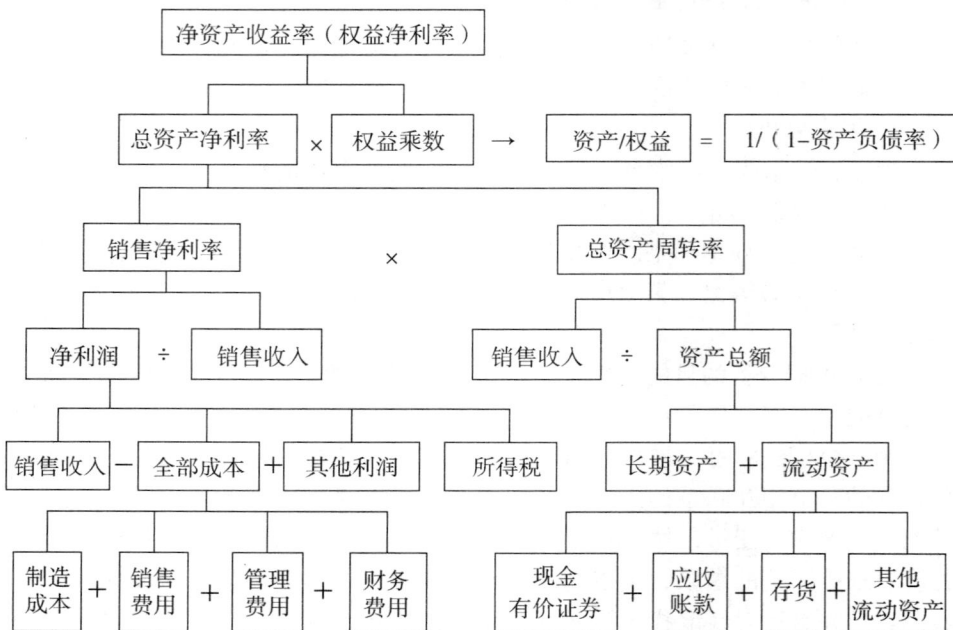

图4-4 杜邦系统图

由图4-4可以看出，权益净利率是一个综合性极强的最有代表性的财务比率，它是杜邦系统的核心。公司财务管理的一个重要目标就是使所有者财富最大化，权益净利率正是反映了所有者投入资金的获利能力，因此，这一比率反映了企业筹资、投资等各项活动的效率。

总资产净利率是销售利润率与总资产周转率的乘积。销售利润率实际上反映了企业的净利润与销售收入的关系，销售收入增加企业净利润也自然增加，但要想提高销售利润率必须一方面提高销售收入，另一方面降低各种成本费用。同时也可以看出，提高销售收入也提高了总资产周转率，这样自然会使总资产报酬率升高。

从图4-4也可以分析企业成本费用结构是否合理，有利于加强成本控制。

如果企业所承担的利息费用太多，就要考虑企业的权益乘数或负债比率是否合理，不合理的筹资结构会影响企业所有者的权益。

在资产方面，应当分析企业流动资产与非流动资产的结构是否合理，资产流动性体现了企业的偿债能力，但也关系到企业的获利能力。如果流动资产中货币资金占的比重过大，就应分析企业现金持有量是否合理，因为，过量的现金会影响企业的获利能力。如果流动资产中存货或应收款项过多，就应分析企业存货周转率与应收账款周转率。

总之，杜邦系统图直观明了地反映了企业的财务状况，只有协调好系统内每个因素之间的关系，才能使权益报酬率达到最大，从而实现企业经济效益的最大化。

二、企业财务危机的分析

为保证企业的正常运营，及时发现财务危机的信号是非常必要的。现将张承耀的《公司财务危机的征兆》一文的主要观点介绍如下。

（一）企业亏损与盈利分析

为了能判断企业财务是否处于危险状态，首先要从损益计算书看起，根据营业收益（又叫营业利润）、经常收益（又叫税前利润）与当期收益（又叫税后净利润）的亏损和盈利情况，可以将企业财务状况分成从 A 到 F 六种类型（见表4-7）。

表4-7　　　　　　　　　　六种典型的企业财务状况

类型	A	B	C	D	E	F
营业收益	亏损	亏损	盈利	盈利	盈利	盈利
经常收益	亏损	亏损	亏损	亏损	盈利	盈利
当期收益	亏损	盈利	亏损	盈利	亏损	盈利
说明	接近破产的状态		如果这种状态继续下去，将会导致破产		根据亏损情况而定	正常状态

经常收益是营业收益加减营业外损益的结果，当期收益为经常收益加减特别损益减去应付税金的结果。在这六种情况中，F 型是营业收益、经常收益与当期收益都盈利的，是最标准、最正常的情况。

关于 A、B 两种情况，由于它们的营业收益开始就已经成为亏损。因此，可以说已经到了破产边缘。换句话说，如果连企业经营活动的成果（即营业收益）都是亏损的话，那么，就应该说企业患了重病，在这种情况下，经常收益也常常是亏损的。但是当期收益也有可能出现 B 型那种盈利的情况，这是由于出售手中的有价证券等获得了一时的利益，但这种赚钱的方法不可能维持很久，即如果把能够卖的有价证券全部出售干净的话，企业迟早会变成 A 型的情况，从而不可避免地接近破产状态。

关于 C、D 两种情况，虽然营业收益为盈利，但经常收益为亏损，这一点与 A、B 相比稍微好一些。如果这种情况继续下去的话，仍然有破产危险。一般来说，营业收益为盈利，而经常收益为亏损的情况是由于利息负担过大，结果把利润给吞食了。其中 D 型的当期收益为盈利，这与 B 型的情况是相似的。

关于 E 型，当期收益为亏损，通常是由于出现了一时性损失，如遇灾害、出售资产损失等。如果亏损额不是很大，问题还不至于很严重。

（二）由经常收益所表现出的危险迹象

在营业收益为盈利的条件下，经常收益出现亏损时，就是出现了危险的信号。但是在经常收益为盈利的情况下，对某些企业来说也潜伏着危险。可以从三个角度发现危险的信号。

（1）销售收入经常收益率的变化。其计算公式为：

销售收入经常收益率 =（经常收益/销售收入）×100%

该比率至少三年大幅度降低，则视为危险信号。

（2）经常收益增长率的变化。其计算公式为：

经常收益增长率 =（当期经常收益/前期经常收益）×100%

该比率至少三年大幅度降低，则视为危险信号。

（3）销售收入利息率的变化。其计算公式为：

销售收入利息率 =（支付利息/销售收入）×100%

该比率为6%以上，则视为危险信号。6%只是一个参考数据，应视企业所处的行业特性及企业所处的具体情况而定。

（三）财务危机的资产负债表

根据资产负债表可以将企业分成三种类型，如图4-5所示。

流动资产	流动负债
固定资产	固定负债
	资本
X型

流动资产	流动负债
	固定负债
固定资产	资本
	损失
Y型

流动资产	流动负债
固定资产	固定负债
	损失
Z型

图4-5 企业资产负债表的三种类型

X 型为正常企业的资产负债表，Y 型和 Z 型说明公司财务居于危险的情况。Y 型表示亏损已经将一部分资本吃掉了，在资产负债表中表现为"累积结余"，由于在总资本中，资本比重有所降低，因此可以认为该企业处于危险的状态。Z 型的情况表示亏损不仅吃掉了全部的资本，而且把负债的一部分也给吃掉了。这种企业属于资不抵债的企业，很快就要破产。实际上，许多破产企业的资产负债表就是 Z 型的情况。

（四）进入危险区域的企业

假如资产负债表为 Y 型，如何判断企业已经成为了财务危机的企业，主要有以下三种方法。

第一种方法是看经常收益连续两年亏损，且亏损额并没有大幅度降低，由于亏损在积累，所以，应该说该企业已进入了危险区域。

第二种方法是看企业经营借款与应付票据等经营债务是否超过了平均月销售额的4倍，如果是，那么该企业已处于危险状态（4倍这一数值为参考数值，应根据行业特性及企业具体情况而定）。

第三种方法是看短期借款、长期借款及企业债券的总额是否已超过了平均月销售额的4倍，如果是，那么该企业已处于危险状态（4倍这一数值为参考数值，应根据行业特性及企业具体情况而定）。

对于企业财务危机的早期发现，可参考以下十个指标来进行判断（见表4-8）。当然这些指标至少要进行三期的比较，来看它们的变化。同时，对于不同行业、不同特性的企业的具体状况，其危险企业的特征数据是不同的，因此，这里提出的危险企业的特征数据仅仅是作为一般判断时的参考，而不能将其作为一个绝对的标准。

表4-8 　　　　　　　　　　　财务危机的比率诊断

指标	公式	危险企业的特征
销售收入经常收益率	（经济收益/销售收入）×100%	大幅度下降接近负值
经常收益增长率	（本期收益/前期收益）×100%	大幅度下降
销售收入利息率	（支付利息/销售收入）×100%	接近或超过6%
经常债务倍率	经营债务/月销售额	接近或超过4倍
金融借款倍率	金融负债/月销售额	接近或超过4倍
总资本经常收益率	（经常收益率/平均总资本）×100%	大幅度下降接近负值
负债比率	（负债总额/资金总额）×100%	大幅度上升
自有资本率	（自有资本/总资本）×100%	大幅度下降
长期适应比率	［固定资产/（自有资产+固定资产）］×100%	降低到100%以下
流动比率	（流动资产/流动负债）×100%	降低到150%以下

项目五　企业人力资源分析

人力资源管理的结果和最终目的是提高员工和企业的工作效率和效益，因此，人力资源分析的内容主要有如下几个方面。

一、企业人力资源的共性分析

（一）企业员工的年龄结构

通过年龄结构的分析可以了解企业的整体人力资源状况。具体分析时可以分成若干个年龄段，分别计算各年龄段在职工总数的比例，看年龄结构是否合理。

（二）文化程度

分析企业员工的文化程度是要了解员工的整体文化素质，由此能大致判断企业人力资源的总体状态，如由文化素质所决定的人的思想状态、行为方式、接受事物的能力、对环境变化的适应能力和应变能力等的判断。

（三）平均工资水平

对企业平均工资水平的分析，可以了解本企业在职工收入方面所处行业中的状况，以及职工对收入的满意程度和可能存在的不满情绪，有利于发现和消除职工思想和行为方面的隐患。

（四）健康状况

分析员工的健康状况有利于在企业的战略中制定具有凝聚力的措施，也有助于消除不利于企业发展的隐患。

（五）员工的数量

分析企业员工的数量主要是从企业的生产状况与行业比较，员工数量是否合理，也可以比较职工的劳动生产率。

（六）男女比例

在一个企业中，由于工作岗位的性质不同，对劳动力的要求也不同，有些岗位更适合女职工。所以，这项分析能更好地调剂男女职工的比例，也有利于向社会提供更合理的劳动就业机会。

二、企业人力资源的分类分析

（一）对企业决策层领导者的分析

对企业决策层领导的分析主要包括：①对企业高层领导者的来源、工资状况进行分析，了解其胜任工作的程度、对报酬的满意度；②对高层领导者的经营决策能力与素质、思想状态进行分析，主要了解他们的组织能力，以及对重大事件，尤其是突发事件的应变能力、决策能力、指挥能力；③对高层领导者威信、人际关系等方面进行分析，主要是了解他们对员工的影响力和号召力，可以判断企业领导班子的战斗力、企业员工的凝聚力。

（二）对企业管理人员的分析

对企业管理人员的分析主要包括：①对企业管理人员数量占全体职工的

比例分析，考察管理人员的数量比例是否合理；②分析管理人员的来源，考察他们的从业经历、任现职是否合适；③对管理人员工资状况进行分析，看他们对自己获得的报酬是否满意，工作热情如何；④对管理人员的工作能力、工作效率与素质、思想状态进行分析，了解他们的思想倾向，消除隐患，预防不利事件的发生。在这里，尤其提醒注意的是，要关注管理人员的协调、合作、沟通的能力，因为管理者大多在企业的经营活动中起着桥梁和纽带的重要作用，既有纵向的沟通要求，又有横向的协调和合作的要求。所以，管理者的这些能力是企业能否准确地传递信息、沟通情况、通力合作、高效运转的重要保证条件。

（三）对企业技术人员的分析

对技术人员的数量占全体职工比例的分析是要考察技术人员的总体数量是否能满足企业研究与开发的需要、维持正常生产的需要；分析技术人员的专业结构是考察各类技术人员的比例是否合理，是否满足研究与开发对各类专业人才的需要；对技术人员工资状况进行分析，有助于了解他们对企业的满意程度；对技术人员中从事研究与开发工作的技术人员比例的分析，可以了解企业对研发的重视程度和对技术人才的需求程度；对近年来科技工作的绩效及奖罚、进修等情况的分析，可以了解企业研发的基本状况。在这里，尤其强调的是，要考察技术人员的创新能力、专研精神和所具有的技术专长，这三种能力能够充分反映企业的技术竞争能力的强弱。

（四）对企业员工的分析

对企业员工的分析主要是对企业员工来源、工资状况进行分析。员工来源可以反映员工价值观在企业文化形成中的复杂程度，对分析和建立企业文化是有帮助的；对员工的思想状态、工资福利、奖罚的分析，可以了解员工对企业的满意度，反映企业的凝聚力。另外，对员工素质状况、培训、劳动效率等方面进行分析，还可以了解企业对基本人力资源的重视程度。

针对以上四方面的分析，进而提出改进措施和建议，找出企业在人力资源开发与管理上存在的问题及薄弱环节，为制定战略方案提供决策依据。

项目六　生产运作状况分析

生产运作管理涉及对生产企业产品或服务的系统进行选择、设计和改造等问题，这个系统包括将各类资源投入、转化为产品或服务所需要的过程及活动，如图4-6所示。生产管理所涉及的投入品、物质转换过程及产出品因产业和市场的不同而不同。

生产要素 → 生产过程 → 产品或服务

转入　　　　　　转换　　　　　　产出

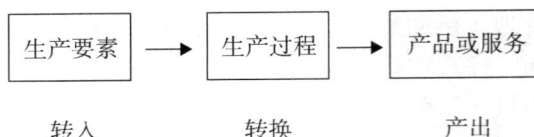

图4-6　生产系统

生产活动将诸如原材料、劳动、资本、机器与设施等转变为最终产品和服务。罗杰·施罗德认为，生产管理包括五种功能或决策领域：生产过程、生产能力、库存、人力和质量，见表4-9。

表4-9　　　　　　　　　　　生产管理的五种基本功能

功能	简述
生产过程	生产过程决策涉及实际生产系统的设计。具体决策内容包括对技术、设施的选择，工艺流程分析，设施布局，生产线的平衡，工艺控制及运输分析
生产能力	生产能力决策确定企业的最佳产出水平——不能太多也不能太少。具体决策内容包括预测、设施计划、综合计划、生产计划、生产能力计划及排队分析
库存	库存决策涉及原材料、在制品及产品存量的管理。具体决策内容包括订货的内容、时间和数量及物料搬运
人力	人力决策涉及对熟练及非熟练工人、职员及管理人员的管理。具体决策内容包括岗位设计、工作考核、丰富工作内容、工作标准及激励方法
质量	质量管理的目的在于提供高质量的产品与服务。具体决策内容包括质量控制、抽样检查、测试、质量保证及成本控制

一、生产运作与企业战略的有机联系

生产活动通常是占有企业人力与实物资本的最主要部分。在绝大多数产业，特别是制造业中，生产某种产品或服务的主要成本发生于生产作业过程之中，因此，生产是实施企业总体战略的宝贵的竞争武器。生产的五种功能中的优势和弱点很可能意味着企业的成功和失败。因此，在生产运作状况的分析中，生产过程、生产能力、库存、人力和质量五个方面的分析必不可少。

尽管生产与运作如此重要，但是，许多企业在制定战略时，还是会忽视生产运行能力及有关制约因素的作用，显然，这会对企业业绩产生不良影响。从企业战略决策与生产管理的有机联系来看，一方面，企业战略决策会对生产管理产生重要影响，如战略决策导致原有生产工艺、生产方式的变革；另一方面，企业生产管理方面的优势与弱点反过来也会对企业战略的制定与实施产生重要的制约作用。表4-10为企业战略决策与生产管理之间可能存在的相互作用情况。很难想象，今天的企业在制定战略之前，可以不首先考虑现有生产结构所决定的约束与限制条件。

表 4-10　　　　　　　　企业战略决策与生产管理之间的相互作用

可能的经营策略	实施条件及对企业经营的影响
以低价格进行竞争	阻止竞争，拓宽市场
	需要更长的生产周期和更少的产品变化
	需要专用设备和设施
以高质量产品进行竞争	往往会实现更高的单位产品盈利，或者以更小的销售总额得到更多的盈利
	需要作出更大的产品质量保证努力，导致更高的作业成本
	需要更加精良也更加昂贵的设备
	需要更熟练的技术工人，从而要支付更高的工资和进行更多的培训
强调用户服务	需要更多、更好的服务人员及服务用设备与配件
	需要对用户需求和偏好的变化作出更快的反应，需要更高级、更准确的信息系统及更精心的协调
	需要更大的库存投资
快速、更频繁地推出新产品	需要更通用的设备和人员
	导致更高的研究与开发成本
	导致更高的再培训成本及更频繁的生产机具的安装
	每种产品的销售总量下降，这将失去一些学习曲线效应可带来的产品改进机会
为灵活生产而储备生产能力	提供更大的生产能力，以满足高峰要求。当需求预测偏低时可迅速实施权变计划
	需要对储备性生产能力作出投资
	提供迅速扩大生产的能力，因为扩张通常需要一定的生产储备期

二、生产与运作分析的主要方面

在进行生产与运作分析中，我们往往需要回答下列问题：

（1）原材料、零部件的供应是否可靠、合理？
（2）设施、设备、机器和办公室是否处于良好状态？
（3）库存控制政策与程序是否有效？
（4）质量控制政策与程序是否有效？
（5）设施、资源和市场的布局是否符合战略要求？

93

（6）企业是否拥有足够的技术能力？

针对以上分析，进而提出改进措施和建议，找出企业在生产运作管理上存在的问题及薄弱环节，为制定战略方案提供决策依据。

项目七　企业文化分析

每个企业都有自己独特的文化——自己的价值观和原则、自己解决问题的方式方法和企业独特的个性。企业文化构成企业内部的软环境，对企业文化进行分析不仅为制定合适的战略提供必要的信息，同时，它还是推动战略实施的重要支柱。因此，企业文化分析是内部环境分析的重要内容。本节首先阐述企业文化的概念，然后探讨企业文化的要素、企业文化的管理，最后介绍企业文化分析的方法。

一、企业文化的概念

文化通常是指人们在社会历史实践过程中创造的物质和精神财富的总和。它是一种历史现象，每一个社会都有与其相适应的文化，并随着社会物质生产的发展而发展。在英文中，文化一词的来源与农业耕作的观念密切相关，说明农业分工形成了人类的文明，产生了文化。

在管理领域里，企业文化主要是指企业的指导思想、经营理念及工作作风。它包括价值观念、信念、行业准则、道德规范、传统习惯、仪式、管理制度及企业形象等要素。它的内涵不仅包括思想和精神方面的内容，也包括社会心理、技能、方法和企业自我成长的特殊方式等方面的内容。

关于企业文化的认识，有的学者认为企业文化是若干个基本假设的模式。这些假设是由特定的群体在学习处理自己外部适应性与内部一体化问题的过程中，创造、发现或开发出来的，并且已在群体内完善而有效地运行。因此，该群体有责任教授新成员以这些假设作为正确感觉、思考与理解上述问题的有效手段。

这一定义有以下含义。

（一）基本假设

一般来讲，企业文化可分为三个层次，如图4-7所示。在分析企业文化的过程中，首先遇到的是文化的表层结构，即企业的建筑物、技术、办公室的布置等看得见的行为方式，以及一些公开的文件资料。在表层结构里，这些资料容易收集到，但往往难以解释。如我们可以描述一个群体"怎样"构造其环境，分析企业群体成员的行为方式是什么，但常常解释不出行为的内在逻辑，即"为什么"该群体按照这种行为方式活动。

为了分析企业成员为什么采取某种行为，需要进入文化的第二个层次，

表层：人工制品与创作物体建筑物、技术、可见的行动	文化的研究从表层开始……
浅层：企业成员共享的价值观反映在组织的象征与语言之中	深入探索价值观……
深层：基本的假设只有在重点调查中才能察觉	研究基本假设及隐含的假设……

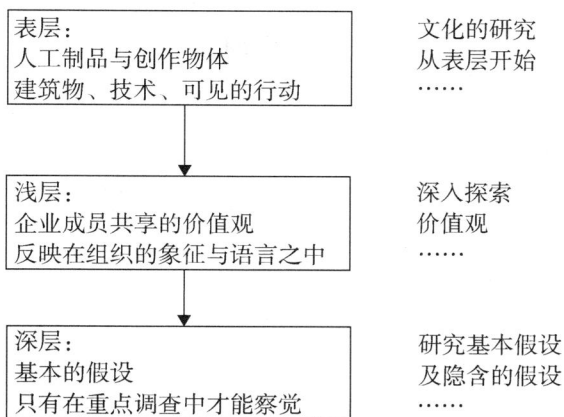

图4-7　认识企业文化的层次

即研究群体的价值观。这种价值观一般不能直接观察到，需要与企业中的主要成员会谈，或分析企业的文件资料和图表，才能得出结论。但是，价值观仍属于企业文化的浅层部分，只反映人们对自己行为的解释、思想中愿意承认的观念及对自己行为的掩饰。群体成员的真正内在原因往往被掩盖，或者没有被人察觉。

为了真正理解文化，更全面地认识企业内群体的价值观和公开行为，有必要进一步研究群体的基本假设。即指人们在揭示文化的深层结构时，为了正确地认识文化的本质而提出关键性的假设，以便进一步验证。这种基本假设可能是无意识的，但实际上决定着企业群体成员的感觉、思考与理解的方式。这里的基本假设是无意识的，是指群体成员某些动机过程和认识过程由于不断地重复进行和持续发挥作用，人们视它们为理所当然，也就成为无意识的观念了。研究企业文化，需要将这些无意识的基本假设带回意识之中，通过研究人员与群体内成员的共同努力，揭示这些假设。

（二）特定群体

一个特定的群体是由这样一群人组成：①他们在一起的时间较长，以共同分担一些重要问题；②他们有机会解决这些问题，并能观察问题解决后的效果；③他们接受新的成员。即群体文化只有在这样的群体中才能确定。也就是说，一个群体如果在生存发展中具有许多成功的经验，其成员能够保持一定的稳定性，又能共同分享这些成果并向新成员传递，则该群体就拥有一个坚实而又极有特色的文化，即形成文化优势。如果一个群体的成员经常变换不定，又没有处理过任何困难的问题，则处于文化的劣势。

关于文化优势与组织效率的关系，有的学者认为有一点可以假设，即年轻的群体会努力争取文化优势，创造自己的特色。较年长的群体，总体的文化较弱。但各分系统或事业部的文化较强，能够及时迅速地对环境的变化作出反应。这种文化结构对较年长的群体也许更为有效。特别是大型联合企业，需要强调总体文化的优势，还要研究分系统的文化间的关系及分支文化与总

95

体文化之间的关系，不可一概而论。

（三）创造、发现或开发

这方面的问题涉及群体学习机制的性质。一般来讲，群体的学习存在两种情况：①积极解决问题；②回避矛盾。实际上，这两种情况常常相互交织，但它们的结构不同，必须加以区分。在积极解决问题的情况下，群体试验各种反应方式，从中找到可以解决问题的方式。

然后，群体就会继续使用这种有作用的反应方式，直到它不起作用为止。因此，这类文化因素富有创新性。在回避矛盾的情况下，群体只要学到某种成功的反应方式，就可能无休止地使用下去，而不去考虑引起矛盾的因素是否仍在活动。这种回避矛盾的学习机制构成了另一类文化因素，即更具有稳定性的文化因素。

如果一个企业的文化是由上述两类文化因素共同构成的，而分析人员只想研究其中一种文化因素的变化情况，则需要分清企业文化中哪些方面是为解决问题而设计的，哪些方面是为回避矛盾而设计的。

（四）外部适应性与内部一体化

外部适应性问题是指那些最终决定群体在环境中生存的问题。在群体中，以往的文化经验为成员提供了理解环境的手段，甚至可以在一定程度上帮助成员控制环境。但是，总有一些环境因素是群体难以控制的，而且在一定程度上这些因素还决定群体的命运，群体对此就要作出反应。这时，群体的基本假设也会随着企业的发展积累新的经验，得到进一步的改进。例如，一个年轻的企业在开始经营时，将自己的目标定为"在所有的竞争中占领市场"。经过一段生产经营的实践，该企业会感到"要在市场中拥有自己的独特领地"，出现了企业自己解决问题的要求和特殊的能力。这个例子说明，在解决问题的过程中，群体所表现出来的处理风格是群体文化的主要部分。

内部一体化问题是指群体成员之间在语言、观念、权力、奖惩等方面是否有共同认识即达到一致性的程度。它涉及一个企业的成长和发展是否具有内在动力的重要问题。外部适应性与内部一体化实质上是一个事物的两个方面，任何文化都是围绕这个问题建立起来的。

（五）功能强大而有效的假设

群体内某些基本假设在实际的运行中处于良好的状态，并被证明是有效的，构成企业活动的一个稳定因素。有了这样一种认识，企业文化也就有了第二种功能，即保证企业内外条件大体稳定，防御环境中不确定因素带来的威胁。即一旦这些基本假设发挥作用，群体在处理外部适应性与内部一体化问题时，所产生的作用是任何学习机制都难以替代和做到的。

（六）培育新成员

企业文化既然有保证企业内外部条件稳定的功能，那么当新成员进入企业时，老成员有责任向他们灌输本企业的文化，以改变新成员原有的文化，使其消失或被同化。当然，新成员一定会带来新思想，也会影响企业文化。

（七）感觉、思维与理解

企业文化带有弥漫性和普遍性，群体中的成员在一种文化中生活的时间越长，这种文化越悠久，基本假设就会更多地影响群体成员的感觉、思维和理解。这些范畴与群体成员的公开行为密切相关。企业文化是通过公开行为表现出来的，但它的理念却隐含在行为中。如果仅仅通过描述群体的行为去定义企业文化，那么，很难正确地解释企业或群体中发生的行为。因此，研究群体成员个人的感觉、思维和理解的方式，了解他们在环境作用中表现的文化特征，有助于揭示潜在的企业文化。

企业文化的这个定义强调企业存在于社会之中，企业文化的大部分内容来源于社会文化，只不过不同的企业有时会过分地夸大或扭曲社会文化中的某些因素。因此，仅仅把企业文化定义为企业员工的共同信念是不够的，而要透过现象揭示企业文化的核心，了解企业文化是怎样被学习、传递和改变的动态规律。

二、企业文化的特征

企业文化有三个特征：学习性、分享性和传递性。

（1）学习性指的是企业文化是企业员工在实践中通过学习不断积累和沉淀形成的惯例或传统。这种学习过程不可能一蹴而就，只有通过长期的过程才能形成"惯例和传统"。

（2）分享性是形成惯例或传统的学习过程，不是个别人、少数人的学习，而是全体员工的共同学习过程。正是这种共同学习和实践，才能使得大家能够自愿地分享其结果，共同遵奉这些惯例和传统。

（3）传递性指的是企业文化对新成员具有教育、指导和约束作用。它教育和指导新员工按照企业的管理传统工作，否则企业将对这名新员工不予容纳。

三、企业文化的构成要素

一个企业的文化由若干要素构成，并在不同程度上受到每个要素的影响。对企业文化影响较大的要素有共同价值观、行为规范、形象与形象性活动。

（一）共同价值观

共同价值观是指企业成员或群体成员分享共同价值观念。美国学者巴纳德是最早提出共同价值观的学者之一。1938 年，他在《经理的职能》一书中就论述过非正式组织的管理和组织中一般性目的的确定问题，指出这些目的渗透到企业各个层面中的重要性。后来，有的学者在阐述企业特性时指出，当价值观念灌输到企业中时，企业就会存在独特的同一性。

美国学者彼德斯与沃特曼对美国获得成功的公司进行了大量的研究后指

出，这些公司基本上信奉这样一些价值观：①相信自己是"最佳"的经营者；②认识到战略实施中每个细节的重要性及做好遇到困难与意外的准备；③认识到人的重要性；④认识到质量与服务的重要性；⑤认识到企业中大部分成员应该是革新者；⑥认识到非正式沟通的重要性；⑦明确认识到经济增长与利润的重要性。这些价值观念贯穿于整个企业之中，为企业成员所接受，并指导他们很好地从事生产经营活动。

（二）行为规范

规范是指企业群体所确立的行为标准。它们可以由企业正式规定，也可以是非正式形成。企业为了形成特色，需要规范自己的行为，影响企业的决策与行动。为此，有的人认为企业文化是"一种非正式规则的系统，指示人们在大部分时间内应如何行动"，还有的人认为"企业文化是其成员共享的信念与期望的模式……从而有力地形成企业中个人与群体行为的规范"。由此可以看出行为规范的重要性。企业的高层管理者就是要开发与培育企业的文化，按照所期望的方式影响企业成员的行为。

（三）形象与形象性活动

形象是指可以表达某种含义的媒介物的客体或事件。文化形象是表达有关基本文化与哲理的含义。在企业中，形象也用来表示共同信念、价值与理想。

目前，企业常运用改变组织体系或组织结构等方式来影响企业的行为。但是，改变体系的方法容易使人们错误地估计经理人员完成目标的能力，改变结构的方法会形成更为复杂的组织结构，结果造成企业的行动僵硬，达不到预想的效果，甚至没有什么效果。与此相反，运用形象或形象性活动的方式去创造企业文化，企业的管理人员就需要考虑将处理体系和结构的能力与建立企业统一的目标结合起来，成为一个统一体，减少行动的盲目性。

企业常采用的形象与形象性活动如下。

（1）企业的创始人与最初的企业使命。企业创始人的风格与经历可以形成极好的象征。例如，联想公司的创始人在计算机的开发与应用上作出了很大的贡献，而且唤起整个企业群体满腔热忱地从事生产经营活动，奠定了该公司独特的企业文化基础。

（2）现代化的角色。利用现代化的形象，改变企业原有的形象。

（3）形象性活动。企业的管理人员利用大量的时间，从事某种可以影响文化的活动，改变或提高企业的形象。

（4）根据形象的要求，重新设计组织结构或部分组织结构。为了改变或加强企业成员共享的价值观，企业可以根据形象的需要，设立专门的销售服务或产品开发部门，或在特殊的市场上设置专门的机构，以扩大影响。

四、企业文化的形成机制

弄清企业文化的形成机制，明确主导企业文化变化的原因，有利于发挥企业文化的积极作用。企业文化的形成机制有以下几个方面的因素。

（一）历史

在一些企业中，强有力的创办人建立起来的价值观会持续地被强化，而形成一种稳定的、不易改变的行为规范，并进一步升华为企业成员所共同遵守的文化，它带有连续性和继承性，包含着"我们这里就是这样做"的含义。

（二）环境

由于企业所处的环境因素的影响，环境对于企业文化的形成起着重要的作用。例如，在计划经济环境下，国有企业的企业文化通常保守、陈旧、不思进取。改革开放之后，在市场经济环境中，企业为了生存和发展，其文化就要受到较大的影响而必须改变。问题是企业能否及时地完成这一转变，以保证生存和继续发展。

（三）用人

企业聘用、续聘、晋升人员中所持的标准往往倾向于选择与企业现存价值观相适合的人员，这种选用标准是企业文化能够得到形成和强化的有力保证。用人的标准越完善，持续的时间越长，对企业文化的强化作用也就越大。

（四）灌输

一般企业在对新来人员进行培训时，都要对他们进行企业文化的灌输。企业文化所涉及的价值观、信念、行为准则等很少是成文的，新来人员并不熟悉。因此，企业要帮助他们接受和适应企业文化，这就是一个灌输的过程。不仅能有效地减少新来人员可能遇到的麻烦，而且也指明了企业期望他们的行为。这种灌输越是正规和严密的组织，企业文化就越能被强化且不易改变，而且能长久地持续下去。

（五）奖惩

奖惩制度是引导企业人员行为趋于一致的重要管理手段。它一方面是企业文化的体现，同时又对企业文化的形成起到强化和促进的作用。奖惩展示给人们的是应当做什么和不应当做什么，它的规定在一段时间内对企业文化的强化作用最明显。

五、企业文化的管理

共同价值观、行为规范和形象与形象性活动可以深刻地反映企业文化的特征。企业的管理人员在把握这些特征的同时，还应从战略角度思考如何管理文化的问题，即研究企业文化与战略的关系、战略与文化关系的管理、企业的发展与文化的关系及设计企业文化的问题。

（一）企业文化与战略的关系

1. 文化为战略提供成功的动力

当企业具有很强的文化特色时，会通过其成员的共同价值观表现出企业

课堂笔记

的特殊性。这有利于企业形成别具一格的战略，为企业的成功奠定基础，并提供动力。

2. 文化是战略实施的保障

企业制定战略以后，就需要全体成员积极有效地贯彻实施。企业文化正是激发人们热情、统一群体成员意志的重要手段。

3. 文化与战略的适应和协调

随着企业的发展，企业会增加新的成员，这些新成员会给企业带来新的文化。另外，企业的新战略也要求原有的文化与之配合、协调。由于企业中原有的文化有其滞后性，很难马上适应新战略的要求，因此，企业文化既可能成为实施战略的动力，也可能成为阻力。在战略管理过程中，企业内部的新旧文化必须相互适应、相互协调，为战略获得成功提供保证。在中小型企业里，新旧两种文化要逐渐演变成一种文化。在大型联合企业里，企业在实行多样化经营或差别化战略时，可以根据生产经营的需要，在某个事业部或经营单位，保留它们各自的原有文化，不过，企业总部要做好全局性的文化协调工作。

（二）战略与文化关系的管理

在战略管理中，企业处理战略与文化关系的工作可以用下面的矩阵表示，如图 4-8 所示。

在图 4-8 中，"企业各种要素的变化"表示企业在实施一个新战略时，企业的组织结构、管理能力、技术状态、共同价值观、生产作业程序等各种要素发生的变化程度。"潜在的一致性"表示企业发生的变化与企业目前的文化相一致的程度。

企业各种要素的变化	潜在一致性	
	大	小
	以企业使命为基础 Ⅰ	重新制定战略 Ⅳ
	Ⅱ 加强协同作用	Ⅲ 根据文化进行管理

图 4-8　企业战略与文化关系的管理

1. 以企业使命为基础

在第Ⅰ象限里，企业实施一个新战略时，重要的组织要素会发生很大的变化。这些变化大多与企业目前的文化有潜在的一致性。这种企业多是以往效益好的企业。企业可以根据自己的实力，寻找可以利用的重大机会，或者试图改变自己的主要产品和市场，以适应新的要求。这种企业由于有固有文化的大力支持，实行新战略没有大的困难，一般处于非常有利的发展地位。在这种情况下，企业处理战略与文化关系的重点如下。

（1）当企业进行重大变革时，必须考虑与企业基本使命的关系。在企业中，企业使命是企业文化的正式基础。决策层在管理的过程中，一定要注意变革与企业使命内在的不可分割的联系。

（2）要发挥企业现有人员的作用。现有人员之间具有较强的共同价值观和行为准则，有利于企业在文化一致的条件下实施变革。

（3）在调整企业的激励机制时，必须注意与企业目前的奖励行为保持一致。

（4）要更多地考虑与企业目前的文化相适应的变革，不要破坏企业已有的行为准则。

2. 加强协同作用

协同作用是一种合力的作用，可以产生"1+1>2"的效应。在第Ⅱ象限里，企业实施一个新战略时，企业要素发生的变化不大，又多与企业目前的文化相一致。处在这种地位的企业主要应考虑两个问题：一是利用目前的有利条件，巩固和加强企业文化；二是利用文化相对稳定的这一时机，根据企业文化的支持能力，解决企业生产经营中的问题。

3. 根据文化的要求进行管理

在第Ⅲ象限里，企业实施一个新战略，主要的企业要素变化不大，但多与企业目前的文化不大一致。此时，企业需要研究这些变化是否会给企业带来成功的机会。在这种情况下，企业可以根据经营的需要，在不影响总体文化一致的前提下，对某种经营业务实行不同的文化管理，如尊重事业部的文化特点。另外，企业在对组织结构进行改造时，也需要考虑文化的影响因素。

4. 重新制定战略

在第Ⅳ象限里，企业在处理战略与文化的关系时，遇到了极大的挑战。企业在实施一个新战略时，企业的要素会发生重大的变化，又多与企业现有的文化很不一致，或受到现有文化的抵制。对于企业来讲，这是个两难的问题。

在这种情况下，企业首先要考察是否有必要推行这个新战略。如果没有必要，就需要考虑重新制定战略，即企业在现实中能够实施的战略是与企业现有行为准则和实践相一致的战略。反之，在企业外部环境发生重大变化，企业的文化也需要相应作出重大变化的情况下，企业需要考虑自身长远利益，不能为了迎合企业现有的文化，而将企业新的战略修订成与现行文化标准相一致，这样是不符合长远发展需要的。为了处理这种重大的变革，企业需要从以下四个方面采取管理行动。

（1）企业的高层管理人员要有决心进行变革，并向全体员工讲明变革的意义。

（2）为了形成新的文化，企业要招聘或从内部提拔一批与新文化相符的人员。

（3）改变激励机制，将奖励的重点放在具有新文化意识的事业部或个人的身上，促进企业文化的转变。

（4）设法让管理人员和员工明确新文化所需要的行为，并形成一定的规范，保证新战略的顺利实施。

企业的战略管理者应该充分认识到，改变企业的基本要素，一般是一个渐进的过程。企业应抓住每一个可以促成变革或有利于形成新文化的机会，同时要不断地从心理上和态度上使员工理解新的战略，最终使新的战略使命与员工的价值观念达成一致。

（三）企业的发展与文化

从企业发展的观点来看，企业的文化在不同的时期发挥着不同的作用。

（1）当企业处于初创与成长时期时，文化保证了企业的一致性和优势。成长中的企业一般非常需要用文化把成员的认识统一起来，形成内部的凝聚力。一旦文化形成，在这个阶段里，由于企业处于上升阶段，人们便很难改变已形成的文化特征。

（2）企业进入中年以后，企业文化也形成了自己的特色。多元化经营的企业内部可能会有多种亚文化，而中小型企业则强调文化的稳定性。无论哪一种情况，在这个时期，企业都会要求具有强硬的战略决策，即不达目的决不罢休。为了促使企业形成最佳的战略决策，需要提高企业内部的文化素质。必要时，也可以从外部对企业文化进行某种干预。

（3）当企业进入衰退期时，内部必然要求改变部分文化。这种局部的变革也会遇到阻力。企业只有两种选择：要么进行变革，恢复生机，要么失败。为了保证文化变革的顺利进行，企业在必要时应该换掉一批试图保留旧文化的领导者和其他管理人员。

（四）设计企业文化

企业文化的重新设计，要求企业审时度势，根据一定的设计原理，设计出符合企业环境与经济形势的基本文化。设计的方法可以从两个方面考虑。

（1）要求企业的高层管理将崇高的理想与企业成员沟通，激发他们工作的积极性，在企业内部形成一致的价值观，最终形成企业文化。

（2）要求企业的高层管理者理解企业日常生产经营活动的重要性，从小事做起，深入现场掌握第一手材料，管理好文化。从实践来看，管理人员的日常活动与组织的价值观一致时，企业文化就会得到加强。

这两种方法看起来简单，但在实践中运用却并不容易。它要求企业的高层管理者不只是将价值观停留在口头上，而是要深入到头脑中，并且要向员工传递，贯彻到日常的生产经营活动中。只有这样，才能有良好的企业文化，保证企业组织获得成功。

六、企业文化的分析方法

（一）分析企业新成员被原群体同化的程度

通过访问新成员的上级或较早进入企业的同事，了解该群体文化的一些重要方面。但是，仅用这种方法不能发现文化中的许多重要内容，因为新成员本身或其下属成员不能揭示出文化的深层含义。

（二）分析企业历史上对重大事件的反应

通过查阅文件、访问或调查企业现在与过去的主要成员，可以弄清企业文化在每个重要时期的特点，了解每个时期的主要事件。在此基础上，可以进一步研究企业当时采取的行动和结果，揭示企业文化的基本特征。

（三）分析"企业文化创造者"的价值观、信念和行为准则

通过访问企业的创始人、现任领导或文化创始人、推行人，进一步了解他们对企业文化形成的影响。

（四）与企业成员共同分析异常现象或特征

在选择企业成员时，要考虑他们的文化代表性及这些成员是否有兴趣揭示企业文化的基本特征。

作者探讨了一个企业对外部环境的适应能力和内部形成一致的价值观的问题，即外部适应性与内部一体化的问题。还讨论了要借助企业内部的力量，深入地揭示该企业的文化特性。如果一个企业的总体文化尚未发展起来，或者一个企业内部存在着发达的亚文化，那么还需要进一步改进深入分析。

思考题

（1）独特竞争力来自何方？

（2）资源与能力的区别在哪里？

（3）专题"企业核心竞争力：理念+专长"对你有什么启发吗？

（4）基础管理分析哪些方面？这对制定战略有何意义？

（5）产品结构分析的常用工具是什么？你是如何理解这一工具的？

（6）企业财力资源分析如何为企业战略服务？

（7）如何利用杜邦分析法进行财务综合分析？

（8）企业人力资源分析如何为企业战略服务？

（9）生产运作如何影响战略制定与实施？

（10）企业文化是企业的软环境，你是如何理解这一概念的？试描述并评价你所熟知的某一组织的文化。

课堂笔记

实训内容	主题	考查方式	评分
分组探讨	如何看待企业的内环境对企业发展的影响	提交分析报告（500字以上）	
参观访问	联系地方企业进行团体参观，了解该公司的内部运作状况	制作成演示文件在课内讲解	
总分			

模块五 企业总体战略

企业总体战略所要解决的最主要的问题是确定企业的业务领域和经营范围。企业有如下战略方向可以选择：或者保持稳定增长，或者追求快速发展，或者收缩经营范围。由此可以划分为三种基本的企业总体战略：稳定型战略、发展型战略（成长战略）和紧缩型战略。其中最有名的发展型战略是安索夫提出的产品—市场战略。此外，一体化战略也是一种重要的企业发展战略（也有人把它归入产品—市场战略中的多角化经营战略中）。在某些情况下，稳定型战略和收缩型战略也许是一些企业最合适的战略选择。在以上战略的基础上，企业还可以把三种基本的企业战略结合起来使用，形成战略组合。

项目一 稳定战略

一、稳定战略的概念和特征

（一）稳定战略的概念

稳定战略是指限于经营环境和内部条件，企业在一定时期所期望达到的经营状况基本保持在战略起点的范围和水平上的战略。稳定战略不是不发展、不增长，而是稳定地、非快速地发展。公司的增长和发展依赖于稳定增长的市场上维持它们一定的市场占有率，或依靠缓慢地提高市场占有率，或扩大公司市场所覆盖的地理范围。

（二）稳定战略的特征

稳定战略具有如下一些特征：

（1）企业满足于它过去的效益，继续寻求与过去相同或相似的战略目标。

（2）期望取得的成就每年按大体相同的百分数来增长。

（3）企业继续以基本相同的产品或服务来满足它的顾客。

二、企业采用稳定战略的原因

一些公司之所以采用稳定发展战略是有多种原因的，主要原因如下。

（1）管理层可能不希望承担较大幅度地改变现行战略所带来的风险。因为当改革需要新的技能时，它会对使用以前所学技能的人员形成威胁。此外，成功企业的管理者通常认为，过去行之有效的战略将来仍会有效，因此无须改变现行战略。

（2）战略的改变需要资源配置的改变。已经建立起来的公司要改变资源配置模式是很困难的，通常需要很长时间。

（3）发展太快可能导致公司的经营规模超出其管理资源，进而很快发生低效率的情况。

（4）公司的力量可能跟不上或不了解可能影响其产品和市场的变化。

三、稳定战略的利弊分析

（一）稳定战略的优点

稳定战略对于那些处于稳定增长中的行业或稳定环境中的企业来说，是一种有效的战略。其优点如下。

（1）稳定战略的风险比较小，企业基本维持原有的产品、市场领域，避免由于开发新产品、新市场的必需的巨大资金投入，避免由于开发失败和激烈竞争给企业带来巨大风险。

（2）采用稳定发展战略的公司能够保持战略的连续性，不会由于战略的突然改变而引起公司在资源分配、组织机构、管理技能等方面的变动，保持企业经营规模、经营资源、生产能力的平衡协调，防止由于发展过快、过急造成的失衡状态。

（二）稳定战略的缺点

稳定战略也存在一定的风险，主要如下。

（1）稳定战略是以外部环境不会发生大的变动、市场需求和竞争格局基本稳定为前提条件的，如果这种前提条件不存在或者被打破，企业战略目标、外部环境、企业实力三者之间就会失去平衡，将会使企业陷入困境。

（2）由于公司只求稳定的发展，可能会丧失外部环境提供的一些可以快速发展的机会。如果竞争对手利用这些机会加速发展的话，则企业处于非常不利的竞争地位。

（3）采用稳定发展战略可能会导致管理者墨守成规、因循守旧、不求变革的懒惰行为。稳定战略容易使企业减弱风险意识。甚至会形成惧怕风险、回避风险的企业文化，降低企业对风险的敏感性和适应性。

四、适于采用稳定战略的企业

稳定战略使适用于那些对环境变化预测比较准确而又经营相当成功的企业。采用这种战略的企业不需要改变自己的宗旨、目标，只需要按一定比例提高其销售、利润等目标即可。在这种战略下，企业只需要集中资源于原有的经营范围和产品，并通过改进其各部门和员工的表现来保持和增加其竞争优势。在公用事业、运输、银行和保险等部门的企业，许多都采取稳定发展战略。

项目二　发展战略

发展战略也称增长战略。企业增长战略要求企业在现有的战略基础水平上向更高一级的方向发展。

一个企业为什么决定发展战略？一个重要的原因是最高层经理或最高领导班子所持有的价值观。许多高层经理人员将发展等同于他们个人的有效性和事业的成功。也就是说他们所管企业的发展就足以表明了他们作为经理人员的有效性和功绩。此外，在股份有限公司中，许多高层领导人通常都拥有作为其一部分报酬的股权。如果企业的发展能导致企业股价的升高，则他们会从自己的资本增值中直接受益。

但是，发展战略也有其风险。德鲁克曾警告说，发展就是一种冒险。公司变得越来越大不一定是好事，短期内过快的发展可能导致效率下降，从长期来看这可能是非常有害的。因此在寻求发展战略之前，管理人员应当问自己三个问题：公司的财力资源是否充足？如果公司由于某种原因短暂地停止执行其战略，其竞争地位是否还能维持？政府的法规是否允许公司遵循这一战略？

下面介绍发展战略的不同类型，包括产品-市场战略、一体化战略、多样化战略等。

一、产品-市场战略

产品-市场战略是最基本的发展战略。企业经营战略的四项要素（现有产品、未来产品、现有市场、未来市场）有四种组合，从而形成不同的战略，见表5-1。

表 5-1　　　　　　　　　　产品—市场战略矩阵表

产品市场	现有产品	未来产品
现有市场	市场渗透战略	产品开发战略
未来市场	市场开发战略	全方位创新战略

（一）市场渗透战略

市场渗透战略是由企业现有产品和现有市场组合而产生的战略。扩展企业现有产品市场，是促进企业成长发展的一个重要途径。企业应该系统地考虑市场、产品及营销组合的策略以促进市场渗透，从现有市场上赢得更多的顾客。

企业可采取下述措施来扩大销售量。

（1）扩大产品购买者的数量。如努力发掘潜在的顾客，把竞争者的顾客吸引过来，使之购买本企业的产品等。

（2）扩大产品购买者的使用频率。如增加使用次数，增加使用量，增加产品的新用途等。

（3）改进产品特性，使其能吸引新用户和增加原有用户的使用量，常用的方法有：提高产品质量，增加产品的特点，改进产品的式样和包装等。

此外，在销售价格、销售渠道、促销手段、销售服务等营销组合方面，也应加以改进，以扩大现有产品的销售量。

（二）产品开发战略

这种战略是指企业在原有目标市场上推进新一代产品。针对现有市场，通过新技术的运用，不断开发适销对路的新产品，以满足用户不断增长的需要。它是企业成长发展的重要途径。

中国的小天鹅公司就成功地运用过这一战略。它原先生产全自动洗衣机，其市场占有率达到48%以上。后来它利用现有的市场渠道，利用自己的品牌和技术，又成功地推出了双缸洗衣机、滚动式洗衣机等新产品，使企业向前迈进了一大步。

（三）市场开发战略

这是指企业采用种种措施，把原有产品投放到新市场上去，以扩大销售。它是通过发展现有产品的新顾客层或开拓新的地域市场，从而扩大产品销售量的战略。比如，将产品投放到其他城市，或将产品（如家电、化妆品等）由大城市向中小城市、农村等推广。

（四）全方位创新战略

这种战略是市场开发战略和产品开发战略的组合，指企业向一个新兴市场推出别的其他从没生产过的全新产品。

运用这一战略时，有的企业的战略属于技术推动型，有的企业的战略属于市场推动型，实际上应该将两种类型结合起来而成为机会推动型发展战略。美国3M公司就成功地运用了这一战略，其成功主要有两方面原因：第一，3M公司将技术开发导向与市场未来发展方向紧密联系起来；第二，3M公司拥有若干代处于生命周期不同阶段的新技术，因此不必将最新技术产品直接投放市场，而是等待新产品进入市场最佳时间的到来。

另外，一些软件企业，如微软、金蝶、用友等企业和思科、新浪、搜狐等网络企业，它们实行的是典型的全方位创新战略。

二、一体化战略

一体化是指将独立的若干部分加在一起或者结合在一起成为一个整体。当企业实力有所增强，市场占有率越来越大时，企业就需要考虑如何扩展企

108

业、向何方向发展的问题，于是一体化战略便应运而生。一体化战略包括纵向一体化战略和横向一体化战略。

（一）纵向一体化战略

纵向一体化战略又叫垂直一体化战略，是将生产与原材料供应，或者生产与产品销售联合在一起的战略形式。纵向一体化战略又分为后向一体化和前向一体化战略。

1. 后向一体化战略

后向一体化战略是指企业自己供应或生产现有产品（服务）所需要的全部或部分原材料或半成品。如钢铁公司自己拥有矿山和炼焦设施；纺织厂自己纺纱、洗纱等。

后向一体化可以保证产品或劳务所需的全部或部分原材料的供应，加强对所需原材料的质量控制，降低成本，提高保证供应的程度。如福特汽车公司建立自己的钢铁厂；广东健力宝饮料公司建立自己的易拉罐生产线等。

企业一般在下列情况下采用后向一体化战略。

（1）企业现在的原材料供应者要价太高，供货不稳定，或者在质量方面不能满足生产的需要。

（2）原材料供应厂家少，而同行业的竞争者很多。

（3）企业所处的行业增长速度快，发展潜力大，如果不采用后向一体化会影响企业的发展。

（4）企业的资金和人力资源丰富。

（5）稳定原材料的供应和价格对企业十分重要。

（6）企业希望迅速和长期拥有某种资源。

（7）购入材料或半成品的运输成本太高。

（8）直接生产自己所需的原材料可以节约大量资金。

案例 5-1

葡萄酒生产企业建立原料基地

葡萄酒是国际通行型的酒种，具有低酒精度、营养化的特点，是国际通畅型的酒种。随着我国人民生活水平的提高，人们对葡萄酒认识的深入，葡萄酒成为酒类产品中的消费热点。1995 年底，以干红为代表的葡萄酒热在广州、深圳初显端倪后，便以燎原之势由南至北蔓延，迅速"红"遍全国，冷寂多年的葡萄酒市场启动了。1996 年，深圳葡萄酒销售总量达 53 万箱，比 1995 年增长了 400%，用"飙升"形容当时葡萄酒的增长势头一点也不为过。

突然升温的葡萄酒热令许多葡萄酒生产企业措手不及，明显造成了原料供给短缺的局面。造成原料供给短缺的原因主要有四个：一是依赖进口原料，由于运输周期长，对市场消费需求的变化反应慢，一时之间远水解不了近渴；二是种植葡萄的周期长，大都需要 3 年以上的时间，有劲使不上，见效慢；

课堂笔记

三是建葡萄酒厂与建原料基地不同步，靠收购葡萄酿酒，原料供应自然不稳定，短缺局面时有发生；四是市场需求膨胀迅速，令许多企业毫无思想准备，原料供应滞后。

"吃一堑，长一智"。许多葡萄酒生产企业深刻地意识到这个问题的严重性。要保持健康持续发展，提高质量，必须把建设原料基地作为基础，实现自采自酿，自给自足的目标。自 1997 以来，许多有远见的企业纷纷致力于原料基地建设。

早在 2002 年，张裕公司就加快了原料基地建设，除了辽宁桓仁和北京密云两个特色小产区外，原有的烟台产区及近年新开发的宁夏、新疆、陕西等产区，都是国内规模最大的优质葡萄种植区，目前六大产区的总种植面积为 20 万余亩。长城公司把河北怀来、涿鹿两线原料基地规模扩展到 10 万亩，建成为全国最大的联片葡萄种植地，可以满足年产 10 万吨葡萄酒的原料供给。王朝公司全面实施了原料基地化，先后在天津汉沽玫瑰香产区、宁夏贺兰山产区、新疆和硕产区、津翼燕山南麓产区、山东蓬莱产区等地建立了 10 万余亩优质葡萄原料基地。

近几年来，随着市场的发展需要，葡萄酒企业对高质量原料的需求大增，张裕、王朝和长城等知名葡萄酒生产企业纷纷把原料基地建设方向转向新疆，预计在未来的几年里，新疆很可能会超过山东成为国内最主要的葡萄酒原料供应基地。

（资料来源：赵越春. 企业战略管理 ［M］2 版. 北京：中国人民大学出版社，2008.）

2. 前向一体化战略

前向一体化战略是企业自行对本公司产品做进一步深加工，或对资源进行综合利用，或公司建立自己的销售组织来销售本公司的产品或服务的战略。如钢铁企业自己轧制各种型材，并将型材制成各种不同的最终产品即前向一体化战略。

前向一体化由于提高加工深度使产品获得较丰富的利润。目的是为了促进和控制产品的需求，搞好产品营销，从而达到扩大市场的目的，它是一种进攻型战略。如美国轮胎生产企业——固特异（Goodyear）公司就拥有自己的零售系列商店；IBM 为了直接向消费者销售自己的电脑，也设立了许多电脑零售商店。

企业一般在下列情况下采用前向一体化战略。

（1）企业现有的代理商费用高或不可靠，或者不能满足企业产品销售的需要。

（2）企业现有的代理商能力不够，使企业与那些已采用前向一体化的企业相比处于劣势地位。

（3）企业所处的行业正在增长，而且预计将会有长期稳定的增长。

（4）企业财力和人力十分充足。

（5）通过前向一体化可以增加企业对市场需求进行预测的准确性，使企业的生产更加有计划。

（6）如果现在的代理商和零售商的利润很高，企业可以通过前向一体化来增加利润收入或降低产品零售价格。

（二）纵向一体化战略的利弊分析

利用纵向一体化战略的好处如下。

（1）纵向一体化由于提高加工深度使产品获得较丰富的利润。我国部分纺织企业在行业萎缩、市场低迷的情况下，在保持原有纺织业务的同时，向服装制造业延伸，获得了成功。

（2）纵向一体化可以使企业对它现有的产品生产所需的原材料、半成品的供应更加有保证，而且可以对所需原材料、半成品供应的数量、质量、时间、成本等诸方面实行更有效的控制。我国一些大型家用电器制造企业，在生产各种家用电器的同时，采用各种方式进入元器件、零部件的生产制造领域，全部或部分解决本企业所需的某些种类的元器件、零部件的供应，甚至所生产的元器件、零部件业直接进入市场，取得了显著的经济效益。

（3）通过广泛的纵向一体化战略的实施，形成巨大的生产规模，从而取得规模制造所带来的巨大利润。

（4）通过广泛的纵向一体化战略的实施，可以达到某种程度的垄断控制。我国的第一汽车集团公司和第二汽车集团公司从原来专业生产中型载重汽车起步，已经非常成功地在全国大多数省市发展了纵向一体化企业，占据了我国中型载重汽车及许多变形汽车市场巨大的市场份额，而且正在向小轿车、面包车等多种车型发展。这种以大型国有企业为骨干，对汽车行业的某种垄断控制，对发挥国有企业在国民经济中的主导地位，实现我国汽车工业的腾飞大有好处。

在一定的情况下，纵向一体化战略是一种恰当和合理的战略，但实行纵向一体化也不可避免地存在缺点。这主要表现在以下几方面。

（1）自己制造或自行销售其效率往往低于专业制造和专业销售。

（2）由于纵向一体化使企业规模变大，要想脱离这些行业就非常困难。此外，由于规模大，要使企业的效益有明显的改善，就需要大量投资于新的经营业务。

（3）需要较多的资金。企业实行纵向一体化后，自制零部件或自产原材料所需的生产资金、储备资金和材料资金要比外购这些零部件和原材料增加许多倍，如果企业财力不够雄厚就不可能采用纵向一体化。

（4）由于前向、后向产品的相互关联和相互牵制，不利于新技术和新产品的开发。

（5）可能产生生产过程中各个阶段的生产能力不平衡问题。纵向一体化要求企业内部生产的各个阶段的能力达到均衡，若某个阶段的生产能力不足以供应下一阶段生产的需要，则需要从市场购入加以补充；如果某个阶段能力有富余，则必须寻求新的市场。纵向一体化之后这两种情况都有可能出现。

（6）管理幅度加大。实行纵向一体化后，需要掌握多方面的技术，在供应、生产、销售、质量、服务等方面都比以前要复杂得多，人事关系也更加复杂，这对企业领导者的思想素质、经营素质及管理素质都提出了很高的要求。

（三）横向一体化战略

横向一体化战略也叫水平一体化战略，是指为了扩大生产规模、降低成本、巩固企业的市场地位、提高企业竞争优势、增强企业实力而同行业企业进行联合的一种战略。

横向一体化战略一般是企业在竞争比较激烈的情况下进行的一种战略选择。这种战略选择既可能发生在行业成熟化的阶段中，成为增加竞争实力的重要手段；也可以发生在行业成熟之后，成为避免过度竞争和提高效率的手段。

企业一般在下列情况下采用横向一体化战略：

（1）企业希望在某一地区或市场中减少竞争，获得某种程度的垄断。

（2）企业在迅速增长的行业中竞争。

（3）需要扩大规模经济效益来获得竞争优势。

（4）企业的资本和人力资源丰富。

（5）企业需要从购买对象身上得到某种特别资源。

采用横向一体化战略的好处是：能够吞并或减少竞争对手；能够形成更大的竞争力量去与竞争对手抗衡；能够取得规模经济效益；能够取得和吞并企业的技术及管理等方面的经验。

横向一体化战略的缺点主要是：企业要承担在更大规模上从事某种经营业务的风险；由于企业过于庞大而会出现机构臃肿、效率低下的情况。

三、多样化战略

多样化战略最初是由著名的战略学家安索夫在 20 世纪 50 年代提出来的。有研究表明，随着资本积累、技术的创新与积累，适度的多样化将成为大多数企业追求的成长战略。世界上许多著名大公司的成长多数是由单一业务走向一定程度的多样化的，历史上具有实力的跨国公司一般来说也是多向、多样化公司。从企业实践来看，1950 年，在美国《财富》杂志选出的美国国内 500 强公司中，只有 38.1% 的公司其收入超过 25% 来自多元化业务。1970 年，美国最大的 500 家工业公司中有 94% 的公司从事多样化经营；同一时期，英国最大的 100 家企事业单位中，从事单一部门生产的企业仅占 1%；在德、法、意三国中，这一比例分别为 22%、16% 和 10%；全世界最大的 50 家石油公司中，有 46 家实行多样化经营。1970 年，赖利提出了多元化程度的测量方法及类型划分。赖利提出，以一个企业的某一产品占销量的比重大小，即专业化率来测量该企业的多元化程度：①当某一类产品所占比重大于或等于95%时，该企业为单一产品型；②当某一类产品所占比重在70%至95%之间时，为相关产品型；③当任何一类产品所占比重都小于70%，且产品无关时，该企业为无关产品型。显然，第三种类型为多元化类型。我国的企业产品多元化从20世纪90年代中期开始，以海尔集团等行业领先企业为代表，开始实施多元化战略，取得了较大成功。

多样化战略可以分为相关多样化战略和非相关多样化战略。

（一）相关多样化战略

相关多样化战略是指公司增加或生产与现有产品或服务相类似的新产品或服务。只有新增加的产品或服务能够利用企业在技术、产品线、销售分配渠道或顾客基础等方面所具有的特殊知识和经验时，才可将这种战略视为相关多样化。例如，先锋电子公司（Pioneer Electronics Corporation）在1984年就采用了这种战略。公司先后生产家庭音响设备、激光唱片、激光音响、电话录音和自动回答机、收录机、双向有线电视机等家庭电子产品。随后，日本的索尼公司、夏普公司、松下电器公司等也都采取了这种战略，在家用电器领域中推出了许多新产品。

1. 使用条件

当企业面临下述情况时可以采用这种战略：

（1）企业所处的行业增长缓慢或停止增长。

（2）增加相关的新产品可以带动现有产品的销售。

（3）新的相关产品可以带动现有产品的销量。

（4）新的相关产品的季节性特征与现有产品的季节性相反或互补。

（5）企业现有产品处于产品寿命周期的衰退期。

（6）企业有很强的管理队伍。

（7）增加新的相关产品会给企业带来某种综合经济效益。

2. 相关多样化战略的优缺点

相关多样化战略的优点是：多样化可以创造价值，因为多样化战略所产生的效益大于在原行业中保持竞争优势的需要的代价。其次，多样化战略可以通过资源的分享来创造价值。

缺点：采取多样化战略的公司必定会产生一些行政管理成本，这种成本的大小取决于经营组合中行业的数量和对不同行业进行协调的程度。另外，按边际收益递减的规律，多样化水平超过一定程度之后，价值增量就会递减。

（二）非相关多样化战略

非相关多样化战略是指公司增加与现有的产品或服务、技术或市场都没有直接或间接联系的新产品或服务。如美国通用汽车公司除主要从事汽车产

113

品生产外，还生产电冰箱、洗衣机、飞机发动机、潜水艇、洲际导弹等；柯达照相器材公司除生产照相器材外，还兼营医疗设备、录像器材、动物饲料、抗衰老产品等。这种战略通常适合于规模庞大、资金雄厚、市城开拓能力强的大型企业。在当今众多的大型企业中，实行非相关多样化经营已成为一种发展趋势。

1. 使用条件

非相关多样化战略的使用条件是：

（1）企业所处的行业处于衰退期或原有的产品市场需求增长处于长期停滞甚至下降趋势。

（2）企业面对着很有吸引力的机会。

（3）企业具有进入新行业的资本、人才及能力，如有较强的开发能力、销售能力、生产能力等，使得它具备开拓新领域的实力。

2. 非相关多样化战略的优点

无论何种原因采取非相关多样化战略，企业总是希望从中获得益处。非相关多样化战略的优点表现在以下方面。

（1）企业向不同行业渗透和向不同的市场提供产品和服务，可以分散企业经营的风险，增加利润，使企业更加稳定地发展。

（2）企业采取非相关多样化经营，可充分利用企业在管理、市场营销、生产设备、研究与开发等方面的资源，产生协同效应，从协同中受益。

（3）可对企业内的各个经营单位进行平衡。在某些经营单位处于发展或暂时困难之时，公司可从其他经营单位获得财力上的支持。这样有利于发挥企业的优势，综合利用各种资源，提高经济效益。

（4）企业向具有更优经济特征的行业转移，可以增强企业的灵活性。有利于企业迅速地利用各种市场机会，逐步向具有更大市场潜力的行业转移，从而提高企业的应变能力。

3. 非相关多样化战略的缺点

公司在选择非相关多样化战略时，要谨慎从事，切忌不要为多样化而多样化。非相关多样化战略主要的缺点如下。

（1）带来企业规模的膨胀，以及由此带来管理上的复杂化，加大了管理的难度。如果公司管理者对新扩充的管理业务一点也不熟悉的话，则后果更糟。

（2）实施非相关多样化战略需要大量的投资，因此，要求公司具备较强的资金筹措能力。

（3）有时过于强调多样化而导致企业可能在各类市场中都没有取得领先地位，当外界环境发生剧烈变化时，企业会常受到来自各方面的压力，导致巨大的损失。

案例 5-2

柯达破产背后：富士的业务多样化战略

在 20 世纪 60 年代，富士胶片还是一家地区性的公司，当时该公司刚刚开始拓展全球业务，与当时照相胶片行业领先者柯达之间距离还很遥远。

但在随后的 50 年时间里，照相胶卷逐渐下降至边缘地位，而柯达未能跟上形势，最终被迫按照美国破产法第 11 章的规定申请了破产保护。与此同时，富士胶片则已经将自身从一家业务范围相当狭窄的照相产品提供商转变成为一家多样化的公司，在医疗卫生和电子产品等方面都拥有庞大的业务。

富士胶片首席执行官古森重隆在最近接受采访时称："富士胶片和柯达都知道，数字时代正在对我们造成冲击。问题在于，应该对此做些什么。"

富士胶片所做的事情是看得更远，而不是简单地从模拟产品转向数字摄影。富士胶片的做法是，利用该公司在化学方面的专业技术拓展更加宽泛的业务，如药品和液晶显示器面板等，此外还进入了化妆品市场。

富士胶片这种后数字化的过渡并非一蹴而就的，而且也并非一项简单的任务。成千上万的工作岗位成了牺牲品，许多制造工厂都被关闭。

古森重隆在 2000 年接掌富士胶片，当时彩色照相胶片的需求正在触及顶峰。在被任命为首席执行官的三年以后，古森重隆开始采取行动，试图让富士胶卷平安渡过行业技术向数字摄影发展的浪潮，他所采取的措施是重组业务和对新业务进行冒险的投资。在 2005 年和 2006 年，富士胶卷削减了 2000 亿日元（约合 25 亿美元）以上的支出，其中大多数削减支出措施都是针对其照相胶片业务而采取的。

在不久以后，富士胶片的盈利就创下了历史最高水平。而在金融危机开始以后，富士胶片来到了另一个转折点，这场危机迫使该公司在 2009 年到 2010 年之间再度削减了 1750 亿日元（约合 23 亿美元）支出。

古森重隆称："我们取得成功的最具有决定性的因素是，我们有能力在数字化时代到来时转型自身业务。"他指出，富士胶片与柯达之间的区别在于，前者利用最初是为照相胶片开发的技术去做了别的事情。

古森重隆表示："从技术上来说，我们已经掌握了不同的资源。"因此我们就想到："一定会有办法把这些技术变成新的业务。"他表示，如果富士胶片仅仅把业务重心放在数字成像上，那么就无法维持其营收。

虽然照相胶片已经过时，但这种产品的表面拥有 20 层超薄的薄膜层，其中包含大约 100 种化合物。于是，富士胶片将其在化学元素和原子级粒子领域的专业技术用于开发薄膜，并将其用于电脑、电视机及其他电子设备的 LCD 面板。这项业务始于大约 10 年以前，现在已经成为富士胶片最具竞争力的业务之一，主要经营范围是向 LCD 面板部件提供商出售薄膜。

富士胶片还正在利用该公司在药物方面的专业知识，寻找人体更加有效地吸收药物中化学元素的方法。目前，富士胶卷正在开发的药品包括一种流感治疗药物等。

富士胶片最新的一项业务是化妆品，这项业务使用的技术来自防止相片褪色的抗氧化技术。

此外，自2000年以来，富士胶片还花费了6500亿日元（约合84亿美元）的资金用来收购医疗公司。在2008年中，富士胶片以14亿美元的价格收购了Toyama Chemical，上个月则同意以9.95亿美元的价格收购美国医疗设备制造商SonoSite。

时至今日，富士胶片来自照相胶片的营收在其总营收中所占比例仅为1%左右，远低于10年以前的近20%；包括医疗设备、药品和化妆品在内的医疗卫生业务营收在总营收中所占比例约为12%，平板显示器材料业务则占10%。

古森重隆在柯达申请破产后发表声明称："随着时间的推移，事实证明当一家公司丧失核心业务时，一些公司能够适应和克服这种环境，而其他一些公司则不能。富士胶片通过业务的多样化克服了这种环境。"

富士胶片的目标是，在截至2014年3月份的财年中将运营利润从今年预期将达的水平提高32%，至1800亿日元（约合23亿美元）；营收提高9.2%，至2.5万亿日元（约合260亿美元）。

（资料来源：赵越春. 企业战略管理. [M]. 2版. 北京：中国人民大学出版社，2008.）

项目三　紧缩战略

紧缩战略，是指企业从目前的战略经营领域与基础水平收缩和撤退的一种经营战略。与稳定型战略和增长型战略相比，紧缩型战略是一种消极的发展战略。一般来讲，企业实施紧缩型战略只是短期的，其根本目的是使企业躲过风暴后转向其他的战略选择。有时，只有采取收缩和撤退的措施，才能抵御竞争对手的进攻，避开环境的威胁和清算战略等战略。下面分述这几种不同的紧缩战略。

一、抽资转向战略

（一）抽资转向战略的概念

抽资转向战略指企业在现有的经营领域不能维持原有的产销规模和市场的情况下，采取缩小规模和减少市场占有率，或者企业在存在新的更好的发展机遇的情况下，对原有的业务领域进行压缩投资，控制成本以改善现金流为其他业务领域提供资金的一种战略。

采取这种战略的目的是削弱费用支出和改善公司的现金流量。然后，把通过这种战略获得的资金投入到公司中更需要资金的新的或发展中的领域。

（二）抽资转向战略的适用情况

在下列情况下，公司可采取抽资转向战略。

①企业的某些领域正处于稳定或日益衰退的市场中。

②企业某领域的市场占有率小，且扩大市场占有率的费用又太高；或者市场占有率虽然很高，但要维持，会花费越来越多的费用。

③企业的某一领域不能带来满意的利润，甚至还带来亏损。

④如减少投资，销量额下降的幅度不会太大。

⑤公司如减少该领域的投资，则能更好地利用闲散资源。

⑥企业的某领域不是公司经营中的主要部分。

（三）抽资转向战略可采取的措施

抽资转向战略可以只在原有的经营领域内减少投资、缩减支出或削减人员，以逐步收回资金和抽出资源用于发展新的经营领域，如创立于1901年的美国吉列公司减少了对电子表的投资而致力于安全剃须刀的研究与开发，并获得成功。

二、调整战略

（一）调整战略的概念

调整战略是指企业试图扭转财务状况欠佳的局面，提高运营效率，而对企业组织机构、管理体制、产品和市场、人员和资源等进行调整，使企业渡过危机，以便将来有机会再图发展的一种战略。

（二）调整战略的适用情况

面对以下几种情况时企业可以采用调整战略。

①企业仍具有一定实力，但在一段时期内不能实现原有的目标。

②外部条件急剧恶化，如市场需求下降或经济衰退；工资和原材料成本升高，使得企业原有的战略方针难以应付。

③企业内部管理混乱，效益低、效率低。

④企业以往的战略决策出现了重大的失误，导致长时期的亏损。

（三）调整战略可采取的措施

在实施调整战略时，可采取下面的一些措施和行为。

①调整企业组织。这包括更换企业的关键领导人和管理人员，在组织内部重新分配责任和权力等，调整企业组织的目的是使管理人员适应变化的环境。

②降低成本和投资。这包括压缩日常开支，实施更严格的预算管理，减少一些长期投资的项目等，减少广告和促销支出，也可以适当减少某些管理部门或降低管理费用。在某些必要的时候，企业也会以裁员作为压缩成本的

课堂笔记

117

方法。

③减少资产。这包括出售与企业基本生产活动关系不大的土地、建筑物和设备；关闭一些工厂或生产线；出售某些在用的资产，再以租用的方式获得使用权；出售一些盈利的产品，以获得继续使用的资金。

④加速回收企业资产。这包括加速应收账款的回收期，派人回收应收账款。降低企业的存货量，尽量出售企业的库存产成品等。

三、放弃战略

当抽资转向战略或调整战略失效时，通常采用放弃战略。所谓放弃战略是指卖掉公司的一个主要部门，它可能是一个战略经营单位，一条生产线，或者一个事业部。

实施放弃战略对任何公司的管理者来说都是一个困难的决策。阻止公司采取这一战略的障碍来自三个方面。

（1）结构上的障碍。由于一项业务的技术及固定资产和流动资产的特点而阻止放弃。

（2）内部依存关系上的障碍。公司中各种经营单位之间的联系可能阻止放弃某一特定的经营单位。

（3）管理方面的障碍。公司决策过程的某些方面组织放弃一些不盈利的业务。这些方面包括：放弃对管理者的荣耀是一种打击；放弃在外界看来是失败的象征；放弃威胁管理人员的前途；放弃与社会目标相冲突等；对管理人员的激励体制与放弃某一业务背道而驰。

四、清算战略

这种战略是通过拍卖资产或停止全部经营业务来结束公司的存在。对任何公司的管理者来说，清算是最无吸引力的战略，只有当其他所有的战略全部失灵后才加以采用。然而，及早地进行清算较之从事无法挽回的盲动对企业来说可能是较适宜的战略；否则，如果一味地坚持在该经营领域的经营活动，只能耗尽企业的资源。

项目四　战略组合

为了实现不同的战略目标，企业可以选择一种战略单独使用，也可以将几种战略组合起来使用。由于企业环境的复杂性、实现企业战略目标途径的多样性及企业内部组织结构的不同，在实际的战略选择中，企业多侧重于运用战略组合来实现自己的战略目标。战略组合就是同时实行两种或多种战略，使几种战略形成一个有机的整体。一般的战略组合方式有以下两种形式。

一、顺序组合

顺序组合是指按照战略方案实施的先后顺序运用各种基本战略。例如，在一定时期内采取发展型战略，然后在一定时期内实施稳定型战略；或者先使用调整战略，待企业条件有了改善之后再采取发展型战略等。另一种顺序组合的典型范例是依据产品的市场生命周期来采取不同的战略。

二、同时组合

同时组合是指在同一战略时期内同时运用几种相关战略，以实现企业整体的战略目标。在企业具有多种不同经营业务或多个事业部的情况下，通常采用同时组合的战略组合方式。例如，在增设新的事业部的同时，放弃某个事业部；在其他领域奉行发展型战略的同时，紧缩某些领域等。但由于同时组合是在同一时期内同时采用几种不同的战略，因此在运用这种战略组合时，应注意以下几点。

（一）充分估计企业资源的丰裕度

由于同时组合可能造成企业现有资源的分散使用，因此企业必须充分估计自己资源的可供给程度，以确保各种战略能同时得以实施而不会造成企业资源的枯竭。

（二）发挥各种战略方案的组合优势

各种方案的组合是为了发挥各个方案的优势，扬长避短。因此，企业战略的同时组合必须是具有互容性的战略组合，从而使企业的整体战略达到最优。

（三）明确主从战略的关系

在一定时期内，企业为实现关键性的总体战略目标而确立的战略是企业的主体战略，而其他战略则处于相对从属的战略位置。在战略组合实施的过程中，必须明确主从战略的关系，合理而有效地分配企业的资源。

总之，对大多数企业来说，可采用的战略方案是多种多样的。管理者既可以采用一种战略方案，也可以同时采用多种战略方案，形成一套战略组合。但鉴别可用的战略方案，则是企业选择最适宜战略的前提条件和基础。

专　题

企业战略方案组合

战略状态确定就是要评价企业在整个战略期间可能面对的变化的战略环境，并针对不同的战略环境提出相应的战略方案，以此供战略管理者决策时使用。

课堂笔记

在企业的战略方案设计过程中，主要确定在三种状态下怎样实施相关多元化经营或只实施专业化经营。依据前面的内外部环境分析和对未来的推断及假设，企业的战略状态有三种。

1. 理想状态

战略管理的理想状态是指依据前面的内外部环境分析和对未来的推断及假设，企业的战略实施和发展方向及结果都满足理想的设计要求。这种状态就是战略方案着重研究和提供给管理者的方案。

2. 基本理想状态

战略管理的基本理想状态是考虑企业在实施战略管理的过程中，必然面临一些不确定的环境因素的变化，这就给企业的战略实施造成一定的困难，企业就要适时地调整战略资源和相应的策略，以适应环境的变化，减少损失，努力获得基本理想的效果。

3. 不理想状态

战略管理的不理想状态是考虑企业在实施战略管理的过程中，面临的环境发生了较大的变化，而且这些变化因素对企业的战略实施是极为不利的。面对这种情况，企业必须对战略方案作较大的调整，使决策者能在激烈动荡的外部环境中，有比较合理的应对方案，避免因仓促应对而给企业带来不必要的损失。

❓ 思考题

（1）简述产品—市场战略的内容。

（2）试分别以巨人集团和海尔集团为例，分析企业实施多样化战略的动因；从二者的成败差异中，我们能够得到什么经验教训？

（3）多样化战略有哪些类型？分析你熟知的企业各属何种类型的多样化战略。

（4）纵向一体化战略的形式有哪些？各自有什么好处？

（5）在什么情况下企业采取稳定型战略？

（6）紧缩型战略意味着经营失败吗？

（7）简述你所熟悉的某家企业一定时期的战略组合。

~~~~~~~~~~ **实训项目五** ~~~~~~~~~~

实训内容	主题	考查方式	评分
分组探讨	企业总体的战略有哪些	提交分析报告（500字以上）	
参观访问	联系地方企业进行团体参观，了解该公司现在所施行的是哪种战略模式	制作成演示文件在课内讲解	
总分			

模块六 企业竞争战略

企业竞争战略是指企业的经营单位战略。它是为企业的经营单位制定的战略选择模式。我们在战略的特征中讲述战略的系统性时，所介绍的事业部战略即经营单位战略。

项目一 基本竞争战略

一、基本竞争战略的观点

（一）霍尔的观点

霍尔从美国的 8 个产业中选取 64 个大型企业，8 个产业分别是钢铁、橡胶、重型卡车、建筑机械、汽车、大型家用电器、啤酒和烟草，研究分析了它们的竞争战略和各自在产业中竞争地位的变化。20 世纪 70 年代，上述产业处境艰难，许多企业大量亏损和濒临倒闭。然而，就是在这样一种大环境下，却有少数企业业绩突出，能与其他产业的明星企业相媲美。霍尔从业绩突出的企业中选取个案，对其竞争战略进行了深入的研究。其研究结果表明，企业必须不断提高产品质量和降低产品价格，业绩突出的企业，或者在价格方面有优势，或者在产品质量方面有优势，或是两方面都有优势。在不利的产业环境中有优良业绩的企业，大多数是在质量和价格之间选择其一，全力以赴，直到全面胜利。但也有在两个方面同时成功的特例，如经营建筑机械的卡特征勒公司。企业产品的价格优势依赖于成本优势支持，质量优势是寻求产品差别的结果。因此，企业可选择的竞争战略有两种基本类型，即低成本战略和产品差异化战略。

（二）波特的特点

著名战略管理学家迈克尔·波特在其著作《竞争战略》一书中认为："当影响企业竞争的作用力以及它们产生的深沉层次原因确定之后，企业的当务之急就是辨明自己相对于产业环境所具备的强项和弱项"，并且在此基础上可以利用三种基本战略进行竞争。这三种基本竞争战略是成本领先战略、差异化战略和集聚战略。企业要获得竞争优势，赢得市场和增长，一般只有通过两个途径：一是在行业中成为成本最低的生产者，二是在企业的产品或服务上形成与众不同的特色，企业可以在或宽或窄的经营目标内形成这种战略。这些战略是根据产品、市场及特殊竞争力的不同组合而形成的。企业可以根据生产经营的具体情况采用合适的竞争战略。

（三）约翰逊与斯科尔斯的观点

约翰逊与斯科尔斯二人合著的《公司战略研究》对基本竞争做了精彩的论述，该书被公认为欧洲最畅销的公司战略教材。他们认为，成本作为一种内部衡量指标，本身并非竞争优势；产品的独特性如果仅仅意味着有其他产品不同，也不一定是竞争优势。顾客之所以选购一种产品，或者是因为其价格低于同样的产品，或者是因为顾客认为其价值高于同等价格的其他产品。因此，竞争战略的选择与实施即恰当处理产品价格与顾客可感知附加价值的关系。在论述基本竞争战略时，约翰逊与斯科尔斯引入了"战略钟"的概念来说明企业可选择的基本竞争战略。两位学者认为，战略钟是一种基于市场的基本选择模型，它将波特的许多理论进行综合，尤其突出了产品与服务的顾客价值。

二、成本领先战略

（一）成本领先战略的内涵

成本领先也称为低成本战略，是指寻求企业成本在全行业范围内的领先，即降低产品的总成本使其低于竞争对手产品的总成本，并以此获得比竞争对手更高的市场占有率，同时使企业的盈利处于同行业平均水平之上。

企业采用成本领先战略，要求其积极地建立起达到有效规模的生产设施，在经验基础上全力以赴地降低成本，抓紧成本与管理费用的控制，以及最大限度地减少研发、服务、推销、广告等方面的成本费用。企业尽量对质量、服务及其他方面不能忽视，但贯穿整个战略的主题是确保产品成本低于竞争对手。

成本领先战略的成功取决于企业日复一日地实施该战略的技能。成本不会自动下降，但也会偶尔下降。它是艰苦工作和持之以恒的重视成本工作的结果。企业降低成本的能力有所不同，甚至当它们具有相似的规模、相似的积累产量或相似的政策指导时也是如此。要改善相对成本地位，与其说需要在战略上做出重大转变，还不如说需要管理人员更多的重视。

（二）成本领先战略的适用条件

（1）该战略适用于大批量生产的企业，产量是要达到规模经济，这样才会有较低的成本。

（2）要有较高的市场占有率，就要严格限制产品定价和初始亏损，以此来创立较高的市场份额。

（3）企业必须使用先进的生产设备，因为先进的生产设备使生产效率提高，能使产品成本进一步降低。拥有较高的市场占有率，就有可能赢得较高的利润，以此利润又可对设备进行投资，进一步购买先进的设备，以维护成本领先的地位。应当说，这种投资往往是保持较低成本状态的先决条件。由于使用先进的生产设备，使得生产批量加大，其规模经济加大；规模经济加大后，就要求市场占有率更加提高；市场占有率提高后，企业受益进一步增加。于是又可以从收益中拿出一部分资金再投资到更先进的生产设备，如此循环下去，这就是实施成本领先战略的条件。

（4）要严格控制一切费用开支，全力以赴降低成本，最大限度地减少研究开发、服务、推销、广告及其他费用。

上述 4 个条件可以总结归纳为成本领先战略的良性循环。

（三）成本领先战略的优势

1. 利于设置进入的障碍

企业在成本领先的基础上，可以试试较低的价格，为行业的潜在进入者设置较高的进入障碍。这就使得那些在生产技术上不成型和经营上缺乏经验的企业，或者未能形成规模经济的企业，面对诱人的利润却无力进入此行业。

2. 降低替代品的威胁

企业具有成本领先的优势，在与替代品进行竞争时，仍旧可以凭借其低成本的产品或服务，稳定和吸引原有的客户群体，降低或缓解替代品的威胁，在一定程度上不为替代品所替代，保持自己的竞争地位。

3. 保持领先地位

由于企业成本领先优势主要体现在与行业内的竞争对手的比较上，这样的优势确保企业在行业发展前景看好时能获得较大的利润，在行情一般时也能获利，在行情低迷时仍能有较强的生存能力，从而在行业中能不断地扩大市场份额，保持企业在行业中的领先地位。

（四）成本领先地位的风险

1. 成本领先地位的丧失

成本领先地位的维持，比成本领先地位的获得更困难。

（1）技术上的变化将过去的投资与学到的经验抵消。成本领先地位的获得，依赖企业建立先进完善的技术体系。成本领先地位的维持，依赖企业对现有技术体系的维持、完善与提高。企业的竞争对手深知，基于现有的技术体系来开展竞争，难以取得突破性进展。所以，他们会千方百计地寻求新的技术体系来取代旧的技术体系。一旦产业的技术体系发生质变或部分质变，原有领先企业在技术领域的投资与努力，会大大贬值，成本优势不复存在，产业内竞争企业的相对成本地位也会发生显著变化。例如，美国德克萨斯仪器公司，率先开发并采用半导体技术，用晶体管代替电子管，取得了成功。

（2）成本降低的空间日益狭小。企业要想维持成本领先地位，就必须不断降低成本，以保持相对于竞争对手的成本优势。但随着技术和产业的成熟，企业降低成本的空间及幅度日渐狭小，企业之间在技术水平与管理水平方面的差距也将逐渐缩小，企业成本优势的维持将日渐困难。

2. 成本难以弥补差异化劣势

（1）过度关注企业内部经营效率的提高，缺乏对顾客需求的良好把握。产品立足于市场的前提是能满足顾客的某些需求，一旦产品无法满足顾客的某些需求，顾客无需考虑产品价格高低。因此，企业在坚持提高内部经营效率的同时，应始终贯彻顾客导向，坚持对顾客需求的研究与迎合。

（2）市场需求发生不利于低成本企业的显著变化。例如，福特公司实施的成本领先战略，曾使其大获成功，但随着消费者收入与购买力的提高，许多高收入家庭开始购买许多辆小汽车。而拥有多辆小汽车的家庭，一般不会重复购买福特的黑色T型轿车。在策划的示范与引导下，市场开始偏爱个性突出、风格新颖、质量优良的汽车，顾客愿意为此支付较高的价格。结果导致福特汽车虽然价格优势依然明显，但由于顾客消费特点的转变，已无法弥补其差异化劣势，其原有的市场被实施差异化占率的企业占领。

（五）成本领先战略的目标

成本领先战略在不同的企业和同一企业的不同发展阶段，所追求和所能达到的目标是不同的，其目标是多层次的。企业应当根据自身的具体情况，整体筹划，循序渐进，最终实现最高目标。

1. 成本领先战略的最低目标是增加企业利润

在其他条件不变时，降低成本可以增加利润，这是降低成本的直接目的。在经济资源相对短缺时，降低单位产品消耗，以相同的资源可以生产更多的产品。可以实现更多的经济目标，从而使企业获得更多的利润。但成本的变动往往与各方面的因素相关联，若成本降低导致质量下降、价格降低、销量减少，反而会减少企业的利润。因而成本管理不能仅仅着眼于成本本身，要利用成本、质量、价格、销量等因素之间的相互关系，以合适的成本来维系质量、维持或提高价格、扩大市场的份额等，使企业能够最大限度地获得利润。同时成本还具有代偿性特征，在不同的成本要素之间，一种成本的降低可能导致另一种成本的增加；在成本与收入之间，降低成本可能导致收入下降，通过高成本维持高质量可提高收入，也有可能获得高利润。

2. 成本领先战略的最终目标是使企业保持竞争优势

企业要在市场竞争中保持竞争优势，在采取诸多的战略措施和战略组合中，成本领先战略是其中的重要组成部分，同时其余各项战略措施通常都需要成本管理予以配合。战略的选择与实施是企业的根本利益所在，降低成本必须以不损害企业基本战略的选择和实施为前提，并有利于企业管理措施的实施。成本管理要围绕企业为取得保持竞争优势所选择的战略而进行，要适应企业实施各种战略对成本及成本管理的需要，在企业战略许可的范围内，在实施企业战略的过程中引导企业走向成本最低化，则是成本领先战略的最终目标，也是成本领先战略的最高境界。

三、差异化战略

（一）差异化战略的内涵

差异化战略是指通过为产品融入顾客需要的独特个性而且产品在顾客心目中升值，赢得顾客的消费偏好的一种战略模式。

实践证明，随着技术的成熟和管理的完善，企业降低成本的空间会日渐狭小，同时，价格的持续下降和顾客消费水平与模式的逐步升级，将导致顾客的价格敏感性降低，价格在顾客购买决策中的主导地位一般会逐步让位于非价格要素。另外，非价格要素具备的丰富性和不可即时模仿性，使差异化战略受到越来越多企业的青睐。

（二）差异化战略的适用条件

（1）企业要有很强的研究开发能力，企业要具备一定数量的研发人员，要求这些研发人员要有强大的市场意识和创新眼光，及时了解客户需求，不断的在产品设计及服务中创造出独特性。

（2）企业在产品或服务上要具有领先的声望，企业要具有很高的知名度和美誉度。

（3）企业要具有很强的市场营销能力。要使企业内部的研究开发、生产制造、市场营销等职能部门之间有很好的协调性。

（三）差异化战略的实施策略

1. 产品质量及可靠性差异化

产品质量及可靠性差异化是指企业向市场提供竞争对手不具有的高质量、高可靠性的产品。产品的质量高且绝对可靠，甚至在产品出现意外故障时，也不会完全丧失其使用价值。这方面的典型例子是奔驰汽车公司，该公司每年用30辆新车以最高速度碰撞专设的钢筋混凝土水泥板，测试车冲撞模拟人的伤亡情况，以不断提高奔驰车的安全可靠性。尽管奔驰车的售价比一般轿车高出很多，但其销量却是很多公司无法相比的。

2. 销售服务差异化

通过加强售后服务，改变销售方式，此在服务上优于竞争对手是世界上许多成功企业乐于采用的战略。

3. 产品创新差异化

企业如果拥有雄厚的资金和大量高技术研究开发人员，实行以产品创新为主的差异化战略可以使企业在科技上保持领先地位，并且还可增强企业的竞争优势。

4. 品牌差异化战略

品牌差异化战略是指企业通过创名牌产品、保名牌产品，使其在同行业中富有竞争力。名牌是指具有较高知名度和较高市场占有率的产品。是社会对产品及企业整体的评价，是企业实力与地位的象征。名牌可以给企业创造经济效益，给国家带来荣誉，只有勇于创名牌的企业才能在竞争中取胜。

（四）差异化战略的优势

1. 更好地满足某些消费群体的特定需求

差异化战略是一种极具顾客导向的战略。它很注重研究顾客需求与满足顾客需求，其目标是比竞争对手更好地满足顾客需求，其手段是使产品融入顾客需要的独特个性。独特个性的融入，使实施差异化战略企业的产品形成全产业范围内的与众不同。顾客获得这些独特性和满足某些特定需求，就必须消费该差异化的产品；否则，他们的特定需求将无法依赖其他途径满足。

2. 形成良好的品牌信誉和商标忠诚

差异化战略的有效实施，可形成顾客对本企业产品的消费偏好，帮助企业建立良好的品牌信誉和商标忠诚。因此，新的进入者和替代品生产者想要在短时间内克服这些障碍绝非易事。在与新的进入者和替代品生产者的较量中，首先受损的是那些产品无特色的企业。

3. 有效回避直接竞争

差异化战略的一大动因是差别于竞争对手以回避相对的竞争。实施差异化战略的企业，其产品与产业内竞争对手的产品不完全相同，其目标顾客与竞争对手目标顾客有所差别，其供应商的选择与资源的获取有独到之处。因此，产业内其他企业一般不把其看作最危险的敌人。

（五）差异化战略的风险

1. 差异化优势的丧失

（1）竞争对手的模仿。差异化优势丧失的第一个原因是竞争对手的模仿。企业的经营差异性是相对于竞争对手而言，而竞争对手不会漠视其他企业的差异化优势。他们会想方设法地学习模仿，以改进自己的产品或服务，达到缩小或弥补差异化劣势的目的。因此，获得差异化优势的企业，并非高枕无忧，也非一劳永逸，他们既要注意对已有差异化优势的保护、维持与强化，又要寻求新的差异化优势。

（2）顾客对独特性的不认可。差异化优势丧失的另一个原因是顾客对独特性的不认可。只有切中顾客需求的独特性，方能被顾客认可，才能为企业带来差异化优势。顾客对独特性不认可的原因，既可源于主观因素，如对顾客的需求特点认识不足、产品未能达到顾客使用标准等；也可源于客观因素，如顾客需求特点出现重大变动、成熟市场中的顾客不再对一些特殊需求感兴趣等。

2. 差异化优势无法弥补成本劣势

通常情况下，顾客愿意为所获得的独特性价值支付一定的溢价，但溢价幅度不能过高，因为顾客的承受能力毕竟有限。当实施差异化战略的企业成本过高时，其将面临两难的选择：一是大幅度提高产品价格以补偿成本，但会失去大量的顾客；二是价格不变或略微提高以保住市场份额，但会流失大

课堂笔记

量利润，甚至是亏损。从长远来看，两种选择都会影响企业的正常发展，故对实施差异化战略的企业来说，控制成本同需求差别一样重要。

四、集聚战略

（一）集聚战略的内涵

集聚战略，也称目标集中战略、聚焦战略、专一经营战略，是指企业将经营的重点集中在产业的某局部市场、某一特定消费者群体，从而谋求局部竞争优势。集聚战略并非单指专门生产某一产品，而是对某一类型的消费者或某一地区性市场开展密集型经营，其核心是瞄准某个特定的用户群体、某种细分的产品线或某个细分市场。

（二）集聚战略的适用条件

（1）在行业中有特殊需求顾客存在，或在某一地区有特殊需求的顾客存在；

（2）没有其他竞争对手试图在上述目标细分市场中采取集中战略；

（3）企业实力较弱，不足以追求广泛的市场目标；

（4）产品在细分市场规模、成长速度、获利能力、竞争强度等方面有较大的差别。

（三）实施集聚战略中应注意的问题

1. 企业实施集聚战略的关键是选好战略目标

选择好战略目标的一般原则是，企业要尽可能地选择那些竞争对手最薄弱的目标和最不易受替代产品冲击的目标。拉·昆塔饭店集团曾发现了一个被人忽视的市场——仅逗留一夜的商务旅行者市场。这些客人不进酒廊、不用饭店餐厅、不宴请客户，也不使用会议设施，由于不提供这些服务项目，拉·昆塔饭店不仅节省了建筑成本，还降低了经营费用。他们把节省的这些费用让利于顾客，从而使得这一市场迅速扩大，赢得了丰厚的回报。

2. 企业对自己经营的产品要有明确的定位

在快餐业，温蒂快餐一直强调不用冷冻肉；汉堡王则以火烤食物著称；莱利快餐的双向免下车外面窗口则更以低价确定自己的市场地位。定位是一个对自己竞争优势的识别过程，也是一个利用竞争优势的过程。美国西南航空公司的核心优势之一是培养热情、尽责的工作人员。公司将自己的服务定位于朴实诚恳的态度、热情周到的关怀上，从而得到乘客的好评。西南航空公司的总裁指出，竞争者即使可以模仿到该公司的低成本运作，但永远不能创造该公司雇员的精神状态。

3. 在目标市场上要保持一定的竞争优势

由于目标市场本身相对狭小，企业所占市场份额的总水平比较低，集聚战略在获得市场份额方面有某些局限性。因此，企业选择集聚战略时，应该在产品获利能力和销售量之间进行权衡和取舍，有时还要在产品差异化和成本状况中进行权衡。

（四）集聚战略的优势

（1）经营目标集中，管理简单方便，可以集中使用企业的人、财、物等资源；

（2）有条件深入钻研以及精通有关的专门技术，熟悉产品的市场、用户及同行业竞争方面的情况，因此有可能提高企业的实力，争得产品及市场优势。

（3）由于生产高度专业化，可以达到规模经济效益，降低成本，增加收益。

（五）集聚战略的风险

集聚战略的特色是产业细分与细分产业选取，因此集聚战略在竞争领域选择方面易犯的错误，是集聚战略所特有的风险。

1. 竞争领域过于宽大或过于狭小

过于狭小的竞争领域，难以为企业提供广阔的发展空间；过于宽大的竞争领域，无法淋漓尽致地体现极具战略性的优势。另外，宽广的产业细分，为其他企业进行第二次细分留有余地。一旦其他企业成功地实现第二次细分，本企业将腹背受敌，受到大范围提供服务的企业和在更小范围内经营的竞争对手的同时攻击。

2. 现有的产业细分失去其合理性

技术会影响或改变产业细分模式。新技术，尤其是信息技术，为集聚战略创造着机会并孕育着危险。有利于企业降低成本或提高服务，但与此同时，也可能导致目标广泛的企业能够准确的向不同细分市场提供针对性的产品与服务。顾客需求在不断变化，一旦顾客需求特点趋于一致，任何意义上的产业细分将意味着画蛇添足。

项目二　分散行业中的竞争优势

分散行业是指一个行业由若干竞争力相近的中小规模的企业组成，行业竞争呈现均衡状态。在分散行业中，没有一个或几个企业对行业有决定性的优势，其基本特点是行业中缺少有影响力的行业标杆企业，因此，企业的市场占有率没有明显优势，既不存在规模经济，也没有一个企业能够对行业的发展产生影响。

一、行业分散的原因

行业的聚合与分散受很多因素的影响，其中最主要的原因是利益的驱使、行业竞争激烈程度及进入退出障碍的高低。

课堂笔记

（一）行业高额的利润空间

市场对资源的配置表现为，行业处于产品供不应求时，行业内聚集的企业会越来越多，行业呈现分散的趋势。处于幼稚期、发展前景好的新设行业，由于其潜在盈利能力被企业看好，会有一批企业开始参与到行业的竞争中来，行业就开始进行分散，比如网络行业。

处于成长期的行业，随着市场对新产品认知度的不断提高，市场份额开始逐渐扩大，差异化产品会给企业带来巨额的利润，从而会吸引一大批企业加入到该行业中，此时行业分散开始加剧。

（二）进入退出障碍高低的影响

一个行业进入阻碍比较低时，企业就比较容易进入这个行业，尤其是那些经营灵活多变的中小型企业，一旦发现利润空间较大的行业，会马上转产到新行业中，成为该行业中竞争的主导力量。

如果退出阻碍也比较低，在行业开始进入衰退期时，大批的中小企业会选择马上退出该行业，只有少数企业留在行业中继续经营，行业又开始趋于集中。由此可见，那些进入阻碍低退出阻碍高的行业容易分散。

（三）行业中对专业化程度要求不高

有的行业对生产过程的专业化程度要求比较低，属劳动密集型行业，在这一行业中，企业的整体规模、技术水平差异较小，而且难以实行有效的机械化和规范化，在这类企业中，产品的技术附加值较小，产品边际贡献不大，产品成本与产销量之间的变化不敏感，企业产品成本主要集中在人工成本、材料成本和存货成本上。

因此，在一定程度上，行业内专业化程度低的企业要比专业化程度高的资金密集型的大规模企业有较强的竞争性。

1. 行业竞争呈自由化竞争

在分散行业里，由于企业间竞争力差别不大，没有一个企业控制或影响行业的发展，企业在与价值链上相邻的企业进行交易时，处于一个较为平等的地位，可以吸引更多的中小企业进入到行业中来，使行业长期保持一个分散化经营的状态，但这种经营如果没有良好制度做保障，就有可能出现无序化经营。

2. 差异化需求明显

分散行业中的一部分顾客对产品的需求差异较大，顾客不愿意接受标准产品，而希望提供不同品质的产品，也愿意为这种需求付出高昂的代价。例如，在服装业，某一种特殊服装式样的需求量很小，不足以形成大批量生产，而恰恰是服装式样在竞争中起着重要的作用。

二、分散行业中企业的战略选择

针对分散行业中缺乏有影响力的领袖企业这一特点，企业很难找出一个或几个真正的竞争对手，也很难取得市场占有优势，因此在战略选择上除了认真用好品种差异、成本优先和集中战略以外，还要根据自身的条件和外部环境，制定具体的战略规划。在分散行业中，常见的具体战略主要有以下几种。

（一）建立有集中控制的连锁经营

分散行业中的企业应更多地关注细分市场的需求，提供差异化的服务，连锁经营可以改变不合理的分散布局，形成规模经济。通过建立区域性的供货配送中心，降低供产销环节的成本，从而形成竞争优势。

在连锁经营中，首先要强调集中、统一、协调的管理，使连锁企业分享共同的管理经验和市场信息；同时，要给参加连锁的企业一定的经营自主权，以适应地区化的差异，降低企业的经营风险。

（二）分散布点，特许经营

在特许经营中，一个地方性的企业常常既是所有者又是经营者，有很强的事业心管理该企业，努力保持产品和服务的质量，满足顾客的需求，形成差别化。企业通过特许经营，可以将企业的总成本摊薄给各加盟企业，减轻迅速增加的财务开支，并获得大规模广告、分销与管理的经济效益，使企业迅速成长。

（三）同业联合，形成合力

处于分散行业中的企业规模一般都不大，使其无法独自应对价值链上前向或后向中大企业的压力，在谈判中处于弱势地位，使企业产品无论是在价格上还是成本上都没有任何优势可言，同业联合形成合力在一定程度上可以实现规模经济，从而降低成本，提高企业的综合竞争力。

（四）提供专业化服务

如果行业的分散是由于特色品种多造成的，企业可以采用重点集中的战略，尽力占领某个地区市场或细分市场，提高经营运作的效率，集中力量专门生产其中少数有特色的产品，是一种可取而且比较有效的竞争战略。如果用户极为分散，也可以采用为某特定用户层面，或为某特定地区用户服务的专业化战略。

三、分散型行业企业在战略选择中应注意的问题

处于分散行业中的企业在采用某些战略时，由于没有注意到分散行业特有的性质，有可能导致经营上的失败，因此，这种企业在进行战略选择时应注意避免以下四点。

（一）过分追求市场份额

相比较而言，分散行业的价值链较短，中间商的作用不如其他行业明显，企业将直接面对顾客，对所有的顾客做到面面俱到，生产经营各种产品和提

供各种服务是非常困难的，很难获得成功，而且会使企业丧失已形成的竞争优势，进而失去企业原有的一部分市场份额。一般来讲，在分散行业中追求市场占有率的领先地位几乎注定要遭到失败。

（二）缺乏长期固定的战略目标

处于分散行业的中小型企业，必须将其优势资源集中于某些产品或服务的专业化经营，确定自己的经营特色，长期占领某一细分市场，不能盲目跨行业或跨地区经营，实施这种战略要求企业经营者必须专注于某一市场或产品，坚决放弃其他经营领域，或对某些经营领域进行重大的调整。

在战略的实施过程中，企业要有长远发展的眼光，不能为了追求短期利益、寻求投机的机会、频繁地调整企业的经营战略，以免加大企业的转换成本，失去其独有的特色，削弱自身的竞争力。

（三）决策民主化程度不够

分散行业中，顾客需求、市场变化都是非常快的，这就要求处于其中的企业能够建立一套灵活多变的决策机制，来应对这些变化，比如对产品的服务质量、细分市场的细微变化及顾客需求变化作出及时正确的反应。

分散行业中的企业往往是采取集权式组织结构对企业进行管理，造成企业对市场反馈的信息反应迟钝、效率很低，企业管理人员缺乏主动性，因此，应当对企业的组织结构进行合理调整，以适应市场快速变化的要求，提高企业在竞争中的应变能力。

（四）对新产品作出过度反应

新产品在上市初期市场需求增长较快，利润率较高，市场潜力较大，对于进入障碍低的分散行业来说，许多企业往往会转产到新产品的生产上来，投入大量资金，加大行业内的竞争，使产品提前进入到成熟期，利润率快速下降。企业如果不考虑自身的实力，盲目跟进，作出过度的反应，必将削弱自身的竞争力。

项目三　处于行业不同发展阶段的企业战略选择

企业所处行业的不同发展阶段——新兴行业、成熟行业及衰退行业，会直接影响企业的获利能力及其在竞争中的战略选择。

一、新兴行业的战略选择

（一）新兴行业的结构特征

（1）技术的不确定性。新兴行业通常面临技术上的不确定性。如最终将证明什么样的产品是最好的。哪一种生产技术是有效的。这些问题只有通过大量的实践才能得到答案。

（2）战略的不确定性。这一问题是与技术的不确定性相关的，但在因果关系上更多的不确定性是由于行业参与者都在尝试各种各样的战略所造成的。各企业都在探索各种方法来实现产品或市场定位、销售、服务及其他战略方案，并且都在产品构造和生产技术开发方面更加关注。另外，与这个问题密切相关的是，企业往往在有关竞争对手、客户特点及处在新兴阶段的行业条件等方面缺乏足够的信息和深刻的认识。

（3）初始成本虽高但成本急剧下降。相对于一般行业可达到的成本，在新兴行业中，由于较低产量和推出的新产品，通常会造成较高的生产成本。即使有关技术的学习曲线在短时间内趋于平稳，通常也会有一条急剧下降的学习曲线发挥作用。

（二）新兴行业的战略选择

新兴行业的战略制定必须与这个时期内的行业发展的不确定性及风险相适应。大部分竞争规则还没有明确，行业结构也动荡不定，而且还可能发生变化，竞争者的状态也很难判别。但是，一个行业发展的新兴阶段可能是选择战略自由度最大的时期，并且在确定行业业绩方面，也是通过选择良好的战略，最大限度地发挥杠杆作用，从而是获利最高的时期。

1. 选择进入时机

选择恰当的进入时机，对在新兴行业内进行的竞争是一种至关重要的战略选择。早期进入（或作为先驱者）会有较高的风险，但可能意味着较低的进入障碍并能获得巨大的收益。

在下列情况存在时，有利于早期进入。

（1）企业的形象及声誉对买主来说是重要的，而且该企业能够以先驱者的身份进一步发展已经提高的声誉。

（2）早期进入能够在一个经营单位内建立学习效应（经验曲线），在该经营单位内学习是重要的，经验是难以模仿的，连续几代的技术会使这种学习过程更加有效。

（3）客户忠诚度很高，因此率先向客户出售产品的企业可以自然地得到先入为主的优势。

（4）通过对原材料供应、销售渠道等方面早期建立的良好关系，能够获得绝对的成本优势。

在以下情况下，早期进入有风险。

（1）早期竞争及市场细分是存在差异的，而且，这种差异是行业未来发展的重要基础条件。那么，差异化的不断出现，会使企业建立的优势被淘汰，而且企业还可能面临高的更新成本。

（2）开辟市场的费用很大，包括客户培训、规章制度的建立及技术开拓等的费用，而开辟市场的好处却不能为企业所独有。

（3）新开办的小型企业进行早期竞争将是耗资巨大的，而且在后期带给这些企业的将是更加激烈的竞争。

（4）技术变革将使早期投资过时并且使后期进入的、具备最新产品及工艺的企业拥有某种优势。

限制某一新兴行业的发展问题，却可能给改善企业的战略地位提供某些战术行动：

（1）对原材料供应商的早期承诺在供不应求时期，将形成有利的优先权。

（2）利用金融机构与行业的良好关系，有利于选择筹措资金的适当时机，甚至在实际需要之前就能进行筹措资金的活动，这可以降低企业的筹资成本和资金的使用成本。

2. 与竞争对手竞争

在某一新兴行业内，与竞争对手的竞争是一个重要问题，特别是对已成为先驱者的企业和已享受到主要市场占有率的企业来说尤其如此。新的进入者及脱离母公司的企业的激增，会引起原有企业的不满，从而使各个企业面临诸多复杂的外部环境因素。这些因素使得先期进入的企业为了行业的发展，而在某些方面依赖于竞争对手。

二、成熟行业的竞争战略

某一行业从迅速增长时期过渡到较为适度增长的时期，一般称这一阶段为行业成熟时期。行业成熟的标志并非存在于某个行业发展过程中的一个固定点上，而是通过种种创新或其他激励行业经营企业保持持续增长，推迟或延长行业的成熟期。这一阶段是各个企业在竞争环境方面常常会发生种种根本性变化的时期，也是需要作出各种艰苦的战略反应的时期，这些变化常难以察觉。

（一）成熟行业的竞争环境信号

行业成熟过渡时期常常能发出有关某个行业竞争环境中的一系列重要变化的信号，其中一些可能的变化趋势如下：

（1）缓慢的增长意味着对市场占有率更激烈的竞争。

（2）行业内的企业正在加紧向自己的老用户出售产品。

（3）竞争开始转向更注重成本和服务方面。

（4）在增加行业生产能力和人员方面存在非常突出的问题。

（5）生产、营销、分配及研究方法等常常出现变革。

（6）新产品和新应用更加难以实现。

（7）国际性竞争加剧。

（8）在过渡时期，行业利润常常会下降，有时是暂时的，有时是永久性的。

（9）经销商的利润下降，但其讨价还价能力还在增强。

（二）成熟行业的战略含义

对战略管理者来说，成熟行业相对于新兴行业和衰退行业，具有特定的战略含义。

运用总成本领先战略的企业，行业的成熟使其战略发展面临激烈的竞争。行业的迅速增长趋向于延续战略惯性，随着战略的进一步实施，会出现有些企业的战略可能共存。这样，行业成熟会迫使这些企业面临在三个基本竞争战略之间进行选择。

在行业的成熟过程中，成本分析对于使产品组合合理化及正确的定价显得尤为重要。

（1）使产品组合合理化。在成熟时期，成本竞争和市场占有率的竞争是极其激烈的。因此，改进精确预算的产品成本，对于从产品种类中削减那些无利可图的项目，以及把注意力集中在具有某些独特优势（如技术、成本、形象）和那些用户偏爱的产品项目上是非常必要的。

（2）正确定价。在增长时期，平均成本定价总体上对产品种类是合适的，而对个别产品定价就不太适用。但行业的成熟常需要按已增长的生产能力来衡量个别产品的成本，并相应地作出定价。因此，在成熟时期应提高企业的财务意识。

（3）工艺创新和生产设计。产品设计、降低生产和管理成本能给企业带来经济利益。同样，工艺创新的重要性在行业的成熟期也是非常重要的。

（4）扩大采购范围。促使现有用户扩大购买范围要比开发新的用户更有效果。例如，可以通过供应外围设备、提供服务、提高产品质量、扩大产品种类、规格型号等方法增加产品销售。成熟行业内争取新用户往往意味着与竞争对手争夺市场占有率，导致竞争成本增加。

（5）购买廉价资产。在有些情况下，在行业成熟期的激烈竞争中可能导致个别企业经营不善，不得不退出市场。它们的资产就会被非常廉价地收购。如果技术变革的速度并不很快的话，那么兼并亏损企业或购买清算资产的战略就能提高利润并产生低成本的优势。

（6）用户选择。在成熟行业中，用户的讨价还价能力日益增强，因此识别并选择良好的用户并留住他们是非常重要的。

（7）不同的成本曲线。行业内可能存在不止一条成本曲线，成熟的市场内并不总是全面成本领先者，有时也会找到一些新的成本曲线。那些明确表示为灵活性、迅速装配和小批量生产的企业有可能享受更明显的成本优势。

（8）国际竞争。在行业具有更有利竞争的结构下，通过国际上的竞争，企业可以规避成熟阶段的激烈竞争。

（9）究竟该不该尝试过渡。鉴于可能需要大量的财力，并且可能还需要新型的技能，所以一个正在成熟的行业尽量不要轻易地改变自己的战略模式。

（三）成熟行业中的战略隐患

除了认识到上述过渡时期的战略含义之外，企业还可能会遇到某些特有的战略隐患。

（1）企业自我感觉及对行业的感觉。很多企业会逐渐有对自身及其潜力的自我良好的感觉。例如，"我们是胜任的领导者""我们提供优良的客户服务"，这些感觉会在其战略管理中明显地表现出来。随着成熟期的进展、用户优先排序的调整及竞争对手对新的行业状况的反应，这些自我感觉也许会使一些企业对行业、竞争者、用户和供应商的判断失误。

然而，要改变这些建立在过去的实践经验基础上的判断有时是很困难的。

（2）陷于中间地位。因为在成长期，企业常常把在投入期可行的战略抛弃。所以，在行业的成熟期中，企业陷于中间地位的问题是非常严重的。

（3）现金隐患。应把现金投入在未来能够撤出现金的某个经营单位。在一个成熟、增长缓慢的行业内，投入新现金是提高市场占有率的观念是带有冒险性的。由于现金流入量的现值是以现金流出量为保证，因此在行业成熟期中，增加利润或维持足以补偿现金投资利润的做法是行不通的。所以，处于成熟阶段中的经营单位可能是现金投入的隐患，尤其是当一家企业并未处于强有力的市场地位时，却试图在成熟的市场内提高市场占有率是不利的。

如果把注意力放在正在成熟的市场内的收益上，而不是放在获利能力上，则这种战略在成长阶段可能是适用的，但在成熟阶段往往会面临收益递减。

（4）为了短期利润而轻易地放弃市场占有率。在成长期的利润压力下，对有些企业来说，似乎存在着一种试图维持前期获利能力的趋势，这是在损害市场占有率的情况下，或者通过前面所述的市场营销、研究与开发，以及其他必要的投资所采取的做法，这种做法又反过来损害未来的市场地位。在成熟的行业内，如果规模经济将具有重大意义的话，那么在成长期中对较低的利润不屑一顾就可能是错误的。在行业竞争基本稳定之前，必然会出现一段低利润的时期，企业要避免作出过分的反应，必须有一个冷静的经营头脑。

（5）对价格竞争的不满情绪及不合理的反应。对各个企业来说，在经过没有必要的价格竞争之后，往往会感到很难再接受价格竞争，因此，在未来的经营中，都力图回避恶性价格竞争。有些企业甚至把价格竞争看作不体面或有损尊严的行为。个别企业采用大胆的低价经营，能够夺取对建立长期的低成本优势地位起至关重要的市场占有率，但是，这可能是成长时期的一种危险的做法。

（6）对行业惯例的变化表示不满及不合理的反应。行业惯例的变化，如营销策略、生产工艺方法及渠道管理等的变化，往往是成长期的一种无法回避的因素。这些因素对于行业的长期发展潜力来说可能是重要的，但是，这种变化通常也是困难的。在适应新的竞争环境方面，这种阻力会把落后的企业重重地抛在变革的后面。

（7）过分强调创新产品而不是去改进并积极地销售现有产品。尽管在行业投入期和成长期取得成功可能是建立在研究和创造新产品的基础上，但在成熟期改变创造性活动的目标，重视标准化或进行细小的改进往往是最恰当的。然而，这种改进的做法并不能让有些企业满意，有时会遭到抵制。

（8）不把提高质量作为参与价格竞争和营销活动的借口。高质量是企业实力的重要体现。即使质量差异依然存在，个别用户也可能愿意以质量换取较低价格。但是，对于绝大多数用户来说，很难接受低质量的产品。

（9）可能出现生产能力过剩。由于生产能力超过需求的缘故，或是由于在成熟的行业内进行竞争所需的现代化，不可避免地导致生产能力的增长，使得某些企业具有过剩的生产能力。生产能力过剩会使企业陷于中间地位，不能维持明确目标的战略。在这种情况下，廉价销售存货或废弃过剩的生产能力是理智的选择。然而，要注意不应把剩余的生产能力出售给将要在本行业内使用它的企业。

三、衰退行业的竞争战略

在行业寿命周期中，一个经营单位衰退阶段的特点表现在利润缩减、产品种类削减、研究与开发与广告活动减少及竞争对手逐渐减少。针对衰退期的特点，企业可采取"收获"战略，即不再投资，并在经营单位中设法获得最大的现金流量，从而最终放弃经营。在计划工作方面，普遍使用的产品资产组合模式对衰退行业提醒：不要向那些增长缓慢的或负增长的极为不利的市场投资，而是应把现金撤出这种市场。

对各种衰退行业的研究结果表明，行业衰退期间的竞争性质及企业可用来应对衰退的战略是极其复杂的。在竞争的环境下，各行业对衰退作出反应的方式有显著不同。有些行业显得成熟老练而又通情达理，而有些行业则是以加剧冲突、拖延过剩的生产能力，以及遭受重大经营损失为特征。成熟的战略也是多种多样的，有些企业所采取的战略实际上包含对衰退行业进行大量的再投资，致使其经营单位后来都有较高的获利；有些企业则在衰退尚未被普遍认识之前就退出行业，从而避免了经济损失。

（一）衰退行业竞争的决定因素

1. 需求状况

需求递减的过程及留存市场的特征对衰退阶段的竞争具有重大的影响。主要表现在以下几个方面。

（1）不确定性。竞争者所觉察到的（不管是否合理）有关需求是否将继续递减下去的不确定性的程度，是影响竞争激烈程度的最有力的因素之一。如果一些企业认为需求可能会回升或者会趋于平稳，则他们就会满足现有的地位而留在行业内。如果企业不愿缩减销售额而继续努力维持其地位，就极有可能导致剧烈的竞争。另一方面，如果所有的企业都确信行业需求将继续下降，则这种状况将促使企业有秩序地从市场内撤出生产能力。

各企业对未来需求的判断各不相同，有些企业可能预见到某种回升的可能性更大，以致这些企业会坚持留在行业内。此外，考察衰退行业的历史迹象表明，一家企业对未来衰退可能性的判断程度，受其在行业内的地位及退出障碍的影响。企业的地位越强大及在撤离时所面临的退出障碍越高，则对

137

自身未来的规划存在的乐观因素也就越多。

（2）衰退的速度及方式。衰退进行的速度越慢，企业在分析自己地位时就越容易受到短期因素的影响，且未来衰退所存在的不确定性也就越多。而且不确定性因素会大大增加这一阶段的不稳定性。

（3）剩余需求利益结构。一般来说，如果需求的剩余利益牵涉到对价格不敏感的用户或那些毫无讨价还价能力的用户，那么对目标顾客恰当的营销对策就会有利可图，因为它们具有较高的转换成本或其他特性的吸引。当剩余需求是更新需求及当来自原有设备与制造商的需求消失时，剩余需求一般对价格就不敏感。这时，对目标顾客恰当的营销对策的获利能力，将取决于需求的剩余利益是否已遭到替代产品和强大供应商的竞争压力，也取决于某些流动性障碍是否存在。这些流动性障碍保护那些为剩余市场继续服务的企业，防止那些想弥补因在衰败的市场中遭受损失的企业的攻击。

（4）衰退原因。行业需求的下降有许多原因，这些原因对衰退阶段的竞争具有下列特征。

①技术替代性。衰退的一种起因是通过技术创新（例如，影碟机替代录像机）所产生的替代产品，或者由于相应的成本及品质（例如，人造革替代皮革）的变化而使替代产品优势凸显。②人口统计数。衰退的另一起因是购买产品的客户群的规模缩小。③需求变化。由于社会问题或其他原因使用户的需要和爱好发生改变，需求可能下降。

2. 退出障碍

生产能力退出市场所采取的方式对衰退行业内的竞争影响是非常重要的。然而，正如存在着进入障碍一样，在衰退行业，即使各企业获取的投资收益低于正常水平，也存在着各企业退出障碍。因此，退出障碍越高，行业环境对于在衰退期间留存的企业来说就越不利。

退出障碍是由下述原因造成的。

（1）固定资产和专门化资产。如果一个经营单位的资产，即固定资金或流动资金，或者两者兼而有之，对正在使用它们的某些特定的经营单位、公司或地点来说是高度专业化，那么这种情况就会由于企业在经营单位投资中的清算价值大大降低而形成退出障碍。那些专业资产，要么出售给打算将它们用于相同经营领域的企业，要么由于这些资产的价值大为降低而势必废弃。希望将这些资产用于相同经营领域的买主是寥寥无几的，因为在一个衰退的市场内迫使经营者出售其资产的相同理由可能使潜在的买主失去经营的信心。

如果企业资产的清算价值是低的，即使预期未来折现的现金流量是低的，那么企业留在该经营领域在经济上仍是理想的。如果资产是耐用的，则其账面价值就会大大超过清算价值。由于折现的现金流量超过了如果放弃经营会失去投入资金的机会成本，那么，对企业来说，只要留在经营领域则在经济上是有利的，就有可能赚回账面损失。

（2）固定成本。企业退出时，由于巨大的固定成本的清算价值降低而提高退出障碍。企业通常必须面临巨额的劳动力安置费用，常常还存在一些隐蔽的退出成本。一旦作出放弃经营的决定，雇员生产率就有可能下降，而财务成果也会趋于恶化，供应商、客户都会离去。

（3）战略退出障碍。仅仅从与某种特定行业有关的经济上考虑的因素来看，即使一家多样化经营的企业并不面临退出障碍，但从总的战略观点出发，由于该经营领域对企业来说很重要，所以它仍有可能会遇到一些障碍：

①相关性。某个经营领域可能是集团的总体战略中某个经营单位的业务领域，无视这种关系就会削弱战略的作用。②进入金融市场。退出可能会降低资本市场对企业的信心和降低企业对兼并对象（或买主）的吸引力。③垂直一体化。如果经营单位与企业内另一个业务单位是垂直相关的话，则对退出障碍的影响取决于衰退的原因是否影响整个价值链或只是影响其中某一环节。

（4）信息障碍。一个经营单位与企业内的其他经营单位的关系越密切，尤其是在分摊资产或拥有的买卖双方关系越密切，则要掌握有关经营活动真实情况的确切信息就越困难。那些经营无方的企业可能被相互关联的单位取得的成绩掩盖，以致总厂最终连本来能够作出正确的退出决策也无能为力。

（5）管理上和感情上的障碍。虽然上面所提及的那些退出障碍都是以合理的经济计算结果为依据的（或由于信息失灵而无法作出计算），但退出某种经营领域的困难远远超出纯粹的经济范畴。实践证明，需考虑的问题还有企业对某个经营领域在感情上的留恋，还掺杂着对其能力和成就的骄傲及对自身前途的担忧。这些都会阻挡企业的退出。

（6）政府及社会的障碍。在某些情况下，由于政府对就业问题的关注及其对地方社团的影响，要关闭一个企业几乎是不大可能的。放弃经营的代价可能是来自企业内其他经营单位作出的让步或是其他起抑制作用的条件。即使政府并未正式进入的情况下，反对退出的社团压力及非正式的政治压力也是很大的，这取决于企业所处的地位。

（7）资产处理方式。企业处理资产的方式会强烈地影响一个衰退行业的潜在获利能力。

3. 竞争抗衡的动态性

由于销售额下降，一个行业的衰退阶段特别容易受到竞争者之间剧烈的价格竞争的影响。因此，确定竞争抗衡动态性的条件在影响衰退行业的获利能力方面，显得尤为重要。衰退过程中留存企业之间激烈的冲突有如下一些表现：

（1）把产品看作一种商品。

（2）固定成本极高。

（3）许多企业被退出障碍封闭在行业内。

（4）许多企业认为维持在行业中的地位，具有高度的战略意义。

（5）留存企业之间的相对实力是比较均衡的，以致一家或几家企业不能轻易在竞争中获胜。

（6）各企业对其相对的竞争实力是不明确的，而许多企业试图改变其地位而进行的努力却招致失败的后果。

（二）衰退行业的战略方法和战略选择

1. 战略方法

虽然对行业衰退过程的企业战略通常围绕着收回投资或尽量获利这些问题，但仍存在着一些战略方法，尽管这些方法未必在任何特定行业内都是可行的。在衰退过程中进行竞争的战略可用四种基本方法表示，见表6-3。

表6-3　　　　　　　　　　　可供选择的战略

领导地位战略	合适地位战略	收获战略	迅速放弃战略
在市场占有率方面寻求领导地位	在某个特定的市场内造成和保护某种强有力的地位	利用实力来安排一种可控的抽回投资	在衰退过程中尽早清理投资

2. 战略选择

选择某种衰退期间战略的过程，是一种使留存在行业内的合适性与有关企业的相对地位相匹配的过程。企业在确定其相对地位方面的主要优势与劣势不一定是在行业发展较早时期所拥有的优势与劣势。相反，这些优缺点却与剩余的市场或需求利益相关，并且在竞争性质方面又与衰退阶段的特定条件相关联。对于领导地位战略或合适地位战略同样重要的是具有足以促使竞争对手退出的可信性。处境不同的企业具有不同的最佳衰退战略，如图6-4所示。

	具有竞争对手有关的争夺剩余利益的实力	缺乏竞争对手有关的争夺剩余利益的实力
对衰退有利的行业结构	领导地位或合适地位	收获或迅速放弃
对衰退不利的行业结构	合适地位或收获	迅速放弃

图6-4　衰退行业的战略选择

🖊 思考题

（1）如何理解三大基本竞争战略？能列举一些实施这三大基本战略的代表性企业吗？

（2）三种基本战略分别存在什么风险？试分别举例说明。

（3）列举几个被"夹在中间"的企业，并说明它们为什么会陷入此境遇。

（4）成功实施三大基本战略的条件或要求是什么？

（5）以某一具体产业为例，分析它为何分散？如何在这样的环境中竞争？

（6）找出一个新兴行业，分析在此行业中的企业的战略选择。

实训项目六

实训内容	主题	考查方式	评分
分组探讨	如何看待企业的竞争战略	提交分析报告（500字以上）	
参观访问	联系地方企业进行团体参观，了解该公司所处发展阶段及现阶段的战略选择	制作成演示文件在课内讲解	
总分			

模块七　企业并购与战略联盟

企业并购自 19 世纪末在西方兴起以来，已经历过五次比较大的并购浪潮。并购对于巨型跨国企业的形成、全球经济的一体化发展起了不可估量的推动作用，同时也是企业实现迅速扩张的重要的战略工具。战略联盟是近年来新兴的和广泛实践的企业经营新理念，其本质是一种组织制度创新，也是企业合作战略最为重要的一种组织形式。随着我国企业的发展，这两种企业发展思路也逐渐被采用，这对于企业战略的制定和实现有着重要的意义。

项目一　企业并购

一、并购概述

并购是合并和收购的合称。收购是指一家企业购买了另一家企业，后者丧失了法人资格；合并是指一家企业与另一家的联合，组成了一家新的更大的企业。通常，收购发生在规模不等的企业之间，而合并发生在规模和实力相当的企业之间。

（一）并购的类型

按照不同的角度，并购可以分为多种类型。首先从并购双方所处行业、并购方式、并购动机、并购支付方式等进行分类，然后给出综合的分类，以囊括常见的基本并购类型。

1. 从行业角度划分

从并购双方所处的行业情况看，企业并购可以分为横向并购、纵向并购和混合并购。

（1）横向并购。它是指处于相同行业，生产同类产品或生产工艺相近的企业之间的并购。这种并购实质上是资本在同一产业和部门内的集中，有助于企业迅速扩大生产规模，扩充企业的产品线，提高市场份额，增强企业的竞争能力和盈利能力。

（2）纵向并购。它是指企业的生产或经营过程相互衔接、紧密联系的企业之间的并购。其实质是通过处于生产同一产品不同阶段的企业之间的并购，从而实现纵向一体化。纵向并购不仅有助于确保可靠的供应，还有助于促进生产过程各个环节的密切配合，减少整个价值链总的生产成本。其目的是提高生产流程的效率，变联合前的成本中心为利润中心。

（3）混合并购。它是指处于不同产业部门、不同市场，且这些产业部门之间没有特别的生产技术联系的企业之间的并购。它包括三种形态：产品扩张型并购，即生产相关产品的企业间的并购；市场扩张型并购，即一个企业为了扩大市场范围而对其他地区生产同类型产品的企业进行并购；纯粹的并购，即生产和经营彼此间毫无联系的产品或服务的若干企业之间的并购。混合并购可以降低一个企业长期处于一个行业所带来的风险。另外，通过这种方式可以使企业的技术、原材料等各种资源得到充分的利用。

2. 按是否通过中介机构划分

按并购是否通过中介机构，可以把企业并购分为直接收购和间接收购。

（1）直接收购。它是指收购企业直接向目标企业提出并购要求，双方经过磋商，达成协议，从而完成收购活动。如果收购企业对目标企业的部分所有权提出要求，目标企业可能会允许收购企业取得目标企业新发行的股票；如果是全部产权要求，双方可以通过协商，确定所有权的转移方式。在直接收购情况下，双方可以密切配合，因此相对成本较低，成功的可能性较大。

（2）间接收购。它是指收购企业直接在证券市场上收购目标企业的股票，从而控制目标企业。由于间接收购方式很容易引起股价的大幅上涨，还可能引起目标企业的强烈反应，因此这种方式会导致收购成本上升，增加收购的难度。

3. 按并购双方的意愿划分

按企业并购双方的并购意愿，可划分为善意并购和恶意并购。

（1）善意并购。收购企业提出收购要约后，如果目标企业接受收购条件，这种并购称为善意并购。在善意并购下，收购价格、方式及条件等可以由双方高层管理者协商并经董事会批准。由于双方都有合并的愿望，所以这种方式的成功率较高。

（2）恶意并购。如果收购企业提出收购要约后，目标企业不同意，收购企业若在证券市场上强行收购，这种方式称为恶意收购。在恶意收购下，目标企业通常会采取各种措施对收购进行抵制，证券市场也会迅速对此作出反应，通常是目标企业的股价迅速攀升。因此，除非收购企业有雄厚的实力，否则很难成功。

4. 按支付方式划分

按并购支付方式的不同，可以分为现金收购、股票收购、综合证券收购。

（1）现金收购。它是指收购企业通过向目标企业的股东支付一定数量的现金而获得目标企业的所有权。现金收购在西方国家存在资本所得税的问题，这会增加收购企业的成本，因此在采用这一方式时，必须考虑这项收购是否免税。另外，现金收购会对收购企业的资产流动性、资产结构、负债等产生不利影响，所以应当综合考虑。

（2）股票收购。它是指收购企业通过增发股票的方式获取目标企业的所有权。采用这种方式，可以把出售股票的收入用于收购目标企业，企业不需要动用内部现金，因此不致于对财务状况产生影响。但是，企业增发股票，会影响股权结构，原有股东的控制权会受到冲击。

（3）综合证券收购。它是指在收购过程中，收购企业支付的不仅仅有现金、股票，而且还有认股权证、可转换债券等多种形式的混合。这种方式兼具现金收购和股票收购的优点，收购企业既可以避免支付过多的现金，保持良好的财务状况，又可以防止控制权的转移。

5. 按照并购的功能性分类

在不同的产业环境或企业经营目标下，并购交易可能服务于不同的功能。哈佛教授鲍尔提出的分类为整体性思考并购提供了一种有用的方法。

（1）产品和市场扩张型并购。在产品扩张型并购中，收购企业通过购买其他企业来扩张自己的产品线。在这种情况下，收购企业已经确信这种方式要比在内部开发新的产品线的回报更大。在市场扩张型收购中，一家企业购买与自己产品基本相同但在自己未曾涉足的地域市场中具有经营平台的另一家企业，以实现企业势力范围的地理延伸。

（2）地域席卷型并购。它虽然也是一个企业收购在同一产业内却处在不同地域市场的另一家企业，但其性质不同于市场扩张型并购。因为通过席卷式扩张的方式，收购企业试图在一个分散产业中成为一个大的地区性、全国性甚至是国际性的竞争者，实现小型的本地企业所不能实现的规模经济和范围经济，从而以一种根本的方式改变产业竞争的本质。在地域席卷型并购中，收购企业通常保留被收购企业的管理层和资源，但把自身的组织流程施加给被收购企业以实现新企业的整合。

（3）研发型并购。有些企业利用收购的方式替代或补充内部研发。通常，收购企业收购另一家企业是为了获取其技术的所有权。这种战略在一些产业很普遍，因为在这些产业中技术进步非常快，任何企业都难以独立实现参与产业竞争所需要的所有创新。例如，在计算机产业，研发型并购战略在诸如思科、微软和英特尔等企业的运用中取得了很好的效果。它们通过并购小的、具备有前景的技术的创业企业而获取潜在的创新机会。

（4）产能过剩型并购。产能过剩型并购的目的在于，在行业生产能力超过不断下降的需求的成熟产业中，减少竞争者的数量。参与产能过剩型收购的企业，实际上在试图整合整个产业，以改变产业结构与竞争格局。比如，同一产业内的两家企业合并（或一家收购另一家）以使产业合理化并削减过剩的生产能力。产能过剩型合并能够在一定程度上实现更大程度的规模经济，但在很多情况下，合并前两家企业的规模往往都达到了最小有效规模。这时，效率的改进主要源于价值链的整合。

（5）产业融合型并购。当两个产业开始重叠并变得高度互补时，它们就开始融合。如果产业边界消失，则利用产业融合的某些特征会使企业获得更好的竞争地位。例如，在传媒和娱乐产业，时代企业拥有广泛的印刷媒体业务和一些有线电视业务；华纳兄弟公司在有线电视领域具有很高的地位，并且拥有巨大的影片库。1990 年，美国时代公司收购华纳兄弟公司，其目的在于把传媒内容和分销联合起来。产业融合型并购的目的在于利用和整合产业融合过程中蕴含的大量商业机会。例如，企业通过并购获取那些在当前竞争环境中看起来不太有价值，但在预期的新产业环境中将变得非常重要的资源。

（6）投资者/控股企业型并购。根据约瑟夫·鲍尔的研究，这种并购在总的收购活动中占了很大的比例。在投资者/控股企业并购交易中，独立的投资者或控股企业购买现有企业。在一些情况下，投资者为获得长期所有权和持续经营而购买企业。而在另外的情况下，购买者的目的在于，通过将某些管理技术、运作流程和财务制度在被收购企业中实施，以提高被收购企业的经营效率和业绩，日后再把它卖掉以赚取一定的利润，而不是把被收购企业纳入其业务组合。例如，一家投资基金参与一家企业的杠杆收购就属于这种类型的并购。

（二）并购的动机

并购的动机可以分成两个基本的类别：寻求企业间的协同作用和管理层的私人动机。

1. 协同作用

基于协同目的的并购认为，两个企业联合起来的价值要大于各自独立时价值之和。这是并购的基本经济逻辑。协同作用来自如下几个方面。

（1）实现成本节约。成本节约是最常见的协同，同时也是最容易估算的。通过企业间价值链上某些活动的共享，或是缩短中间的经营环节，能够显著降低并购后企业的成本。例如，惠普与康柏的合并预期产生每年 25 亿美元的节约，这些节约将来自：产品合理化；在管理、采购流程、生产和营销方面的效率性；个人计算机和服务器直销方式的改进。

资本市场一般倾向于把成本节约作为企业并购的一个最基本的原因，并且高的股票价格往往可以看作对成本节约驱动型并购的回报。

（2）增强市场力量。如果一家企业通过合并或收购来提高其竞争地位，那么它可能从这一交易中获得潜在的市场力量，利用这一力量，企业能够影响价格，或是减少竞争。例如，在横向并购中，企业可以获取竞争对手的市场份额，迅速扩大市场占有率，增强竞争能力。另外，由于减少了竞争对手，尤其是在市场上竞争者不多的情况下，可以增加企业的垄断能力，增强与供应商和顾客的讨价还价能力。因此，企业能以较低的价格获取原材料，以较高的价格出售产品，从而增加企业的盈利。

（3）减少威胁。供应商一般不会对某一特定的买家进行专用性投资，因为这有可能把自身与一个买家过于紧密地捆绑在一起，使之面临太多的风险。在这种情况下，买家可能需要纵向一体化，后向进入到供应活动中。而并购

课堂笔记

145

是实现纵向一体化的最快方式。

（4）提升财务实力。企业可以通过各种形式的金融财务手段来实现。比如，当两个企业各自的信用等级相差很大并且涉及大量的负债时，收购能够降低目标企业的财务成本。各种税收上的好处也提供了独特的财务协同。各国企业法中一般都有规定，一个企业的亏损可以用以后年度的利润进行抵补，抵补后再缴纳所得税。因此，如果一个企业存在着未抵补完的亏损，而收购企业每年获得大量的利润，则收购该企业可以低价获取这一企业的控制权，利用其亏损进行合理避税。

（5）共享和延伸能力。转移最佳实践和核心能力能够创造价值。从资源基础论角度讲，这种形式的协同是很重要的。根据这一理论，收购另一家企业的一个理由就是吸收并消化目标企业的资源、知识和能力，而这些方面可能是竞争优势的主要来源。如果企业通过并购把资源和能力联合起来，就可能创造出一些其他竞争者无法得到的资源。如果联合起来的资源和能力是互补的，就可能给企业带来长期的竞争优势。如果联合起来的资源和能力是有价值的并且是稀缺的，收购企业可能产生比两家企业各自利润之和还要多的利润。当然，转移资源、知识和能力，只有在收购的成本不超过其他企业积累相似资源所花费的成本时，才能够产生长期的竞争优势。

2. 管理层的私人动机

根据委托—代理理论，管理者可能会按照自身利益而不是股东利益作出重要决策。在这种情况下，管理者以股东财富为代价进行收购，以使其自身利益最大化，甚至愿意在并购时支付巨额的溢价。比如，管理者的报酬一般与企业规模相关，因此，他们可能会通过仅仅只能增加企业规模的收购来提高自身的收入。然而，企业变大本身并不创造股东价值。

另一些管理层的私人动机包括因过度自信而盲目并购，尽管其初始的并购动机是为了协同作用。通过对大量并购交易的观察发现，收购企业的收购价格几乎总是超过目标企业的市场价值。例如，在1989至2004年的15年间，平均的并购溢价（目标企业的股东所获得的超过其股票价值的部分）在30%~45%。本来，目标企业在收购出价之前的市场价值是市场对目标企业未来现金流的最好的估价，那么，为什么买家还乐于支付如此之高的溢价呢？这可能是因为管理层不仅错误地估价，而且常常对其评估和创造价值的能力具有一种毫无根据的自信。过度自信及过高估计自身实现潜在协同的能力，导致最终的协同效益并不能弥补溢价损失。

（三）并购的优缺点

1. 并购相对于内部开发的优点

在激烈的竞争中，企业只有不断地发展才能生存下去。通常情况下，企业既可以通过内部投资获得发展，也可以通过并购获得发展。两者相比，并购方式效率更高，主要表现在以下几个方面。

（1）并购相对于内部开发的一个主要优点就是速度快。企业的经营与发展是处在一个动态的环境之中的，在企业发展的同时，竞争对手也在谋求发展，因此，企业必须把握好时机，尽可能抢在竞争对手之前获取有利的竞争地位。如果企业采用内部投资的方式，将会受到项目的建设周期、资源的获取及配置等方面的限制，制约企业的发展速度。使用并购方式，企业能迅速建立新事业的立足点，并在较短的时间内将规模做大，从而提高竞争能力。尤其是进入新行业时，谁先行一步，谁就可以取得原材料、销售渠道、企业声誉等方面的优势，并迅速建立领先者的地位，这一地位一旦确立，其他企业就很难取代。如果企业通过内部投资，渐进式地发展，显然不可能满足竞争和发展的需要。因此，并购的方式可以使企业更好地把握时机，获取竞争优势。

（2）并购可以降低企业进入壁垒和发展的风险。企业进入一个新的行业会遇到各种各样的壁垒，如大量投资、专有技术、渠道关系、顾客忠诚、学习曲线等，这些壁垒不但增加了企业进入这一行业的难度，而且提高了进入的成本和风险。如果企业采用并购的方式，先控制该行业中某一个企业，则可以绕开一系列的壁垒。这样，可以使企业以低的成本和风险迅速进入这一行业。

在现实中，某些行业受到规模的限制，而企业进入这一行业必须达到一定的规模，这必将导致生产能力的过剩，引起其他企业的剧烈反抗，产品价格很可能迅速降低，对行业的整体发展是极为不利的。如果需求不能相应得到提高，该企业的进入将会破坏这一行业的盈利能力。如果通过并购的方式进入，就能培养出一种相对缓和的竞争环境，不仅不会导致行业生产能力的大幅度增加，而且还有利于行业的稳定，使企业进入后有利可图。

（3）并购有利于企业跨国经营。企业进入国外的新市场，面临着比进入国内新市场更多的困难，主要有：企业经营管理方式、经营环境的差别、政府法规的限制等。通过并购当地的企业，不但可以加快进入的速度，而且可以利用原有企业的运作系统、经营条件、管理等资源，使企业在后续阶段顺利发展。另外，由于被并购的企业与进入国的经济紧密融为一体，不会对该国经济产生太大的冲击，因此，政府的限制相对较少。这些都有助于跨国经营取得成功。

（4）并购有利于获得互补的资产和资源。在开发新事业的过程中，企业需要投入现有的资源和能力，尽管在这个过程中企业会开发新的资源和能力，但可能仅仅是耗费了现有的资源。而用收购的方式，新的资源和能力能够与收购者原有的资源和能力整合起来，还有可能提高在其他领域的竞争地位。

2. 并购相对于内部开发的缺点

（1）并购通常比内部开发更为昂贵。收购者常常为目标企业支付过多的溢价，这些溢价有可能超过了并购所带来的任何潜在利益。而且与支付溢价相比，在某些情况下，通过内部开发进入新事业或者根本就不进入新事业从经济上更为可行。换句话说，企业也常常需要决定不进入新事业，因为并购不太可能产生足够的收益证明溢价的合理性。此外，并购通常还会得到一些不必要的附属业务。

（2）内部开发往往是一种渐进的投资，而并购却是数额巨大的一次性资源投入。因此，内部开发过程提供了在许多时候对项目进行评估和进一步投资前的再评估的可能。例如，如果经济环境发生变化，企业可以终止投资。然而，并购却缺乏这样的灵活性。

（3）相比内部开发而言，整合的过程需要巨大的努力，企业可能遭遇挫折甚至失败。而内部开发则没有此类问题。

可以看出，许多潜在的障碍会使企业难以从并购中实现预期收益。总地来说，并购所花费的金钱和时间成本越高，管理者们需要从并购交易中获得的协同也就越多。

二、并购定价

并购定价是影响并购成功的一个重要问题，并购价格反映了收购企业对目标企业的评估，也反映了企业对于自身创造协同能力的估计。如果企业为一项交易出价过高，那么即使完成了交易，最终也会给企业造成沉重的负担。

（一）定价

一般来讲，一项收购或合并是没有唯一确切价格的。因为目标企业的价格依赖于它与收购企业相匹配的程度。价格最终取决于许多比较具体的因素，包括目标企业的内在价值、当前的市场价格及从目标企业与购买者之间潜在的协同中可以获取的价值。对于内在价值及潜在协同的价值的估算是由收购企业的经理、投资银行和外部分析师确定的。

1. 内在价值与市场价值

内在价值是一家企业源自现有资产和业务的未来现金流的现值。市场价值是一家企业当前的市场资本化价值，通常用公开发行的股票数量与其市场价格相乘计算。它可能会高于或低于企业的内在价值。其中的差异反映了很多因素的作用。市场在评估企业价值时会作出重要的调整，包括可能导致新产品及产生额外现金流的未来增长机会，糟糕的管理层或过度多元化的折价，或者因为其他企业竞相购买目标企业而产生溢价。

购买价格是实际支付给目标企业股东的价值。与市场价格相似，它有可能高于或低于企业的内在价值，但几乎总是比当前市场价值要大。这一法则的唯一例外就是目标企业正陷于可怕的财务状况之中。

2. 协同价值

定价需要考虑该收购的协同价值的大小。一项收购的协同价值是交易完成后目标企业与收购企业的联合价值与各自独立时的价值之和的差额。协同价值既可以以内在价值为基础计算，也可以以市场价值为基础计算。内在协同价值是成本节约、收入增加、金融工程活动及交易产生的税收好处等方面的总和，要实现这些价值可能需要几年的时间。基于市场的协同价值是金融市场对管理层汲取内在价值能力的预期。

由于协同价值是收购与被收购企业战略匹配的函数，所以每一个出价的企业可能对目标企业有不同的估价。而且，市场可能在评估不同的出价企业时，也有不同的反应。比如，当沃达丰和贝尔大西洋公司都为收购 AirTouch 公司出价时，尽管沃达丰的出价更高，但贝尔大西洋公司的股票价格下跌了而沃达丰的价格却上涨了。这是因为，与贝尔大西洋公司和 AirTouch 的并购相比，资本市场认为沃达丰和 AirTouch 之间能够实现更大的协同作用。

（二）溢价

并购溢价是当前市场价值和收购价格之间的差额。这会诱使目标企业股东把控制权转移给新的所有者。有资料显示，美国过去的 15 年间平均每年的收购溢价都在 30%～45%。然而，收购支付的溢价给潜在买家的管理者提出了一个基本问题。当收购企业的管理者同意为目标企业支付溢价时，他们必定期待着能够从企业的联合中获得比两个企业独立时更多的回报。这些收入的增长可能来自哪里呢？显然来自并购后企业实现的协同。

然而，在定价中，需要小心协同陷阱，因为溢价往往给管理者带来两个问题：一个是溢价增加了必须从联合的业务中汲取回报的水平；二是由于资金的时间价值，在实施和汲取协同中的延误，会加大必要的业绩提升的数额。换句话说，实施业绩提升所需要的时间越长，收购成功的可能性就越低。

在定价中，收购者应该确定他们愿意为目标企业支付的最高价格。如果在谈判中达到买方离开价，收购者应该果断地放弃交易。当然，坚持买方离开价并不容易。原因之一就是管理者在交易过程中不断地在其初始决策基础上使承诺升级。与之相伴的还有对失败的过分恐惧。这意味着，出价者有时被诱导而制定错误的决策。而任由价格失控的出价者常常会面临"赢者诅咒"的风险，即尽管出价高者赢得了交易，但他们还要承受支付过多的后果。

三、并购过程

并购要想获得成功，不应仅仅限于选择一家好的目标企业和支付合适的价格，而如何实施并购并把目标企业整合到收购企业的过程，对于并购的成败也具有重要的影响。有些专家甚至认为，这是影响并购成败的最重要的因素。

一项收购可以分成三个阶段：制订计划、可行性研究（包括尽职调查和谈判）及整合。在任何阶段出现问题都会埋下失败的种子。这个三阶段模型识别了两个类型的问题：决策制定问题及执行或整合问题。决策制定问题可能会在制订计划、可行性研究和整合阶段出现，执行或整合问题会在整合阶段出现。

（一）制订收购计划

计划是并购的推动力。有些企业制定了明确的战略，其中描述了并购在

课堂笔记

何种情况下及如何作为战略工具，以推动战略目标的实现。比如，联想企业并购 IBM 个人计算机业务的例子，就是把并购作为重要的战略工具使用，对其国际化进程产生了巨大而积极的影响。相反，有些并购纯粹属于机会主义的行为。例如，美国桂格燕麦公司收购斯奈普的主要原因就是，在当时企业管理层看来，目标企业看起来像个有利可图的机会。一些企业拥有明确的战略，而另一些企业则没有，大多数企业可能处在这两个极端之间。战略的明确性与否会影响并购的使用及效果。

（二）可行性研究与尽职调查

一项收购的主要分析阶段包括企业认真研究、寻找收购的内外部逻辑的过程。在这一阶段必须作出几个关键的决策：战略评估、提出一个广泛共享的观点、一定程度的明确化、组织条件、实施时机及买方离开价。

（1）战略评估是确定收购将如何有助于整体战略和竞争地位的过程。它不仅仅是分析目标企业，还应该回答收购对收购企业追求核心目标有何影响。管理者还应该确信他们的评估不至于过于静态，即还应该考虑随着产业演进，企业未来的需要是什么。

（2）因为许多人将涉入收购的实施和把目标企业整合到收购企业的过程中，所以收购的目的和战略关系应被组织成员广泛认可。下面是在收购的这个阶段管理者应该提出和审慎思考的一些问题：①这次收购背后的战略关系是什么？它与企业的战略一致吗？为什么收购的是这家企业？②目标企业所在产业有吸引力吗？重要的细分市场是哪些？预计的产业演进将会是怎样的？③如果这是一次国际收购，目标企业所在国家与我们有哪些主要的差异？这些差异对业绩有什么影响？④对目标企业的分析（产品和服务、市场地位、顾客、供应商、分销渠道、成本等）是否表明它从长期来看是个健康和可持续的企业？⑤这家企业与我们企业是否会匹配得很好？预期的好处是什么？什么会妨碍这些好处的实现？⑥什么样的整合方法是必要的（例如，是采取吸收、保留、共生还是采取控制企业的形式）？谁来领导这个过程？如何去组织？⑦我们是否考虑了其他可能的情境？如果在适当的乐观、基准线和悲观的假设情况下，结果会怎样？⑧我们所采用的估价合理吗？用其他的估价方法会得到什么样的结论（基于会计的方法、基于市场的方法、净现值法、期权法）？

（3）管理者应该在整个企业范围内，尽可能明确地确定收购可能存在的好处和问题。以下两点原因说明了这个步骤的重要性：首先，如果运营经理没有意识到高层经理和收购团队所识别的潜在的协同来源，他们就很难确定自己肩负着怎样的期望。而且，如果他们理解了协同的必要性但却不知道如何去实现协同，那么实现协同的任务也就难免令人沮丧了。例如，在一些跨产业的并购案例中，收购企业的管理层似乎没有充分地理解两个产业的产业差异（如分销系统、研发、生命周期等）。结果运营经理们只能通过反复摸索去发现和处理这些差异，虽然花费了大量的时间和精力，但对经营模式差异的不一致的理解导致实施效果很难尽如人意。其次，尽管识别可能的问题也很重要，但一些收购团队通常因为害怕关键决策者放弃这一交易而倾向于把可能存在的问题淡化。总而言之，所有的参与者都了解潜在的障碍是有好处的，如果收购团队能够提供一些建议和方案，参与者们就能更有效地处理这些问题。

（4）理解创造协同所需要的条件。管理者必须理解关键的协同所赖以实现的组织要素，以及实现期望得到的协同所必需的组织条件。例如，在跨国收购中，协同可能依赖于专业技能从一个企业到另一个企业的转移。如果是这样，那么收购企业的管理者就必须识别哪些管理者和关键员工对于技能的转移是最关键的。即使这些人非常不错，也有越来越多的企业由于缺乏组织匹配（这会侵蚀可能的协同）而放弃收购。表7-1总结了一家最为成功的高技术收购者——思科系统公司严格的筛选标准和达到这些标准的方式。思科系统公司常常利用收购补充内部研发。不过，思科系统公司也发现要实现协同需要积极地管理整个收购过程，包括从筛选可能的收购到管理整合过程。

表 7-1　　　　　思科系统公司在组织匹配方面的收购筛选

筛选标准	达到标准的方式
为思科和被收购企业提供短期和长期双赢	拥有能够满足思科核心产品所需要的互补技术 拥有能够通过思科现有分销渠道销售的技术 拥有能够获得思科组织支持的技术和产品 能够利用思科的现有基础设施和资源基础提高它的整体价值
共享愿景并能与思科相互配合	拥有对市场的相似理解和愿景 拥有相似的文化
（最好）位于硅谷或靠近思科的某工作地	拥有相似的冒险方式 拥有一个公司总部，而且大多数生产设施靠近思科的某一主要工作地

（5）掌握实施和整合的时机。在大多数收购中时机是非常关键的因素。时机之所以重要是因为资金具有时间价值。股票市场变幻莫测，这对于企业用自身的股票去支付一项收购也是很重要的。此外，时机之所以重要是因为收购会给目标企业和收购企业造成重大的混乱。许多组织问题源自可能受到收购影响的员工生活被打乱。如果实施和整合过程能迅速完成，这些问题就会减少。

（6）确定买方离开价。最后，管理者应该敲定他们愿意为目标企业支付的最高价格。如前所述，在收购过程的早期阶段，在参与竞争的买家卷入到承诺升级之中并过高地估计所能从收购中获取的价值之前，设定一个买方离开价是很明智的。潜在协同通常是不确定的和模糊的，而且不同的买家对协同的看法也不同。当竞争对手出价更高时，管理者常常会错误地以为自己忽略了该交易中的某些有吸引力的特征，就用更高的出价予以响应。在这种情况下，他们往往会支付过多。

（三）并购整合

许多并购在整合阶段就失败了。哪种并购整合的方法最佳？这需要具体情况具体分析。如果不能认识到这一点，就会毁掉任何本可以从交易中获得的潜在的协同。确定并购实施和整合的最佳过程，意味着理解目标企业和收购企业之间潜在的相互影响。由于这个阶段非常重要，我们将在下面专门介绍整合问题。

四、并购后整合

（一）并购整合需要考虑的因素

并购整合需要考虑两个因素：战略依赖和组织自治。它们之间存在的潜在冲突将影响并购后组织结构的优化和并购利益的实现。

1. 两个企业的战略依赖性

因为并购的主要目的是创造协同作用，因此，需要评估目标企业和收购企业应在多大程度上保持战略依赖。这取决于两家企业的资源类型和所期望的技能转移。如果收购的逻辑要求他们共享有形和无形资源，则交易的成功通常要求相对高水平的相互依赖。同样，如果收购的逻辑是要转移具有不同专业技能的员工以共享知识，那么这就比两个组织之间仅仅转移通用管理技能需要更多的相互依赖。不过，如果转移的主要是财务资源（比如，借款能力或多余的现金），那么几乎不需要什么相互依赖。

2. 自治的需要

某些收购的价值主要在于保留关键人员及转移能力。然而，一旦企业被收购，其关键人员常常会离开——特别是当收购破坏了他们的运营模式和他们在其中的自治权的时候。到底应该给被收购企业多大的自治权呢？对于这个问题没有唯一的答案。但需要遵循这样的原则：自治权的大小取决于它对于创造价值的必要性。自治有可能只是在被收购企业的某些方面的运营中是必要的，而在其他方面则可以被收购企业同化，企业可以在谨慎评估的基础上灵活处理。

（二）整合的类型

运用相互依赖性和组织自治两个因素可以把并购整合分成四个基本类型：吸收型、保留型、控制企业型和共生型。

1. 吸收型

如果收购背后的逻辑是要求广泛的相互依赖和很少的自治，那么整合可以采取吸收的形式，即彻底把目标企业合并到收购企业中。目标企业越大，充分吸收的时间就越长，而且有时某些方面的合并要比另一些方面需要更长的时间。

2. 保留型

当收购需要较高的自治和较低的相互依赖时，采取仅仅转移财务和通用管理技能的保留型整合战略是比较合适的。保留型整合往往通过事业培育和学习创造价值。例如，当一家企业最初的计划是通过收购为日后的成长提供平台时，学习就变得非常重要。在这种情况下，收购企业对目标企业很少作出变动，仅仅是在启动进一步行动前尽可能地学习这一业务。沃尔玛在早期的一些国际收购中就遵循了保留型收购的模式，即在转向吸收模式之前利用被收购企业收集有关当地市场的知识。

3. 控制企业型

这种类型的收购相对少见，它要求自治和相互依赖的程度都很低。在同一产业内拥有业务的控股企业属于这种类型。比如，在美国第一银行的发展史中，其大部分时间都是通过在新的地理区域购买当地银行获得成长。由于第一银行要实施统一的财务和运营控制系统，因此被并购企业几乎没有自治权。同时，由于被收购的银行之间几乎没有相互影响，因此也就不存在什么相互依赖。

4. 共生型

共生型整合要求高度的自治和相互依赖，是最难以实施的整合方式。高度的组织自治权是为了保留目标企业所拥有的能力。例如，思科系统公司一般把目标放在开发新技术的那些企业，它通常需要给被收购企业以高度自治，否则可能面临关键员工流失的风险。实际上，关键员工在被收购企业的价值中是非常重要的，思科系统公司花在每个被收购企业的员工身上的钱平均为100万美元。同时，思科系统公司还需要与被收购企业建立相互依赖的关系，这有利于期望的协同效果实现。因此，作为业界著名的并购者，思科系统公司在把目标企业的现有产品与其自身产品线迅速整合的同时，又给予目标企业必要的自治，以发挥其创造性等方面的作用，达到了相当专业的程度。

（三）整合实施过程

无论管理者采取什么方法，对收购进行整合都是一个艰难的过程，并且不是一次性就可以完成的。成功公司的如下经验将有助于我们理解如何顺畅地处理整合过程。

1. 整合是个持续的过程，而不是一个事件

成功的并购者往往在交易结束前的最初的筛选面谈和谈判中就开始了整合过程。在这个所谓的专职调查过程中，两家企业的高层和基层管理者开始为收购后的企业结构进行谋划。尽管交易前的某些讨论会有些尴尬，但本质上是在识别潜在的障碍和额外的机会。一旦交易结束，特定的决策必须得到执行，并且要实现预先设计的组织结构。简而言之，艰难的决策应尽早而不是推迟制定。诸如通用电气资本公司和思科系统公司这样已经成功地整合了很多次收购的企业，认为发起并执行全面的整合与沟通过程是成功的关键。

2. 整合管理是个全职工作

许多企业错误地认为两个企业的所有层次的员工都将在一起工作，以使收购尽可能地实现无缝对接。然而，在整合中往往存在着许多组织问题，以至于基层管理人员常常无法监督运营的实施及管理整合过程。因此，许多成功的收购都会任命一个整合经理。理想的人选应来自对两家企业都很了解的专职调查小组。在与两家企业的基层管理人员会见之后，整合经理充当整合的先锋，引导刚被收购的管理者们走出新组织层级的迷宫。例如，在通用电气资本公司，整合经理向被收购企业的主管人员和员工介绍新的企业总部的业务要求和组织标准。他们还要处理许多看起来很寻常但实际上会阻碍整合的问题。例如，有关员工利益的信息沟通和人力资源政策。他们要在文化、经营惯例甚至企业缩写等企业的独特特征方面教导新员工。

从整合经理的人选来看，通用资本公司的经验是：具有很强的个人技能和技术技能的人能够成为最好的整合经理。该企业通常从两种人才库中选取候选人：其一，该企业招聘的"高潜质的人"，即拥有很强的职能领域管理资质和领导潜能的人。在整合是高度结构化和相对不太复杂的情况下，这些人作为整合经理能够很好地发挥作用。其二，对于更为复杂的整合，通用电气资本公司则依赖于对被收购企业非常了解且经验丰富的资深员工。经验表明，这些人可以来自任何职能领域。

3. 应该迅速作出关键决策

由于成本和资金的时间价值原因，速度在收购过程中极其重要。某些组织方面的因素也要求迅速整合。一方面，目标企业和收购企业的员工都会很自然地关心收购对其工作的影响。当员工为职业保障而担忧时，就会影响工作效率。因此，最好不要延长这个不确定期。收购方面的决策，如有关管理结构、关键职位、报告关系、裁员、改组、削减成本和其他影响职业的决策，应尽可能快地宣布。如果告诉员工一切"照常"，这会被员工看作缺乏诚意的表现，因而可能会阻碍整合的进程。此外，快速实施整合过程可以使企业继续完成其主要任务——创造价值。迟缓的整合会使企业难以关注到这一任务，从而会削弱价值的创造过程。

4. 整合中应该处理好技术和文化问题

当进行收购整合时，大多数经理倾向于关注技术问题。例如，在思科系统公司，关键的技术问题就是把目标企业的产品迅速整合到思科的产品系统中，这样销售代表就可以开始销售新的产品线。此外，职能方面的问题（如不兼容的会计系统等）也妨碍了迅速整合。成功的整合意味着尽可能早地识别和处理这些问题。

文化的整合也非常关键。因此，与企业文化有关的问题也需要引起高度重视并得到及时的处理。在并购交易中，并购双方由于文化上的差异性将有可能引起激烈的冲突。表现在经营理念与价值观的冲突、经营与管理方式的冲突、企业形象与管理层作风等方面的冲突。如果是跨国并购，还存在民族文化方面的冲突。在并购以后，两家企业的管理者和员工融合得越快，整合进行得也就越顺利；反之，则给整合带来巨大的麻烦。有时，两个组织看起来有许多共同点，但实际的、深层次的文化差异可能会危及整个并购交易的成功。因此，成功的收购者会及早地识别文化上的冲突。实际上，他们会在潜在的文化冲突过于严重时放弃交易。

项目二　战略联盟

战略联盟作为企业的一种合作战略，在最近几十年获得了很快的发展。企业竞争环境的进一步复杂化及技术创新速度的加快，企业在市场中的成长与发展越来越受到自身资源和能力的限制。为实现战略目标，企业既可以通过并购获取外部资源与能力，也可以通过与其他企业的契约关系，达成松散的企业联系，实现提升竞争力、壮大市场力量的目的。

一、战略联盟概述

（一）战略联盟的概念

战略联盟是指两个或多个企业把资源和能力结合在一起，创造共同的竞争优势，它是企业间的一种合作关系。联盟可以是与合作伙伴共享价值链中某项关键活动，也可以包括多项活动的资源共享。例如，合作伙伴可以共同研发新产品，也可以在新产品的生产和营销上展开合作。在现实中，这种关系的数量和组合可以是无限多的，但联盟双方可能是不对等的，即联盟对于一家企业可能是战略性的，而对于另一家则可能是战术性或运营性的。例如，长期以来，沃尔玛一直寻求通过所谓的独家采购和准时供应协议来减少其供应商的数量。这两类协议都意味着购买方仅仅从一个或少数几个供应商处购买原材料。购买方利用准时供应协议是希望供应商能在准确的时点上提供供应品。对供应商来说，在销售渠道投资、销售量、销售给单一买家等方面的协议可能是战略性的，但对沃尔玛来说却不一定。沃尔玛很少依赖于任何单一的供应商。例如，1994年，当沃尔玛的供应商乐柏美公司试图对其产品提价时，沃尔玛迅速作出反应——把乐柏美的产品从其所有商店撤掉。直到1999年，乐柏美被另一企业收购后才与沃尔玛"重修旧好"。

（二）战略联盟的结构与形式

联盟的形式依赖于法律结构、参与者的数量和目标等因素。从企业战略来看，战略联盟的形式因分类标准的不同而不同。

1. 根据治理结构差异，战略联盟可分为合资企业及其他股权联盟、非股权联盟

（1）合资企业及其他股权联盟。合资企业是一种联盟形式，指两家企业

155

对第三方法律实体进行股权投资，新的企业从法律上讲是独立的实体。道·康宁公司就是这样的例子。就像其企业名称那样，它是由道氏公司和康宁公司创办的合资公司，该企业属于共享股权类型。许多合资企业在所有权和控制权上是对等平分的（即50对50），但它们不一定有对等的地位。

当然，股权联盟不一定要创建一个单独的法律实体或者分享相等的所有权。在许多情况下，股权联盟包括非对等的合作关系。当一个合作者比另一个拥有更大的联盟股权比例时；当在没有建立单独的法律实体的情况下，一个合作者取得另一个合作者的部分所有权时；当合作各方依据各自提供的资产、资源或能力在合同中规定和分配各自权利时，就会产生非对等伙伴关系。例如，千年制药公司偏好于这样的安排：合作者不仅需要在千年制药公司自身拥有一定比例的股权，而且还要在两家企业创办的独立法人实体企业中取得少数股权。

（2）非股权联盟。战略联盟中最普遍的形式是非股权联盟，像独家采购、准时供应协议、许可、合作品牌，以及特许经营等常常属于非股权联盟。在非股权联盟中，既不涉及股权问题，也不涉及设立新的组织实体问题。

非股权联盟通常需要联盟双方签订一份合同，其中约定一方在较长时期内为另一方供应、生产、销售或分销商品或服务。例如，星巴克通过与大量的企业结盟，如巴诺书店（在书店中提供咖啡）、联合航空（在航行中提供咖啡）、百事（提供即饮咖啡）和卡夫食品（通过食品店销售咖啡豆和咖啡粉），使星巴克品牌能够广泛靠近各类顾客，从而不断地扩大产品销路。当然，非股权联盟合同并不一定非常详尽，有时可能是框架性的，甚至没有合同。例如，麦当劳、迪士尼和可口可乐之间的联盟是典型的非股权联盟，其最大特点是没有"一纸婚约"，一切全凭"君子协定"。即使签署了协议，内容也是相当模糊的。据麦当劳的董事长讲，自从他与迪士尼公司签订协议以来，还没有研究过协议。三巨头之间的联盟关系全由利润这只看不见的手在维系和发展。

当然，前述的联盟关系往往仅有两个合作者，此外还有很多参与者的多方联盟。比如产业工会，通常包括很多参与者，甚至还可能包括政府。这种联盟合作关系的最大的好处是共享信息。一般来讲，最复杂的多方联盟大都发生在高科技领域。例如，半导体制造技术战略联盟（Sematech）就是美国半导体生产商的产业联盟。该联盟成立于20世纪80年代中期用以支持在当时被认为对国防具有战略意义的美国半导体产业。该联盟的合作结构模仿的是日本企业的联合项目，因为日本半导体生产商通过这些联合项目在20世纪70年代末提高了日本企业整体的技术竞争力。目前，这个产业联盟已经扩大到不仅包括美国企业，还包括许多非美国企业的复杂的多方联盟。

2. 按照联盟者所处的行业角度，战略联盟可分为纵向联盟和横向联盟

（1）纵向联盟。纵向联盟是指由企业与其一个或多个供应商或顾客组成的联盟。纵向联盟的目的在于利用合作伙伴的资源和能力实现两个目标：第

一,为终端顾客创造更多价值;第二,沿着价值链降低总的生产成本。纵向联盟是纵向一体化的替代选择。有研究发现,通过减少交易、质量、产品开发和物流成本四个方面的供应链成本,纵向联盟能够产生精益的价值链。例如,联盟伙伴之间的交易成本通常低于市场交易成本;由于质量经常得到改进,因此与缺陷、退货、质量保证工作等相关的质量成本会下降;当联盟伙伴之间分享知识和人力资本,并集中精力改进产品设计和质量时,纵向联盟能够控制产品开发成本;仓储费和运输成本的下降不仅可以减少进货物流成本,而且还能降低存货成本。此外,利用纵向联盟还有可能提高产品的上市速度、改善质量、引入更新的技术及对市场变化作出更为迅速的反应,这些都为顾客增加了价值。

(2)横向联盟。横向联盟是由同一产业内的企业组成的联盟。这类联盟能够使竞争者或者潜在竞争者进入产业中的多个细分市场。作为企业价值网的一个组成部分,横向联盟能够使企业涉足产业中多个细分市场,因而能在以下几个方面创造价值。

①它能降低风险。例如,当两个石油开采企业组建合资企业时,它们分摊了钻探成本引发的风险。②横向联盟还能帮助参与者实现更高的效率。例如,麦当劳和迪士尼在促销领域合作时,它们都能有效利用各自的广告费用。③横向联盟在新产品开发和创新中推动了联盟伙伴之间的学习。例如,前述的全球半导体制造联盟就是学习型战略联盟的典型例子。所有在美国的半导体生产商把它们生产过程中的知识汇集起来以改进生产,并且能够集体对抗日益占统治地位的日本企业。此外,开发了 PowerBook 的苹果—索尼联盟,双方利用横向联盟获取了各自所需的互补技术。④横向联盟能够帮助企业克服政治障碍。例如,奥蒂斯电梯在天津的合资企业帮助奥蒂斯进入了一个高速增长的中国市场,而在当时,如果没有一个本土的合作者是不可能实现的。

3. 根据战略的层次性,战略联盟可以分为经营战略联盟和企业战略联盟

(1)经营战略联盟。经营战略是企业如何在选定的产业中竞争的战略。五力模型显示了企业潜在合作伙伴的数量和多样性。这些潜在伙伴包括如下。

①竞争对手。例如,航空公司之间形成的如"寰宇一家"航空联盟和星空联盟等各式各样的航空联盟。②新进入者。产业现有企业可以与新进入者结盟进行多元化,或者是拉拢一个潜在的竞争对手。③供应商。很多企业越来越重视与关键供应商建立联盟。这种联盟可以采用独家采购和准时供应协议的形式,或者采用更复杂的形式。④顾客。企业与顾客结盟以实现更好的顾客价值。⑤替代品。替代品和服务给现有企业带来了威胁。通过联盟的方式反而可以把威胁转化为机会。例如,豆奶显然是牛奶的替代品。迪安食品与豆奶产业的领导者建立了一家合资企业,然后再收购后者,而不是主动地与豆奶不断增长的市场开展竞争。⑥互补者。与互补品提供者缔结联盟有助于把竞争者拒之门外。例如,大多数大的快餐连锁店要么提供可口可乐公司的产品,要么提供百事公司的产品,而不是同时供应两家公司的商品。

157

（2）企业战略联盟。企业战略主要关注两类活动：一是决定企业适当的业务组合，确保这一组合创造股东价值，作为企业层战略工具的联盟也将重点考虑这些活动；二是在业务组合方面，联盟是探索和执行多元化决策的工具。例如，施乐公司在办公室复印机之外的技术领域（如便携式复印机、激光打印机）开展多元化时，通过与富士胶片公司这样强大的合作伙伴联盟，使不确定的多元化战略行动的风险和开发成本得以分摊。企业还可以利用联盟把各个独立的业务组合起来创造价值。例如，风险投资家及其各项投资常常扮演着战略联盟的角色。风险投资家通过对其优秀的管理者和技术专家在不同的投资项目中的流动，能够更有效地利用投资。

（三）战略联盟的动机

联盟能够在几个方面帮助企业达到目标。联盟不仅通过与其他企业分担风险而分散了经营风险，而且还使企业接触到通过非联盟形式所得不到的知识、资源和能力。联盟通过四种方式打造竞争优势：联合投资、知识共享、资源互补和有效管理。

1. 联合投资

联盟能够推动企业进行投资以增加收益，而这些投资是企业在缺乏一个正式的联盟关系时所不愿作出的。这种优势非常重要，因为当价值链中的活动得到专用性投资支持时，才可能提高生产率。而在许多请况下，一个供应商不会作出与某一个特定买家的专用性投资。因为这种投资会把供应商与某一个买家绑定起来，会使其面临太大风险。最大的风险在于，买家可能违反承诺不再购买其产品或服务，或者因为供应商对单一买家的依赖而在价格上被压榨。例如，如果甲企业投资 1000 万元上一台设备，生产只能由乙企业销售的产品，甲企业会因为这项投资的专用性而非常依赖于乙企业，故而不愿意投资。因此，一个买家常常需要在价值链上后向一体化，作出必要投资以实现供应内部化。然而，还存在一个替代的选择，即双方签订正式的购买协议。这不仅提高了供应商的专用投资意愿，而且双方都可以从联合的效率中获益。

2. 知识共享

企业参与联盟的一个普遍原因是可以向联盟伙伴学习。然而，学习要求联盟伙伴在转移知识中予以协作。尽管联盟伙伴吸收知识的能力不一定相同，但有两个因素会推动知识的转移：①联盟伙伴之间彼此信任和熟悉；②稳定的信息分享流程。这些流程可能通过高层经理的联系、整合的信息系统、员工互换等方面得以建立。例如，JohnDeere 公司与其联盟伙伴日立公司在某些产品部门定期交换关键员工。

3. 资源互补

我们把企业的资源和能力看作竞争优势的主要来源。当联盟伙伴把它们的资源和能力组合在一起时，就有可能创造产业内其他竞争者所无法得到的许多资源。如果这些资源和互补的资源与能力结合在一起，那么联盟就可能产生共享优势。如果资源和能力的组合是有价值并且是稀缺的，联盟就有可能产生比各个联盟伙伴加总之和还要多的利润。因此，当雀巢公司和可口可乐公司把资源组合起来生产罐装茶和咖啡产品时，这一联盟就因为二者存在互补性而成为比各自独立运作更有吸引力的一种选择。

4. 有效管理

判断联盟正确性和有效性的一个方法是把联盟成本与市场交易成本或正式的内部一体化成本相比较。另一个方法是看它是否能帮助企业建立竞争优势。这个评估过程有时指的是"购买或自制"决策，而联盟则处于"购买"与"自制"这两个极端之间。

联盟产生的问题是一方可能会利用另一方。为使这一风险最小化，许多联盟要求有正式的保护机制。例如，股权投资（能够使激励相容）、正式契约（能够列出所期望的行为及违约后的补偿）。尽管这些机制代价高昂，却仍比正式一体化成本低。一些专家认为，联盟带来的真正的成本节约在于，联盟企业依靠自我实施和非正式协议，而不依赖正式的方式控制其合作伙伴的行为。当然，非正式安排需要充分信任，这种信任只能通过合作伙伴之间的多次交易才能建立起来。

（四）战略联盟的风险

尽管联盟得到了明显普遍的使用，但联盟的失败率却在 50% 左右。如果一个或多个合作者没有实现其目标，或者当一个合作者受益而另一个合作者的竞争力恶化时，就可以认为联盟是失败的。因此，作为企业实现战略的工具，联盟可能是高风险的。联盟有以下五个潜在风险。

1. 未能制定好联盟合同

对于利用正式的保护机制的联盟，通常需要拟订一个好的联盟合同。关于合同最艰难的部分是关于权利界定的谈判，特别是与提前终止合同相关的权利要求。如果对相关权利界定不清，则可能使其中一方，甚至双方都遭遇巨大的损失。

2. 虚假表述自身的资源和能力

当联盟参与者有意或无意不真实地陈述其资源或能力的质量或数量（如一种关键的技术或具有特定技术的员工的可得性），而这些资源和能力又被其联盟伙伴看成联盟成功的关键时，联盟往往会遭遇失败。

3. 未能获得互补资源

与上一个风险相联系，如果联盟参与者未能提供承诺的互补资源（例如，为实施或设计新产品或新流程所需的、有价值的技术或有技能的员工），而当这些互补资源对于其他联盟方很重要时，则联盟将面临解体的风险。

4. 因专用投资而被控制

有时，即使上述资源能够取得，但对这些资源有需求的企业可能会因为过于依赖联盟，而最终被联盟伙伴控制。这些资源可能是合伙企业控制的专有技术，也可能仅仅是其中一个联盟伙伴所控制的生产能力。例如，崔克自

课堂笔记

159

行车公司把其大部分生产外包给捷安特。这个联盟可以使崔克集中于高档自行车的设计、营销和分销。同样，捷安特也可以享受到生产上的规模经济。然而，捷安特也是崔克的竞争者。由于崔克对捷安特生产能力的依赖，捷安特无疑能够提高对崔克的供应价格，以便在后者的主要市场上获取价格优势。

5. 误解联盟伙伴的战略意图

崔克的例子引出了联盟的另一个风险，即强势联盟伙伴的目的是为了竞合还是赢家通吃？弱势一方需要对此作出审慎的判断。例如，崔克在关键资源上依赖于它的联盟伙伴，而且相对于其伙伴的规模和财务实力都处于较弱的地位。对于捷安特来讲，利用和削弱崔克是相对容易的，可能最终会用相对少的资金把后者买下来。

二、战略联盟的管理

（一）培育双方的信任

很显然，当联盟伙伴彼此信任时联盟业绩会更好。研究结果表明：值得信赖的联盟伙伴网络本身就是一种竞争优势，因为这能带来值得信赖的声誉。然而，由于并非所有的联盟伙伴都同样地值得信赖，所以联盟的参与者必须依靠各种机制来保护自身的利益。像长期合同、股票所有权及担保债券这样的正式机制，能够表明对联盟伙伴可信的长期承诺。然而，这些机制并不能确保对联盟成功至关重要的信息共享。联盟伙伴用可理解的和可预测的过程培养组织间的信任。非正式机制对于创造长期价值也是至关重要的，比如，企业声誉及管理者、高级职员之间的人际信任。

1. 相互信任可以产生以下几方面的好处

（1）信任为增加联盟价值创造了条件，并因此提高了提升竞争优势的可能性。

（2）信任增强了对联盟进行专用化资产投资的意愿，尽管这种专用性投资提高了要挟的可能性，但它更有可能产生规模经济和范围经济，而使这种伙伴关系得到回报。

（3）信任通过鼓励更多的信息分享而促进了学习。

（4）信任还降低了联盟的监督成本和维护成本。

2. 信任可能受到如下方面的影响

（1）初始条件。初始条件是指联盟谈判前各方的态度。态度可能建立在以往经历和声誉的基础上。有时，它也反映一个更大范围的一组政治和经济环境因素。

（2）谈判过程。先期的经历会影响联盟各方在谈判桌上的态度。初始条件为开发和提升资源与能力奠定了基础，但谈判过程中的互动将决定谈判中的任何许诺最终能否实现。例如，当你遇到某人时，你可能会因为他/她的行为或以往的声誉而对其持有正面的态度。然而，初次见面之后你与那个人的互动才决定友谊和建设性的关系能否建立起来。

（3）双方交互的经历。一旦某种层面的组织间的信任得以建立，则信任的存量和流量就反映了联盟伙伴交互的经历。例如，他们是否开诚布公地分享信息？是否揭示潜在问题或者以能够增加现有组织间信任存量的方式行事？

（4）联盟外的行为。信任还是组织与联盟外其他组织互动所得到的声誉的函数。如前所述，当沃尔玛终止与乐柏美的供应关系时，其他供应商无疑会关心应该在多大程度上把这个零售商看成伙伴。

（二）善于学习与分享

对于许多企业来讲，向联盟伙伴学习是其参与联盟的主要目标之一。除了表明信任之外，联盟伙伴的学习能力还会增加源自联盟各个参与者的集体性收益。然而，想学习固然重要，但不足以使学习真正发生。如果一个企业开发了特定的、管理知识交换的组织流程，学习就可以得到强化。一些明确的活动使企业能够从联盟中学习。

丰田汽车公司是管理联盟网络学习的最成功的几家企业之一，为我们提供了知识管理最佳实践的范例。丰田汽车公司在管理联盟方面获得了成功，它使所有联盟成员都获得了知识和生产率的增长。这一学习过程是这样的：丰田汽车公司把其供应商分成两组，每组有 6~12 家企业，具有直接竞争关系的供应商分在不同的组。为使企业之间的互动保持新鲜感，小组的构成每三年变化一次。每个组与丰田汽车公司的顾问开会确定本年的主题，如车型、在人口统计特征方面的适应、供应关系等。来自每组的代表对每家供应商的工厂进行 4 个月以上的访问参观，检查运营情况并提供改进意见。最后，丰田汽车公司主持召开年度会议，每组汇报本年学习活动的成果。

丰田汽车公司学习的成果是非常显著的，劳动生产率平均提高了 124%，存货平均下降了 75%。从中得到的经验是：当联盟内交换知识与推广最佳实践相结合的努力推动了学习时，联盟导致了显著的生产率增长。当然，只有高度的相互信任的承诺，才能产生这种高水平的学习。

（三）把握联盟的演化

企业间的联盟关系是动态演化的，因此，我们常常会遇到某些联盟过程中的一些转折，特别是在合资企业中，即两家企业开始是联盟，最后演变成一场收购。有研究发现，接近 80% 的合资企业最终以一方卖给另一方而告终。因此，没有认识到联盟过程曲折性的管理者，可能会遭遇突如其来的收购。尽管有些联盟的安排明确说明到最后实现所有权转移，联盟关系终止，但绝大多数联盟并不会这样。

未列入计划的出售可能会侵蚀股东价值，而有计划的出售能够给企业带来优势。研究结果也表明，通过为企业提供低成本、低风险预先审视可能收购对象的方法，联盟能够推进企业的长期战略。

（四）监测联盟的业绩

造成联盟失败率高的一个原因是：很少有企业具备监测联盟业绩的有效

系统。从短期来看，缺少监测系统意味着为联盟负责的管理者必须依赖直觉而不是可靠的信息。长期的后果更加严重：当问题真的浮出水面时，需要更大的代价来解决。而且，业绩可能下降得很快，以至于一个或更多的联盟伙伴开始寻求退出联盟。这种结果常常开始于一个螺旋式的下降，直至更多业绩问题出现，最后以联盟终止而告终。

因此，尽管对于企业来讲，具有合适的监测系统是非常合乎逻辑的，但要做到这些至少会面临三个障碍：

（1）联盟伙伴通常使用不同的信息和报告系统。

（2）即使企业竭尽全力去评估业绩，也很难监测和说明联盟从其母公司获得的投入。

（3）要精确地衡量联盟的产出也是困难的。比如，来源于联盟的知识被一个联盟伙伴用于改进其企业内其他方面的运作，这些知识怎么定价呢？

（五）设立联盟专职管理部门

研究结果显示，当企业具备一个联盟专用职能时，则合作战略更容易成功。联盟专职管理部门可以由一名经理负责企业联盟的设立、监测和解散事宜。不过，这一职能通常由一个团队来完成。这种职能可以看作为了满足管理信任、学习、演变和业绩的需要，而得到的一种系统化的、结构性的解决方案。尽管有些企业负担不起这种额外的管理职能，但它带来的好处使企业值得去寻找某种方式来填补它的作用。比如，一个企业可能指派一名首席联盟执行官，负责相关的工作。

专 题

企业战略管理是关于实现长远发展目标而对企业的资源进行全局性的总体谋划。因此，企业战略管理的实质是为实现战略目标而对企业资源所作的战略性整合。其战略性整合的有效性将关系企业可持续发展的力量强弱，也反映企业经营能力的强弱。因此，研究企业资源的战略性整合有利于企业持续发展，有利于提高竞争力。

一、企业资源与战略环境的关系

企业的战略管理面临的内外部环境是一个动态复杂的系统环境。因此，在这样的环境中，企业的生存与发展已成为理论界和企业界广泛关注的热点问题。研究认为，在动态环境下，保持企业的可持续发展，必须更多地依赖企业自身独特的资源和对资源的战略性整合能力。在战略环境中，对资源的整合能力应当包括两大方面：一是企业内部的重要资源和优势资源，即企业的独特资源；二是企业内部资源与外部资源的整合能力。如图7-1所示。

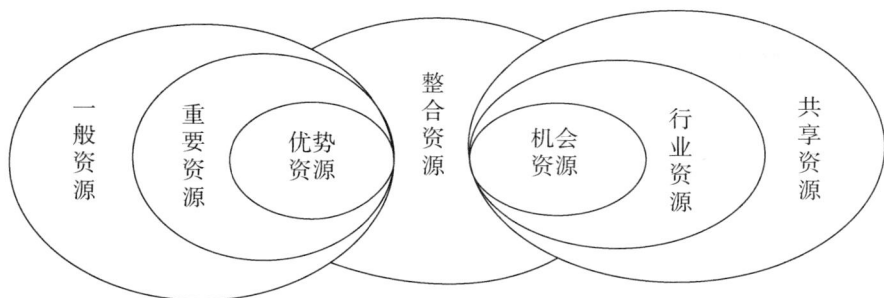

图 7-1　资源整合关系

从图 7-1 中可以看出，对企业内部资源的整合是与外部的环境资源联系在一起的。只有这样资源整合才能最终实现企业资源的优势发挥，才能准确抓住外部环境提供的机会资源，从而提升企业的竞争力，增强企业的持续发展能力。而且企业的资源是有层次性的，企业必须利用好优势资源和机会资源，并带动其他资源的发挥，从而形成协同效应，形成资源的战略性整合与企业可持续发展的良性互动。

二、企业战略性资源的确认

要鉴别企业的战略性资源，单纯依靠查阅企业财务报表或者是企业的库存账单是远远不够的。很难找到一种现有的统计资料可以完整地表达一个企业究竟拥有多少资源。传统的方法是把企业的资源分成有形资源、无形资源和人力资源。具体可以分为：实体资源、财务资源、技术资源、声誉资源及人力资源。

1. 有形资源

有形资源包括企业的财务资源和实体资产，它们比较容易识别和评估，而且能够在企业的财务报表中反映出来。但是，应当注意，这些财务数据有时并不能完全表达有形资源的真实价值或者时间价值。比如，财务报表上的某些实体资产的价值，相对于技术进步和市场变化，一般都有可能被高估，因为折旧率是事先固定的。

尽管如此，财务数据对分析有形资源依然是依据和基础，它可以进一步评估这些资源与企业可持续发展的关系。企业通过对有形资产的评估，可以有效地进行资源的战略整合，达到提高资源使用效率的目的。

企业一般要解决资源方面的两大战略问题：一是外部环境为企业提供什么样的机会，依此可以更经济地使用企业当前的资产，形成以最小规模的有形资产去支撑一个相对较大的事业；二是寻找可以使当前的有形资产在某一个产品市场上获得更高的利润。

2. 无形资源

随着社会的发展，我们已经发现，许多企业的无形资源的价值越显突出。从现代企业的发展来看，对企业未来生存与发展起着战略作用的资源往往是那些无形资源。其具体的表现如下。

163

（1）企业的技术资源。尤其是指企业拥有的专有技术，包括专利、版权、专有知识和商业秘密。

（2）企业的声誉。企业的声誉通常由企业产品的市场地位、形象、顾客服务、管理制度等构成。随着产品和技术竞争的差异性不断缩小，企业声誉在市场竞争中的地位越来越重要。

3. 人力资源

企业的人力资源是一种特定的有形资源，它意味着企业知识结构、技能和决策能力。正因为如此，有人把它称为"人力资本"。识别和评估一个企业的人力资本是一项非常复杂和困难的工作。它不是个人技能、学历、经验等个人表现方面的简单相加，而是评价个人的表现能否在为企业目标的实现过程中发挥出协同效应，这一点是人力资源战略性整合的最终衡量尺度。

通常情况下，衡量人力资源整合的基础尺度可以从四个方面评价：实现企业整体目标的能力、解决重大问题的能力、职工之间相互沟通及与外部沟通和适应的能力、以及企业的团队精神等。因此，对于现代企业来讲，除了要帮助每一位职工提高技能之外，还要更加强调如何使企业作为一个团队有效地提高效率。在这个过程中，企业的能力提高完全依靠各项资源的有机组合。而且，还应注意，企业战略性资源的有效发挥还取决于企业内部的文化氛围，以及由此形成的对企业信念的不懈追求。

三、企业战略性资源与可持续发展

我们研究企业资源的战略性整合的目的就是通过对各项资源的有效利用，发挥出整体效果，从而保持竞争优势，使企业实现可持续发展的长远目标。实际上，企业各项资源的可持续性是不同的，主要表现为短期资源、标准周期资源和战略性资源，如图7-2所示。

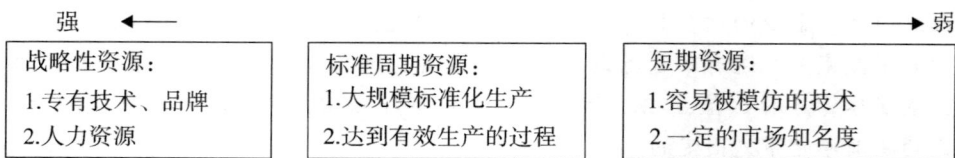

强 ← ——————————————————————————→ 弱

战略性资源： 1.专有技术、品牌 2.人力资源	标准周期资源： 1.大规模标准化生产 2.达到有效生产的过程	短期资源： 1.容易被模仿的技术 2.一定的市场知名度

图7-2 企业资源与可持续性的关系

从图7-2中可以看出，真正能使企业在长期目标上建立其竞争优势的战略性资源，是在标准周期和战略期间形成的资源，而无形资源凸显出尤为重要的地位。因此，从企业可持续发展的角度来讲，企业经营者应设法将短周期的资源发展成标准周期或战略性的资源，使企业的持续发展能力不断增强。

四、整合战略资源优势的途径

1. 形成资源的稀缺性

只有企业的资源是稀缺的，才能形成企业的竞争优势，并由此保持企业的可持续发展。稀缺性的形成有两种途径：其一，从自然界中获得的独占资源。例如，某国拥有大量的地下石油、某企业能生产独具特色的地方产品等。其二，企业通过自己的努力研发出独特的技术或产品，以及其他的独特资源。

一般来讲，这种研究成果不会保持太长的竞争优势。因为竞争者也会作此努力。所以，要保持资源的稀缺性，企业必须不断地通过整合战略性资源来创造新的优势资源。

2. 强化企业资源的相关性

当企业的重要资源与企业的战略目标所要求的资源具有很大的相关性时，这些资源就会产生良好的协同效应。同时，这些资源还应该与企业所在行业中的关键成功因素相关联。这一要求表明，企业的战略资源优势要有与外部环境适应的能力。如果不能很好地适应外部环境的要求与变化，那么，企业的竞争优势就不能确立，形成战略性资源就有待于进一步整合。这种战略性整合应包括三大方面：一是企业未来发展战略模式的选择；二是企业所处的战略环境，即企业内外部环境要素所表现出的状态；三是具有整合前两种资源功能的组织结构。只有在这三大资源的有机协调的情况下，才有利于企业的持续发展。

3. 形成资源优势的持久性

企业在整合资源时，应强调在可持续发展的目标要求下，加强保护和创造战略性资源优势，并形成持久性趋势。近年来，科学技术日新月异的发展，使大部分企业的固定资产提前结束生命周期，或者资产价值大大贬值。然而，实践证明，只有企业的声誉历久不衰，给人以深刻的印象，才能留住和吸引众多的消费者，才能保住市场，为企业赢得可持续发展的空间。当今的企业战略性资源，更多地会偏重于企业的无形资产的开发与创造。

4. 把握资源战略整合的灵活性

企业通过资源的买卖、技术的转移，可以得到企业所需要的有用资源，也可以很快地模仿别人的成功经验。如果企业的资源灵活度较高，那么，就意味着以此建立的竞争优势被削弱。因为其他竞争对手通过模仿很快就会得到其所需要的相同或类似的资源。所以，从这种意义上来讲，企业更应注重灵活性较差的资源开发，包括自然资源、企业特有资源（如声誉、品牌等）。通过占有灵活性较差的资源，建立企业的独占性，从而降低竞争对手的模仿力，达到保护自己资源优势的目的。

5. 降低对手的模仿能力

企业所拥有的资源，如果不易被竞争对手模仿，那么企业的可持续发展能力就会提高。模仿性差的企业资源通常包括许多复杂的组织工作程序、规章制度、企业文化及企业所积累的经验等。即使有些资源可以照抄模仿，但是，一方面事物在不断地发展变化，使资源的先导者依然可以通过不断地改造和积累，保持资源的战略性优势；另一方面，企业经营管理中的软环境资源，如企业管理制度、工作标准等企业法规是可以照抄照搬的，由于各企业的亚文化环境的差异性，使照搬来的管理制度在实施中大打折扣，不能达到原创人使用时产生的良好效果。如果要想达到原创效果，就必须进行战略性的资源整合。这便是一个学习应用的过程，而这个过程使模仿者处于劣势

课堂笔记

地位。

　　企业对资源的整合其本质就是企业不断学习的过程，正如麻省理工学院斯隆管理学院的教授彼得·圣吉在他的《第五项修炼》中指出的那样：21世纪的企业必须是学习型组织。企业通过不断地学习，可以不断地创造新的知识和技能，不断地积累经验，以替代现有或落后的资源，最终达到可持续发展的目的。这也是战略性资源配合企业持续发展的观点。它表明面向未来的企业，不仅要使用好现有资源，而且必须不断地储存可持续发展的战略性资源，只有不断地把各种资源加以有效整合，才能使企业有可持续发展的空间和希望。

项目三　企业合作战略管理

一、企业合作战略的内涵和特点

（一）企业合作战略的内涵

　　相对于竞争战略而言，企业合作战略是基于合作思维的企业行动指南，是以合作求生存、以合作求发展，尽可能以合作方式解决企业发展中面临的各种问题的战略。它以合作思维贯穿公司战略、事业部战略和职能战略等不同层面，甚至通过合作不断增强自身创造价值的能力，以应对不可避免的竞争。

（二）企业合作战略的特点

1. 协同性

　　企业采取合作战略的目的或者是为了共享资源，提高资源的利用效率，或者是为了降低交易成本或经营风险，总之都是为了创造更大的组织资金，因此，与合作伙伴优势互补，发挥协同效应，实现"1+1>2"的效果是合作战略的基本要求，也是其区别于竞争战略的主要特点。

2. 互利性

　　企业是经济组织，都要追求自身的发展。合作战略建立在共同利益的基础上，在追求企业发展的同时也为合作伙伴创造价值，甚至是通过为合作伙伴创造价值或自身的利益，即通过帮助别人来发展自己。互利性是合作战略的基本原则，也是维持长期稳定合作关系的前提。

3. 创新性

　　组织创新来源于企业家的创新精神，是对企业的资源进行重新组合的结果。资源的重新组合实际上实现了合作关系的建立，因此，创新是合作战略的基本内涵。

二、企业合作战略管理过程

战略合作路径是从上到下，由企业高层管理根据企业使命和目标，在战略分析的基础上，制定合作战略并贯彻实施的过程；战术合作路径是从下到上，由企业基层员工根据自己对企业使命、目标和工作任务的理解，在日常工作中发现和捕捉合作机遇，并从实施过程中逐步影响和完善公司战略的过程。这两条路径之间是相辅相成的关系。战略合作路径侧重于宏观、整体层面，比较适合于制定和实施公司合作战略或事业部合作战略；战术合作路径侧重于微观层面，比较适合于制定和实施职能合作战略或更具体的项目合作战略。战略合作为战术合作提供指导，战术合作作为战略合作提供支撑。企业合作战略管理是对两条路径进行同步、协调管理的过程。

（一）战略合作路径

（1）战略合作要求企业明确自身的使命、远景和未来一定时期的发展目标。即要明确成为一个什么样的企业。要为社会创造何种价值，要进入何种产业，5年、10年或更长时间内达到何种程度，创造何种业绩，等等。

（2）进行战略分析。明确企业内外环境、角色和位置，分析企业现实情况与目标的差距及造成这些差距的原因，并确定这些问题对实现目标的影响次序。

（3）界定合作需求。界定合作需求及界定战略分析提出的问题哪些是可以自己解决的，哪些需要与其他企业合作或者合作解决比自己解决更好的。这需要从两个方向上去分析；一是从差距最小处发现企业的优势，通过合作来扩大和增强这种优势，并利用这种优势为企业创造最大化的价值；二是从差距最大处发现企业的劣势，通过合作来弥补，并尽量减少其对企业造成损失。界定合作需求的过程还有一项重要的工作，就是确定企业需要与何种伙伴合作，与多少个企业合作，以何种方式合作。

（4）选择合作伙伴。企业要根据需求寻找潜在的合作伙伴，通过交易往来、沟通和协商等方式增进相互了解，再从中确定最佳合作伙伴，并与其初步达成共识。

（5）开展合作。其包括通过正式协议等方式建立合作关系、合作内容、合作目标，按约定投入各自的资源、承担各自的义务、创造协同效应，按照各自投入、贡献和承担风险等情况分享合作成果。合作过程中还有一项重要工作，就是要逐步增进相互信任，培育共同文化，从而提高合作效率，降低合作成本。

（6）评价合作效果。评价合作效果一方面要评价合作绩效，即某项合作是否达到了预期效果，尤其是是否为企业创造了合作剩余或组织资金；另一方面要评价合作关系，即合作各方在合作中的关系是否融洽，沟通、协调是否顺畅，相互信任程度如何，是否培育了共同文化或共享的价值观。然后，根据评价结果，确定该项合作是需要维持、深化还是要终止，同时还要根据评价结果对企业的使命和目标进行修订和调整，从而开始新一轮的合作战略管理。战略合作路径的关键在于合作需求的界定。

（二）战术合作路径

（1）进行利益相关者分析。企业基层员工在开展具体业务的过程中，要对所有利益相关者进行深入了解和分析，掌握他们的需求、资源及对企业产品和服务的意见，从中发现为企业创造价值的合作机会。这一过程虽不依赖于企业使命和目标，但是，如果能够通过企业内部沟通和企业文化建设等方式，有效地使基层员工明确企业使命和目标，那么过程将能更加有效地进行。

（2）进行合作机会界定。合作机会界定是指在上一阶段发现的合作机会中，哪些是可行的，哪些是一般的业务合作，而哪些只是潜在的战略意义，然后确定一个合作的优先顺序。

三、企业合作战略的风险

（一）投机风险

合作战略的风险之一就是有的合作企业会抱着投机的心态。如果合作协议不对这种投机行为进行约束，或者企业之间的合作只是建立在相互信任的基础上，那么当这种信任不复存在时，投机行为就有可能出现。例如，前面讨论过的，对未来合作伙伴参与合作真实意图的了解将会降低合作中的某一方出现投机行为的可能性。

例如，在美国的一起经济案件的审理中，法官判定卡特勒在与A-55（一家小型非上市公司）的合资中有投机行为。通过对两家公司在合作中所处地位的分析，法官判定：卡特彼勒在合作中有欺诈行为，体现在不正当获取专利，继而企业销售原本属于A-55的内燃机环保能源技术。对这一判决，卡特彼勒的发言人则表示："我们公司一直都遵循并守护合资协议中的一切条款，也从没对A-55有任何欺诈行为，我们正在考虑是否采取进一步措施。"假如A-55在与卡特彼勒合作前，能制定一个更为严格的协议，那么最后也许就不必通过法律来保护自己的权益了。

（二）存在更有利的合作关系

有些合作的解体是因为合作的一方发现另一方并未给联盟带来其所期望的可以获取利益的竞争力。在合作的一方表示可以将某一无形资产作为对合作的贡献时，这种情况最容易发生。对本地市场情况的深刻了解就是合作的一方经常无法传递或贡献的无形资产。其中一种相关情况是，企业也许会下决心结束某一合作关系，其目的是为了形成其认为更有价值的合作关系。

墨西哥电信与Sprint通信（美国的四大无线通信运营商）结束两年的旨在提供美国和拉丁美国家间的长途电信服务的合作，为了结束这一合作，墨西哥电信购买了合资体中Sprint通信拥有的全部50%股权。根据一位电信业的分析家认为，墨西哥电信之所以要结束与 Sprint 通信之间的合作，是为了与另一电信业巨头结成更有利的合作关系。

（三）没有实现互补资源共享

合作战略的另一风险来源于合作的一方没有将互补资源与另一方共享。这一风险常发生处于不同国家的合作双方。

（四）管理上的风险

如果在联盟运作时，采用的管理方法不够有效，或者合作之间在管理风格上存在差异，也会产生竞争风险。这些也是 Piagguo（一家意大利潜艇制造商）和它的印度合作伙伴之间的合资公司最终解体的主要原因。这一合作自 1990 年开始，持续了近 10 年。从这一层面来说，这一合作是成功的，因为它们的合资公司每年为印度市场生产大约 30 艘潜艇。分析家们认为，合资合同解体是因为两家公司之间越来越多的彼此无法接受的在管理风格上的不同。

（五）其他风险

道德上的风险（被合作方欺骗的可能性）这是合作战略会遇到的众多风险中的一种。其他风险还包括企业是否有能力形成并有效地管理这样一合作体。过去的经验虽然有帮助，但对于有效的实施合作战略并不够。企业是否有能力与其他企业合作，或者说，是否有能力找到一家可值得信赖的合作伙伴，是另一种风险。

思考题

（1）企业采取购并战略的意义何在？

（2）简述购并的类型，并举例说明。

（3）为保证购并实施的成功，企业应做好哪些方面的工作？

（4）购并后的整合涉及哪些内容？联系联想成功收购 IBM 全球个人电脑业务，你认为联想应如何做好收购后的整合工作？

（5）读了专题"企业资源战略整合与可持续发展"，你对战略性资源有何新的认识？

（6）简述你对战略联盟的理解。

（7）战略联盟如何塑造企业竞争力？

（8）企业合作战略的风险有哪些？

〰〰〰〰〰〰〰〰 **实训项目七** 〰〰〰〰〰〰

实训内容	主题	考查方式	评分
分组探讨	如何看待企业的合作战略	提交分析报告（500字以上）	
参观访问	联系地方企业进行团体参观，了解该公司现阶段是否存在兼并、收购等的战略合作模式	制作成演示文件在课内讲解	
总分			

模块八　企业国际化经营战略

　　自从 20 世纪 50 年代以来，世界经济发展的一个显著特点是各国企业经营活动的国际化（或称为跨国经营）。人们熟知的一些企业，如埃克森石油公司、国际商用机器公司、大众汽车公司、丰田汽车公司、松下电器公司、帝国化学工业公司、柯达公司等，都从早期的产品出口转向国际范围内的生产经营活动。企业活动的国际化是国际经济发展的必然趋势。

　　本模块首先介绍国际化经营的市场主体跨国公司的基本情况，并讨论跨国公司内母子公司关系的演变及企业跨国经营的战略制定，在此基础上指出跨国公司发展的新趋势及中国企业跨国经营的战略模式，并讨论企业国际化经营战略实施中应该注意的关键问题。

项目一　跨国公司

　　20 世纪 90 年代以来，世界经济除了凸显全球化特征以外，相伴的还有一个明显的特点，即跨国公司的迅猛发展。从二者的关系来看，跨国公司推动了经济全球化的发展，而全球化经济又促进了跨国公司的全球化经营。跨国公司可谓全球经济中最为活跃的角色之一，跨国公司对世界各国，特别是近年来对发展中国家直接投资急剧增长，推动了世界经济稳步增长，促进了世界经济发展的全球化。

　　跨国公司的国外子公司创造了世界各国、国内生产总值的 11%，以及全球出口额的 1/3。一些大的跨国公司富可敌国，其当年创造的增加值超过了许多国家的国内生产总值，如埃克森美孚石油公司以 630 亿美元的增加值，排名为全球第 45 大经济实体，其排名高于巴基斯坦。由此可见，在全球经济一体化的今天，跨国公司对全球经济的发展起着至关重要的作用。

一、跨国公司及其基本特征

　　跨国公司又叫多国公司，是指由两个或者更多国家的实体所组成的公营、私营或混合所有制形式的企业，不论此实体的法律形式或经营活动的领域如何，该企业在一个决策体系下运营，通过一个或一个以上的决策中心实施具有吻合的政策和共同的战略；该企业中各个实体间通过所有权或其他方式结合在一起，从而其中一个或更多的实体可以对其他实体的活动施行有效的影响，特别是与其他实体分享知识、资源和责任。

其基本特征表现如下。

（1）它必须是在一国以上拥有或控制资产，并从事价值增值活动。

（2）组成这种企业集团的各个企业之间，在人员和资金方面拥有统一的核算体制。

（3）企业应具有全球化的经营战略。

（4）企业的海外资产和海外收益已达到相当的规模。

二、企业跨国经营的动因

企业为什么要将资源投资海外跨国经营？动因各个不相同，但综合起来讲主要是充分利用国外资源、资金、信息、管理经验和寻求管理协同等，进一步扩大对外经济技术交流与合作，从而促进国内经济发展。具体表现在以下几方面。

（一）获取投资国稀缺资源

由于地理位置的不同或者出于战略考虑，那些以自然资源为基础的行业（比如石油、天然气行业）中的企业常常利用投资国丰富的资源、政策支持获取企业发展所需要的原材料。在这一方面日本企业尤为明显。

（二）享受投资国所提供的优惠政策

在全球经济一体化的今天，那些经济发展相对落后的国家或地区，为了吸引境外的投资，就要从政策上给予投资企业一些支持（比如税收优惠），这样就可以降低投资企业的成本，也可以利用国与国之间政策的差异转移企业利润。

（三）寻找新的顾客消费群体

技术先进的跨国企业，也可以将自己在本国即将或已经淘汰的产品或服务以投资的方式转移到技术相对落后的国家，可以盘活企业的不良资产，为企业寻求新的利润增长点，从而改变其在本国处于竞争劣势的局面，所谓"变则通"。

（四）寻求降低产品成本的可能

成本优先是企业竞争的根本所在，对于发达国家高昂的人力成本来说，发展中国家在这方面的优势非常明显，跨国企业在那些劳动力成本、原材料成本比较低的国家扩大生产与市场，可以大幅度降低企业成本，从而获取较大的利润。

（五）充分发挥企业的核心竞争力

对处于竞争核心地位的企业来说，一流的技术、先进的管理经验形成了其核心竞争力。为了使企业在国内和国际市场上都处于优势竞争地位，就可以充分利用这一优势，转移其特殊的竞争力，从而实现管理协同。

（六）降低企业的商业风险

如何在企业经营中寻找风险与报酬合理的契合点是企业经营中的重要决策。通过将投资转移到国际市场，可以在一定程度上分散企业的商业风险，从而加强企业的竞争优势，使其处于不败的地位。

三、跨国公司的优势分析

20世纪90年代以来，随着全球经济格局的不断变化，国际市场及国际经营环境发生了巨大变化，跨国公司的经营活动也处于动态调整中，跨国公司在战略管理、战略联盟、网络组织形式等方面在作不断的调整，以适应新的竞争环境。

跨国公司的优势集中体现在以下三个方面。

（一）行业垄断优势

跨国公司之所以能实现对外直接投资，主要是因为市场不完全性和寡头垄断的存在。市场的不完全性要求从事跨国生产经营的企业必须拥有其独特的竞争优势，才能克服在社会、文化、地理、语言等方面的障碍，从而在与东道国当地企业竞争中处于优势地位，跨国公司的垄断优势表现为以下几个方面。

（1）市场垄断优势，如产品品种差异、特殊销售技巧、控制市场价格的能力等。

（2）生产垄断优势，如经营管理技能、融通资金的能力、管理人才优势、掌握技术专利与专有技术等。

（3）规模经济优势，即通过内部的横向一体化或纵向一体化，在供、产、销各环节上提高效率。

（4）政府的课税、关税等贸易限制措施，生产的市场进入与退出障碍，导致跨国公司通过对外直接投资利用其垄断优势。

（二）先进的技术工艺

跨国公司一般都是将其技术和工艺非常成熟、生产已经实现标准化、大批量生产的产品引入到国际市场上。一般情况下，这些产品的生产往往对于生产者劳动技能的要求不是很高。随着竞争的加剧、竞争对手产品性能的提高，原新产品生产企业的技术垄断优势已经完全丧失，成本及价格成为建立竞争优势的主要因素。

在这种情况下，选择在生产成本最低的地点建立生产基地成为降低成本的最佳途径。于是，先进技术产品生产企业开始在技术相对落后的国家投资生产，再将产品返销到本国或其他发达国家，这些技术落后国家成为产品净出口国，本国及其他发达国家成为产品净进口国。

这样跨国公司所具有的特定垄断优势（生产技术、管理技能、知识信息、

课堂笔记

173

诀窍等）与东道国所具有的特定区位优势（包括丰富的自然资源和廉价劳动力等）两者结合起来，使得跨国公司更具有国际竞争力。

（三）高效率管理水平

"三流企业卖产品，二流企业卖技术，一流企业卖管理"，对于跨国公司来讲，高效的管理水平是实现跨国经营的法宝。一般来说，企业要想跨国经营就要面临社会、文化、地理、语言等方面的本土化，要想使处于不同国家或地区的分公司（事业部）能很好地贯彻总公司的经营理念，企业就需要有一支高效的管理队伍，协同不同事业部之间的分工合作、利益分配及人事安排，使所有事业部能一体化联动，从而发挥公司的最高效率并实现效率最大化。

项目二　跨国公司内母子公司关系的演化

母子公司间的关系实际上是一种组织和管理关系，是公司进行内部权力分配、资产和战略管理、内部市场交易的保障体系。跨国公司内母子公司关系的演化是随着公司治理结构的完善、联络手段的多样化及国际市场的不断发展而逐渐变化的，大致分为分散管理、集权管理、分散和集权管理相结合和网络一体化管理四个阶段。

一、分散管理模式

20 世纪 40 年代末以前，分散的多元中心组织管理体制较为盛行，这种模式与当时的国际交通和通信速度慢、价格昂贵而且可靠性不高是紧密相连的。这种模式下的跨国公司母公司对海外子公司的控制与协调主要通过人际交流和信息沟通来实现。

例如：通过子公司高级经理人员的任命、重大资本支出授权制度和子公司向母公司的股利上交指标等途径来进行管理，再加上各国的市场也存在相当大的差异性，这种跨国公司的海外子公司都有高度的经营自主权，自己负责自己的产品开发、生产和销售。诸如联合利华、荷兰皇家壳牌、飞利浦等欧洲跨国公司是跨国公司发展的先锋。

多国公司有三个特点：一个对资产和责任都实行分权的联盟；一种在非正式人际协调基础上对财务系统进行控制的管理方式；一种将海外经营视为相互独立业务所构成的投资组合。

二、集权管理模式

20 世纪 50 年代以后，随着跨国公司规模的不断扩大，为了加强子公司之间的协调，集中控制的本国中心的组织管理体制较为流行，以当时的美国跨国公司为代表，美国成了主导世界的工业化国家，美国通用汽车、福特汽车、国际商用机器公司（IBM）、可口可乐、吉列、宝洁等公司成了各行业的领导者。

国际公司的首要任务就是要将知识和专利转移到技术与市场都相对落后的海外市场，虽然这些美国跨国公司的海外子公司在产品开发、生产和销售方面仍有较大自主权，但海外子公司在新产品、新工艺和新观念上对母公司有很强的依赖性，因为美国在当时世界范围内是一个规模最大、购买力最强的市场，所以美国公司仍是新产品及新工艺开发的基地；而海外子公司的主要优势则是利用美国本土发展起来的新产品、新工艺技术、销售技术和生产工艺能力，这使母公司可以对子公司加以控制并为他们指出方向，母公司与子公司的联系更多地运用了正式的系统和控制。

三、分散与集权管理相结合模式

20 世纪 80 年代，国际竞争日趋激烈，跨国公司规模业务市场不断扩大，决策的复杂性凸显起来，把分散与集权结合起来的全球中心的组织管理体制更适合实际情况，这种模式是福特公司及洛克菲勒公司最早采用的，后来在日本的钢铁、造船、电子产品、汽车等一大批制造业企业中推广，日本以全球竞争者的面貌迅速崛起。

全球组织的基础就是财富、资源和责任都集中在母公司，建造生产标准化的全球规模工厂并将产品发到各子公司，海外子公司努力扩大销量以便能达到全球规模，其任务就是销售和服务，缺少创新产品或战略的自由，依赖于母公司的资源和指示，母公司牢牢地对子公司的经营进行控制，商品、知识和支持的流动都是单方向的。

全球组织的管理者比多国和国际组织中的管理者更注重国际市场，其主导的管理观念是全球市场应当被看成一个相似性的市场，整个世界市场才是分析的基本单位。

四、网络一体化管理模式

20 世纪 90 年代以后，随着全球经济一体化的发展，规模经济、范围经济、速度经济、网络经济、技术经济加速了跨国公司间的变革速度和竞争程度。战略协同效应、资源配置效应、利益驱动效应等驱动跨国公司向纵向一体化的方向发展，把海外各子公司全部联系在一个一体化的经营网络中。这样可以实现高效率、高响应性及创新的多重战略目标，这种结构有三个基本特点，即资产分散化、经营专业化、相互依存的关系。

（一）资产分散化

信息技术已经成为跨国公司有效协调日益庞大的合作企业和客户群，进行市场运营的重要手段，新的销售趋势、技术发展和竞争策略随时会在世界上任何地方出现，跨国公司对不同市场需求、不同的技术发展趋势和竞争行为的预判对形成决策非常重要。

跨国公司实施网络化运营战略，加速了对市场的反应和决策，从某种意义上说，企业市场运营的速度取决于网络化程度的高低。分散经营可以使用低成本的劳动力和原材料，还可以接近新的技术及新的管理资源。把价值链集中于某一投资地，公司会承受较大的政治和经济风险，而分散经营就可以避免或减少风险。

（二）经营专业化

跨国公司中各子公司的经营在区域上是分散的，各子公司仅是公司价值链上的某一个环节，要求各子公司之间必须要相互紧密结合，协调一致，各子公司的经营服从于跨国公司整体的全球战略。

对于公司的价值链来说，一个环节出现问题，整个价值链就运转不畅。各子公司都被安排在世界最靠近资源的地方，必须在这一领域进行专业化经营，并用一体化的方法为整个网络体系服务。同时各子公司都具有很强的动态反应能力，随着竞争条件、市场环境的变化，网络也随时要调整，以求使最适合的子公司从事最专业的工作。

（三）相互依存的关系

跨国公司各子公司只是完成价值链上的某一个环节，各子公司必须共享资源，及时把握市场微妙的变化或竞争环境的突变情况，在产品的研发、生产、营销的各个环节进行合作，全球一盘棋，利益共享，风险共担。

按照产品线进行分段生产，每个子公司专业化运作，各子公司根据全球经营环境要求做到信息共享、问题解决、资源分配和任务实施的合作，就形成了跨国公司内部及外部的合作关系，这种合作关系可以自动实施，每个子公司所得到的支持取决于自己的子公司为其他子公司所作出的贡献，这就是子公司之间利益驱动的团队互助。

以前跨国公司管理者往往试图用强迫式的相互依赖，来使各子公司经理更多地考虑全局，而不要只考虑当地的利益，但往往效果不佳。而一体化网络的各子公司的相互依存就更显得互惠互补，这样使跨国公司更好地发挥其组织能力。在所研究的样本公司中还没有一家把其他的全部组织都建成了一体化网络。

项目三　企业跨国经营的战略制定

企业要想跨国经营，所面临的问题和困难很多，因此在企业迈出国门之前要做好充分的准备，设定企业跨国经营的使命、制定切实可行的战略目标。

一、规划企业跨国经营的使命和战略目标

（一）企业跨国经营的使命

跨国公司的使命的规范企业内在特性、指导原则和思想，规定企业的职能，服务于跨国公司的全球运作，也为跨国公司设定了长远的战略方向、基本目标和利益动机。跨国公司的使命应突出其经营的国际化和国际业务的重点。

设定一个符合公司自身条件的使命是制定公司战略的前提。但对于跨国公司来说，首先要对其赖以实现其使命的特定技术有一个正确的认识。任何一个跨国公司都有其自身经营的独特之处，不同公司有着不同的经营使命，总结起来主要有以下几个方面。

（1）所提供的产品或服务。

（2）产品或服务所面向的客户。

（3）所覆盖的国家或地区的市场。

（4）跨国经营中所使用的管理和技术。

（5）如何通过增长和获利来维持企业的生存和发展。

（6）公司的章程和纲领。

（7）企业所需要的公共策略。

（8）公司相关利益人对跨国经营的信念。

（9）企业的社会责任。

上述九项只是企业跨国经营的基本使命，随着企业跨国经营的深入实施，还要进行不断的修改和完善，以利于企业目标的实现。

（二）企业跨国经营的战略目标

战略目标是企业使命的具体体现，在短期内指导着企业的发展方向与进程，通常表现为一些特定的目标或者量化的指标，如标准、进度、指标等。

1. 终极战略目标

（1）出口创汇目标。

（2）国际品牌目标。

（3）全球的贡献。

2. 具体战略目标

（1）年度战略目标，是指企业某一年度的作业目标，可以说明某一阶段目标进展的速度和实现的效益目标。

（2）业务战略目标，是指企业的生产能力、技术领先、职工的发展等。

（3）财务战略目标，是指对企业的财务指标实现程度的战略管理考核，比如投资回报率、经济附加值等。

二、跨国经营可行性评估

要制定符合经营的战略目标，就必须要对企业即将面对的外部环境作认真的评估和分析，认识、了解、分析外部环境是必不可少的。

（一）外部环境

1. 本国环境

企业所在国的环境分为间接环境和直接环境，主要包括本国的经济发展状况、政治和社会环境，这些因素是一国政府制定对外投资或出口政策的直接依据，也间接影响企业的跨国经营。

2. 投资国环境

投资国环境是指企业在某外国环境经营时在本地可能面临的各种间接和直接环境因素，这些因素的状况与本国环境会有很大的不同，而且是难以评价和预测的，使管理者的决策变得更为复杂。

3. 国际环境

企业进行跨国经营时，企业的经营业务在不同国家之间进行，本国环境、投资国环境及相关第三方的参与就构成了跨国经营的国际环境，很大程度上也影响着企业跨国经营的战略目标的制定。

（二）外部环境评估的基本步骤

1. 搜集外部环境信息

企业可以委托咨询公司或者内部的专业人员收集与跨国经营有关的本国政策、投资国的相关信息、国际环境及企业自身的经营优势等信息。这些信息的来源，有本企业的管理信息系统、竞争对手、行业协会、金融机构和特别研究机构等。

2. 整理外部环境信息

对于企业所搜集到的外部环境要按照一定的程序进行整理，以此来抉择企业已展开或计划展开的业务类型。首先，找出对企业跨国经营重要的外部环境信息；其次，对重要外部信息再进行进一步的、有重点的搜集；最后，对这些信息进行分析。

3. 分析外部环境信息

分析外部环境信息的方法主要有定性分析法、定量分析法和专家量化分析法。定性分析法，主要适合于对政策、法规、制度及文化等的分析。定量分析法，主要用于对一些数据、指标和比率等进行分析。专家量化分析法，是综合定性和定量分析、结合专家的经验给出一些建议，形成外部环境信息共识。

通过分析可以对企业跨国经营提供一些参考信息，对此企业管理层应该结合分析结果及企业的现实情况，在企业管理层达成共识，为实施跨国经营决策打好基础。

三、制定跨国经营目标

对于任何企业而言，生存、发展和获利是三个必经的阶段，在制定跨国经营目标时，企业必须确定自己的长期战略目标，然后根据不同的阶段再将长期战略目标具体成短期年度目标。企业在制定跨国目标时应考虑的主要因素有以下几种。

1. 环境力量

影响目标制定的首要因素是外部环境和外部利益关系的现状，它们在很大程度上制约着目标能否实现。外部环境有利与否直接决定着企业是否要进行跨国经营；外部利益关系直接参与或实施企业所确定的具体目标，没有它们的支持与配合，任何目标都是很难实现的。

2. 企业资源和权力关系的现状

充裕的资金、高效的管理、先进的技术是企业抵御风险必不可少的因素。在应对复杂和不可确定的外部环境时，企业只有依靠过硬的"内功"，才能在实施跨国经营中以不变应万变；企业内部权力关系的状况决定着目标的选择，在实施跨国经营时，内部各权力关系必须形成合力，握成一个"拳头"。

3. 决策层的价值取向与目标

个人的价值取向与目标受其文化背景、教育程度、以往的经验及通过工作所获得的洞察力影响很大，也形成了个人的人生哲学。决策层的个人价值取向在很大程度上左右着企业目标的制定，一个企业的战略规划是由一个群体来共同完成的，群体中不同的个人价值取向和目标大不相同，需要求同存异，共谋发展。

4. 竞争对手的举措

知己知彼才能百战不殆，竞争对手的经营行为很大程度上影响着企业实施战略目标策略的制定。战略目标必须在竞争对手的相反战略中才能得以实现，有效的跨国经营战略管理寻求的是引导企业行为，减少不可预测的调整和针对竞争者的反应活动。

项目四　企业国际化经营的战略选择

企业国际化经营战略是指从事国际化经营的企业通过系统评价自身资源和经营使命，确定企业战略任务和目标，并根据国际环境的变化拟订行动方针，以求在国际环境中长期生存和发展所作的长远的总体谋划。

一、企业国际化经营的总体战略

（一）国际化战略

国际化战略是指企业将具有价值的产品与技术转移到国外市场，从而创造价值的经营决策。部分企业采用国际化战略是把其在母国所开发出的具有差别化的产品转移到海外市场。

在这种情况下，企业多把产品开发的职能留在母国，而在东道国建立制造和营销机构。在大多数的国际化企业中，企业总部一般严格地控制产品与市场战略的决策权。

企业的核心竞争力如果在国际市场上拥有竞争优势，而且在该市场上降低成本的压力较小，则企业采用国际化战略是非常合理的。但是，如果当地市场要求按当地的情况提高产品与服务，就不适合采取这个战略。

（二）全球化战略

全球化战略是向全世界的市场推广标准化的产品和服务，并在较有利的国家集中进行生产经营活动，由此形成经验曲线和规模经济效益，以获得高额利润。企业采取这种战略主要是为了实行成本领先战略。

在成本压力大而当地特殊要求小的情况下，企业采取全球化战略是合理的。但是，在要求提供特色产品的市场上，这种战略是不合适的。

（三）多国本土化战略

为了满足所在国的市场需求，企业可以采用多国本土化战略。该战略与国际化战略的不同之处是，这种战略根据不同国家的不同市场，提供更能满足当地市场需要的产品和服务。相同之处是，这种战略也是将自己国家开发的产品和技能转到国外市场，而且在重要的所在国市场上从事生产经营活动。因此，这种战略的成本结构较高，所以无法获得经验曲线效益和区位效益。

在市场强烈要求根据需求提供产品和服务并降低成本时，企业应采取多国本土化战略。但是，由于这种战略生产设施重复建设并且成本较高，所以在压力大的行业中不太适用。同时，多国本土化战略使每一个国家的子企业过于独立，从而使总部难以控制子企业。

（四）跨国战略

跨国战略是要在全球激烈竞争的情况下，形成以经验为基础的成本效益和区位效益，以转移企业内的核心竞争力，并注意当地市场的需要。为了避免外部市场的竞争压力，母企业与子企业、子企业与子企业的关系是双向的。不仅母企业可以向子企业提供产品与技术，子企业也可以向母企业奉供产品与技术。企业采用这种战略，不仅能够运用经验曲线的效应形成区位效益，而且还能满足当地市场的需求，达到全球学习的效果，从而实现成本领先战略或产品差别化战略。

二、企业国际化经营的竞争战略

（一）产品标准化战略

产品标准化战略的实质是开发标准化的产品，并将这种标准化的产品在世界市场范围内以同样的方式进行生产和销售。这种战略可以充分利用在生产该种产品及建立一个强大的国际分销网络等方面具有的规模经济效果。通过产品标准化，可以实现大批量生产同一种产品，以降低生产成本，从规模经济和经验中获益。另外，还可以从大量采购、同一化的促销手段中获得规模效应带来的利益。

（二）广泛产品线战略

广泛产品线战略是在行业的所有产品线范围内进行国际化竞争。企业可在世界市场范围内，寻求某一国际市场的产品差异化。或者在广泛市场上取得成本领先的战略地位。在寻求广泛产品线战略时，也可利用产品标准化战略，即在某一产品线上，产品在世界市场范围内都是相同的。在广泛产品线战略中，重要的是建立一个强大的世界范围内的分销系统。采取这一战略的优点是，所有产品之间可以共享资源，如技术方面的投资及分销渠道等。企业在实施这一战略时，需要投入大量的资源和树立长远的战略观念。

（三）集中化战略

集中化战略是企业选取行业中某一特定的细分市场，并以这个特性参与国际市场竞争。这种战略模式的思路是，企业选择行业的特定部分，以形成产品差异化优势或形成特定市场上的最低成本优势。另外，由于国际市场规模比国内大得多，所以在实施集中化战略时也可以采用产品标准化策略，以求在该市场上的规模经营。

对于实施国际化经营的企业来说，选择一个有效的国际化经营战略是一项复杂而困难的决策。但是，基本来说这种选择基于国家的比较优势和特定企业的竞争优势。当一个国家较其他国家能更经济地生产某一商品时，可以说这个国家就具有了生产这些商品的比较优势。生产要素决定了一个国家的比较优势，它包括自然资源，充足的、高素质的劳动力和强大的资本，可应用的技术，以及使用这些资源的相对较低的成本等。

国家的比较优势影响着企业要进入的国际市场的决策，竞争优势则影响着企业将其资源集中于什么样的经营领域的决策。

项目五　企业国际经营的模式

一、企业国际经营的一般模式

（一）出口进入模式

企业在刚刚进入国际市场时，不仅对国际市场环境比较陌生，而且也没有国际经营经验。所以对错综复杂、竞争激烈、瞬息万变的国际市场，最担忧的就是企业在国际竞争中的竞争能力。作为新手的涉外企业最关注的是如何减少国际市场上的政治风险和经营风险。因此，对它们来说，出口应是最佳的进入模式。

出口可分为间接出口和直接出口两种。间接出口的基本特征是通过中间商将国内生产商品出口到国际市场，企业没有直接与外商建立联系。间接出口的优点是，开业费用小、风险小，而且不会影响目前的销售创利。企业可以借助在国际市场上销售的成功经验逐步增加出口，并进入新的目标市场。可见，商品出口是获得国际经验的有效途径，顺着这条途径，企业逐步向直接出口转化。

直接出口要求企业直接处理自己的出口业务，而间接出口厂商则不可能有自己的进入国际市场战略。因此，直接出口的优点在于企业对国外营销规划具有一定的控制权（如经销渠道的选择、定价、促销战略的制订和实施），能直接从目标市场获得更多的信息反馈，可以更好地对本企业的商标、专利、信誉等无形资产实行保护。但是，与间接出口相比较，其开办费用高，投资和风险较大。

采用直接出口进入模式的企业，仍没有在国外建立永久性的机构，企业只是派"巡回大使"实地了解市场，企业内部也设置了专门机构或进出口部门处理外贸业务。

（二）许可合同进入模式

许可合同贸易也是国际经营的一种简单模式。广义而言，国际许可合同包括本国企业（许可方）为取得使用费或其他形式的付款，允许外国企业（被许可方）获得其各种无形财产的使用权（如专利、商标、公司名称、商业秘密等）的契约安排。

企业出于不同的原因与外国企业签订许可合同，一是从本国已收回成本的技术中获得附加的收入；二是用于摄取外国企业的成果，即"交叉许可"；三是为便利目标国家的外汇管制红利支付时能汇回收入，而与本企业控制的海外子公司签订形式上的许可合同；四是为保护专利和商标在国外免遭不使用的损失或可能的侵权等。

一般情况下，企业与独立的外国企业签订许可合同是作为一种进入模式，以便渗入外国市场。运用这种方式进入国际市场风险很少，但对海外市场不能进行有效控制，未来扩展的弹性也较小。国际间技术协议或许可合同主要包括以下三方面的内容。

（1）序言或"有鉴于"部分。确定协议当事人及所申请或授予的权利等。

（2）主题条款部分。确定名词定义，所授予的权利范围，以及当事双方的主要义务。

（3）有关权利金部分。规定权利金计算方法，明确支付权利金的条件和基础。

（4）其他必要条款。包括协议年限和解除，有关不可抗力、适用何国法律、仲裁等事项的规定，以及协议公证并向有关国家当局登记等。

许可合同作为进入模式的明显长处是绕过了进口壁垒。由于壁垒会增加向目标市场出口的成本（如关税）和限制对目标市场出口的数量（如配额进口），所以采用许可合同进入模式，企业只是转移不受进口限制的无形产品和服务，而不直接出口商品。这样，许可合同这种模式进入目标市场就较为便利。如果在目标国家突然实施关税或配额等壁垒使出口受阻，或因竞争过于激烈和高运输费用使出口商无利可图，或目标国家货币持续贬值等情况下，涉外企业都可以考虑由出口商品转向许可合同。许可合同的另一个好处是其政治风险比直接投资小。这是由于：一方面许多国家偏向于使用许可合同作为获取技术的途径，而不是外国投资；另一方面，东道国采用没收措施与许可合同无妨，因为许可方在目标国家没有实物财产，至多损失许可收入。

采用许可合同模式进入的缺陷如下。

（1）企业必须拥有外国潜在用户感兴趣的专利、商标或商业秘密，才能采用许可合同作为进入模式。

（2）许可方失去对目标市场的营销规划和方案的控制。许可方即使选中了被许可方，仍依赖于被许可方的市场经营，但无法迫使被许可方更好地经营，除非合同条款允许终止许可合同。

（3）许可合同所得到的绝对收入量与直接投资或商品出口相比较小。提成费率一般受多种因素的限制，如许可合同的惯例、行业习惯、竞争状况及东道国政府的影响等。当今的提成费很少超过 5%，而且受期限的限制，许可协议的期限一般为 5~10 年。不过许可合同的绝对收入量并不是在所有情况下都小，必须将它与许可合同的低风险相衡量。

（三）其他契约进入模式

其他契约安排又称股权合同，是国际化企业在股权投资和人事参与之外所采取的另一种手段。企业以承包商、经销商、经营管理和技术人员的身份，通过承包工程、经营管理、技术咨询等形式，取得利润和产品，开辟新的市场。这种进入模式不需要股份投资，财务风险较小。联合国跨国企业中心在一份研究报告中指出，合同安排的性质上是"直接投资的代替物"。

下面是主要的几种合同安排。

（1）契约制造业务。它是许可合同进入模式和投资进入模式的交叉。涉外企业在外国目标市场寻找独立制造企业的产品，然后在该国目标市场或别的国家销售该产品，即利用外国当地企业现有设施，生产所规定的产品。涉外企业一般向其企业转让技术及技术协助，并保留产品营销的责任。

契约制造业务主要的优点是，它要求财政和管理资源投入量小，使企业能迅速进入目标市场，避免当地所有权问题，并且与标准的许可业务不同，涉外企业仍然控制营销和售后服务。其缺点是，在当地找到合适的制造企业十分困难，并有可能面临创造未来竞争者的风险。

（2）交钥匙合同。它指国际化企业为东道国建设一个项目，承担全部设计、建造、安装等，并有义务使该项目能顺利投产或使用，然后将整个项目移交当地管理。承建企业还有义务在交付项目之后提供管理、训练、技术援助等，称为"交钥匙另加"。由于每个项目都有其独特性，所以实际上不可能让交钥匙合同标准化。双方的洽商往往十分复杂，需要花费很多洽商费用和洽商时间，并需要法律协助。承建企业应当确保在合同中清楚地规定项目工厂和设备、双方的权利和义务、不可抗力及违约的定义及其法律后果、解决矛盾的程序。许多交钥匙合同是与东道国政府签订的，这使得它们很容易遭受政治风险。例如，撤约、强制性再洽商和任意要求银行担保。因此，涉外企业在考虑采用这种方式时，要估计总的政局稳定等风险。

（3）管理合同。它是指某国一个企业以合同形式给予另一国家某涉外企业的日常经营的权利。一般而言，这类合同不授权该涉外企业作出新的资本投资、决策红利分配方针等基础管理或政策，或更改所有权安排，管理只局限于日常经营活动。以前国际间管理能力的转移要靠对外投资达到，但由于许多国家对于外国人拥有企业所有权多有疑虑，而加以各种干预，因此，这种合同弥补了这点不足。管理合同提供低风险进入外国目标市场的途径。但从市场进入战略方面看，这种方式不可取，因为它不能为企业产品建立长期的市场地位。其他不足之处有：洽商时间长、占用短期的管理精英。但若与其他方式相结合，管理合同有时能够创造双方都希望的"一揽子"许可业务。另外，还有国际分包合同、劳务输出合同等方式。

（四）合资经营进入模式

国际化企业与当地私营或国营企业分享位于目标国家企业的所有权，分担资本和其他资源，并共同管理、共担风险、共享利润的做法称为合资经营。

发展中国家的政府禁止和阻止独资经营进入是合资经营进入模式产生的最主要原因。一般而言，合资经营是由东道国政府指定的进入模式，而不是商业政策的产物。不过，合资经营进入模式有利于分散各种与政治、经营、市场有关的风险，并使企业的组织结构和竞争行为发生有意义的变化。在一个高度竞争和不确定的环境中，这种进入模式无疑是具有吸引力的。例如，西方发达国家由于考虑到政治制度的不同，往往倾向于采用合资经营进入模式。另外，对一些中小企业来说，面对飞速变化的技术和所需的大量投资，合资经营也是增强竞争地位的最有效的方式之一。

合资经营的优点在于：①利用当地资本，可减少外国投资者的投资额和风险；②可以利用东道国环境，商业实务的知识及与当地的供货商、顾客、银行和政府官员的联系；③管理、生产和营销技能；④在当地的信誉及其他资源。更为重要的是可以利用当地合伙人关于当地环境的知识和在此环境中的应变能力。一些国家允许、欢迎外商独资经营，也有一些外国公司选择合资经营进入，原因就在此。合资经营进入模式对于在国外没有独立经验的公司有吸引力，其原因也在此。

合资经营进入模式的缺陷：①合资经营会在社会文化差异、零部件来源、转移价格、市场分配、产品定价、年金控制、研究和开发及管理方式等方面发生问题；②国际化企业对合资企业的控制权小于独资企业，特别是持股较小时。因此，如果当地合伙人的利益与外国投资商的利益相冲突，则合资经营会使外国投资商的战略规划落空。为了维持合资企业的生存，外国投资商不得不迁就当地合伙人的利益。因此，合资经营进入成功的最关键因素是选择一家合资企业的目标与观点一致的合伙人。

（五）直接投资进入模式

对外直接投资是指直接参与国外被投资企业的投资活动，即投资者对国外企业不仅拥有所有权，而且对国外企业的经营活动拥有实际的控制权。跨国公司是对外直接投资的典型。

一般来说，国际化企业对外投资有以下三种类型。

（1）出口导向投资。即利用较低的劳动成本打入国外市场。例如，美国、西欧、日本的电子公司投资于东南亚国家和地区，组装电子产品，然后出口到国外市场。

（2）市场开发投资。即投资外国是为了在未来的潜在市场取得立足点。这种投资短期收益甚微，主要期望长远利益。

（3）进口替代投资。即基本上由政府发起，以达到经济发展的自给自足。由于市场保护和东道国政府的补贴，这类投资盈利率较高。直接投资有两种基本方式：收购原有企业和创建新企业。收购原有企业是国际化企业购买东道国的现有企业的股权，从而接管该企业。创建新企业是建立新的工厂，或对其实际资产进行投资。

投资进入模式较其他进入模式的优点如下。

（1）在当地投资生产能降低对外国目标市场的供货成本，因为它节省运费和关税，或由于投入要素的劳力、资源价格便宜。

（2）创造营销优势，与在本国生产相比，在当地生产更有机会根据当地需要、偏好和购买力调整产品。

（3）可以更迅速可靠地向中间商和顾客发货，提供更好的售后服务，并可借助子公司的营销力量直接经销，具有当地公司形象。

与其他进入模式相比，投资需大量的资金、管理和企业的其他资源。这种高资源投入意味着风险也大，而且由于投资进入在当地的成功取决于许多政治、社会文化因素和市场因素，所以它比其他进入模式所面临的风险范围更广。

二、企业国际经营的最新模式

（一）战略联盟：竞争合作

直到目前为止，关于战略联盟，国际商务界和研究专家并没有一个明确的定义。从广义上说：通常包括从以兼并和收购为主的牢固联合方式，发展到以联合开发、生产、技术及市场合作、合资办厂等形式为主的松散联合方式，以及企业之间或特定事业、职能部门之间的协同与合作。

跨国战略联盟的成功者信守以下四项原则。

（1）合作就是竞争。明智的企业进入联盟时既要有清醒的战略目标，又要考虑伙伴的目标。

（2）任何一方不可能在任何时候都能取胜，冲突将是导向互利的联盟的最好契机。

（3）合作是有限度的。企业要意识到这是竞争的妥协，因为他们有可能使对方获得技术的秘密，所以要仔细监督对方的行为。

（4）向对方学习是十分重要的。最佳的企业都会把合作视为向对方伙伴学习的机会，运用联盟学到合同上没有的东西。

（二）全球化与当地化

就一般意义而言，人们常常把国际化与全球化互换混用，视为同一概念的不同表述。其实，这是不完全正确的。世界或全球不等于国际，全球化与国际化是两个不同但却相互关联的概念。"国际化"一般指经济活动日益跨越国界而在地理上的延伸，它并不是什么新的现象。然而，"全球化"则不同，全球化反映了国际经济关系的不断扩张，是世界经济的各组成单元和经济主体的有机一体化的程度，是一个反映世界经济变化的重要概念。国际化是全球化的基础，而全球化是超国际化的。

与全球化相比，当地化则是实现全球化的手段和策略，是服务和服从于全球化的。全球化和当地化成为当今国际竞争的趋势。因为全球经济已经形成，企业过去生活于国别经济中，现在则处于全球经济中。所以，如果要进入和占领市场，就必须有全球的市场战略。例如，不放弃低份额的市场，因为从长远看潜力巨大；将企业在市场份额较高的国家的所得果断地投向有发展潜力的低份额市场，把在成本最低的地点生产的产品投向需求量最大的市场，当地的需求就是企业的利益，适应需求的变化才能稳定在所在国的市场。为了实现全球化和当地化，跨国企业还应特别注意环境保护、质量控制和灵活分销，这是由于以下原因。

（1）"环境眼光"比良好的公众关系都强。环境问题是全球性问题，进入全球市场需要建立生产、营销与环境的协调机制。事实上，面向21世纪的跨国企业如果没有意识到全球环境的危险是注定要失败的。

（2）质量控制。开拓全球市场，实施全球化和当地化经营，跨国企业最为关心的是质量控制问题。之所以要严格控制生产，是为了不致因为全球化和当地化而丧失在世界市场的高质量声誉。

（3）灵活分销。全球市场结构由不同国家和地区的市场组成。按不同的标准如人均国民生产总值可以把这些不同的市场分类成若干组别，在一国或一地区内又可作同样的分类。由于全球生产分销十分灵活，有的需要到当地直接销售，而有的则并不直接到当地销售，而是选择当地良好的代理，因为代理熟悉当地市场，可以灵活地分销其产品。

三、国际市场的进入策略

（一）灵活变通的所有权安排

所有权安排包括股权安排和非股权安排两种方式。股权安排是企业所有权安排进入战略的一个重要部分。决定股权安排的因素有很多，一般来说，下述因素是必须考虑的。

（1）企业国际化水平。对外直接投资和企业国际化的不同阶段对股权安排的要求不同。一般处于国际化初级阶段的企业大多愿意采取合资安排，而处在高级阶段的则倾向于独资或多数股权拥有的合资安排。

（2）经营地区。在不同的地区进行国际经营对股权安排的要求不同。企业在发达地区股权程度要求较高，在不发达地区要求较低。

（3）经营行业。不同行业的国际经营对所有权安排的要求不同。一般在知识、技术密集型行业的股权程度要求高；相反，在资本特别是劳动力密集型行业，要求的股权程度不一定很高。

（4）企业对所经营商品的垄断或优势程度。一般来说，企业经营的商品属于垄断程度高的，则往往选择全部拥有的股权，东道国很少有选择的余地。

（5）控制的策略。一般来说，跨国企业对分支企业的控制主要是通过多数拥有或全部拥有股权来实现的。但是在某些情况下，只拥有少数股权，企业也能对分支企业实施控制。例如，分散持有人股份的方法，可使拥有少数股权的投资者上升到实际上处于拥有控制企业的地位；委托的方法，也可以使少数拥有股权的投资者控制拥有多数的股东；把股权分为有投票权的股权和没有投票权的股权的方法，也可达到控制企业的目的；通过掌握决策权和控制权，包括控制某些相关企业的经营渠道来控制企业。既然通过少数股权可以达到控制的目的，就没有必要采取多数股权。

（6）东道国当地因素。跨国企业到东道国办分支企业，是采取独资还是合资形式，是多数股权还是少数股权形式，一方面要看跨国企业是否有利用当地或第三国企业的需要及需要的程度；另一方面，也要看当地合伙人是否有可被利用的因素，包括资金、技术、当地市场规模、劳工、当地政府关系及经营能力等。只有当跨国企业既有需要，又能在东道国找到合适的合伙人的时候，才会采用合资形式，并决定股权的多少。

（7）法律规定。跨国企业选择所有权形式有时并不决定于企业本身，而是受制于母国和东道国的法律。有的母国出于保护本国的外汇需要，往往直接或间接地限制一国企业在国外分支企业的股权。许多东道国为了保护本国的主权和利益等，对外资的股权作了种种限制。此外，有关国家的其他法律，如继承法、所有权转让法、私有财产权法、资源管理法、外汇管理法及各种税法，是跨国企业选择股权形式时需要考虑的重要因素。

（8）成本和收益。企业从事任何经营活动都离不开成本和收益分析。不同的股权安排，其成本和收益也不同。

跨国企业选择股权形式时对成本和收益因素考虑的方面不少，在作实际安排时，要提出几种方案供选择。在非股权方面，作为以合同参与而不是股权投资的方式，其种类随着国际商务管理的发展而不断增多。除了许可证贸易、管理合同、交钥匙工程、补偿贸易、生产加工及合作生产、联合销售外，还有许多新的创造。非股权安排的特点是比较灵活和变通，在一定时期和一定的生产经营环节上参与东道国的企业，其收益与东道国相关企业的收益息息相关。非股权安排属于个别生产要素和生产环节的国际合作，所以合同的订立十分重要，关系到进入策略的成败。

第二次世界大战后，原苏联、东欧国家的国营企业与西方跨国企业在难以办成股权式合营企业的情况下，选择在工业生产、引进技术等方面广泛地采取非股权合作形式，使合作经营得到很大发展。20世纪70年代以来，发达国家的企业之间，发展中国家的企业之间，发达国家与发展中国家的企业之间，在非股权安排的数量和形式上有了很大发展。发展中国家愿意接受非股权安排是因为它可以免遭跨国企业的控制，又能利用跨国企业的优势；跨国企业主动选择在发展中国家的非股权方式作为进入发展中国家市场的有效手段，是因为这样可以避免股权式投资各方争取管理和控制的矛盾，并能在较短的时间内，以灵活机动的方法和多种多样的形式，进行必需的零部件生产，从而集中实现自己的经营目标。

股权式安排和非股权安排可交替使用，这方面在跨国战略联盟方面表现得非常明显。为了达成与竞争对手的战略性合作，有时采用相互直接投资的股权安排，而在许多情况下并不拘泥于股权，积极采用非股权国际合营的松散、灵活联盟。

（二）一步到位和逐渐进入策略

如果企业具有竞争优势并有较大的承担风险的能力，则应期望一次性把生产经营系统的所有环节全部进入目标国家，这体现了企业强烈的开拓意识。但如果企业实力尚小，风险承担能力有限并需要逐步积累国际管理的经验，那么就应逐步进入目标国家，以"步步为营"的方式完成国际市场的战略进入。跨国企业发展的经验表明，早期开展跨国经营的企业通常采用一步到位的全部进入策略。而后期开展跨国经营的企业通常较多地采用渐进式逐步渗透策略实现国际化。例如，20世纪70年代以前，日本企业对欧洲市场的成功进入，主要就是靠这种渐进式策略。新兴工业化国家和地区的跨国企业如韩国的一些大企业，大多也采用此种进入策略跻身国际市场，这种渐进式的策略进入过程，大致可分为以下几个阶段。

（1）用选定的产品向选定的目标市场国家出口。特别是尽可能采用直接出口，这个阶段的实践，将有利于企业检验其产品在该目标国家的市场潜力和销售竞争力，以积累市场知识，为进一步投资进入做信息准备。

（2）在产品出口进入取得一定成功的基础上，在当地建立具有经营控制权或虽没有控制权但可影响其销售的分支企业，由依靠当地的进口商转变为依靠自己的销售服务系统实现产品分销。这实际上是直接投资进入的开始，只是投资的领域是销售服务环节。

（3）在直接销售取得稳固市场，且销售潜力仍很大的情况下，进一步投资建立产品装配及储运系统。这时，企业生产系统的一部分将进入目标市场，企业将不再向目标国家出口制作最终产品，而是输送处于中间制品状态的零部组件，由设在当地的装配环节完成最后的生产工序，加工成适合当地市场需要的最终产品，并通过自己在当地的销售子系统完成向目标细分市场的销售。

（4）如果当地生产条件明显有利，且产品市场潜力很大，则企业经过可行性研究将进一步扩大投资，把部分乃至全部中间半成品的生产环节建立在目标国家。这时，企业绝大部分乃至全部生产经营活动及组织系统都将扩展到目标国家。

项目六　跨国公司发展的新趋势

随着跨国公司的迅猛发展及经济全球化的纵深推进，世界经济市场化、网络化和自主化趋势已成为潮流，跨国公司的发展呈现出新的变化。

一、亚洲发展中国家跨国公司不断崛起

与发达国家相比，发展中国家跨国公司数量很小，投资规模不大，但从20世纪90年代起，亚洲地区的发展中国家的跨国公司发展速度在不断加快，并逐渐成为区域投资的主要力量。发展中国家跨国公司与发达国家跨国公司在特征、竞争优势和投资动机等方面的差异表现为如表8-1所示的各具体要素。

表8-1　　　　　　　　　发达国家与发展中国家跨国公司的比较

比较特征	发达国家跨国公司	发展中国家跨国公司
海外子公司	规模大，数量多	规模小，数量少
产品特征	名牌产品	非名牌产品
技术特征	高技术	标准技术
R&D	高投入	低投入
主要投资地区	发达国家	发展中国家
主要投资形式	控股子公司	合资企业
投资动机	效益型和战略型	资源型和市场型

发展中国家跨国公司无论是在规模、技术上还是在研发能力上，短期内无法与发达国家的跨国公司相比，但也拥有自己的优势。

（一）拥有为小市场服务的小规模生产技术

发展中国家的跨国公司通过对市场的细分，能很好地找到国际市场中发达国家跨国公司无法辐射到的地区或行业，开发了满足这种市场需求的生产技术或服务内容，从而获得竞争优势。

（二）相近市场的优势

发展中国家跨国公司更多地投资于地理位置相近或生产条件相似的地区，在原材料等生产要素的获得、适应当地市场方面具有优势，特别是在民族特色产品的海外生产上具有优势。

（三）产品成本优势

相对于发达国家跨国公司来讲，发展中国家跨国公司在竞争中更注重采用低成本的竞争优势。这与其投资区域的经济发展状况有很大的关系，发展中国家能生产更适应发展中国家市场需要的产品，再加上发展中国家劳动力丰富，具有成本优势，另外在民族和语言上有紧密联系，使得发展中国家跨国公司能够形成自己的竞争优势。

二、跨国公司的战略联盟

信息时代的到来，促成经济结构的升级和技术的大规模高速度更新，面对知识经济大潮、新的经济和金融环境，许多跨国公司深感仅凭自身的资源无法实现企业的战略目标，在竞争环境要求它们取得的战略绩效目标与它们依靠自身能力所能达到的目标之间形成一个缺口，即"战略缺口"。

战略缺口在不同程度上限制了跨国公司自我发展的步伐，在客观上要求它们尽快调整自己的发展战略，形成合作竞争，国际战略联盟成为跨国公司发展模式的新趋势。

据《世界投资报告》统计，跨国公司之间各种联盟协议的数量明显增加，从1990年的1760份增加到1995年的4600份。2004年，企业战略联盟的价值达到25万亿~40万亿美元，占全球生产和股市价值的16%~25%。

按联盟合作各方在价值链上的位置及其相互关系，可将其分为研究开发型、资源补缺型和市场营销型的国际战略联盟。

第一，研究开发型国际战略联盟。如1998年日本松下公司与美国英特尔公司合作共同开发16MB的DRAM技术。

第二，资源补缺型国际战略联盟。例如一个企业的上游R&D（研究与开发）或制造与另一个企业下游市场营销结成战略联盟。分别利用对方的下游营销网络优势和上游R&D及制造优势，可以取得资源互补、风险共担、规模经济及协同效应的优势。

第三，市场营销型国际战略联盟。

三、技术研究与开发国际化

20 世纪 90 年代以来，随着经济全球化的日益加深，加强适应国际市场复杂性、产品多样性及消费者偏好差异性的要求，跨国公司的技术研究与开发一改以往以母国为技术研究开发根据地的做法，根据它所投资东道国的人才、科技、资源等多方面的情况，在全球范围内进行生产资料的优化配置，充分利用各国现有的科技资源，降低新技术研制过程中的成本和风险，谋求技术价值链总体收益最大化，在生产国际水平不断提高的基础上，更加重视在全球范围内优化配置技术要素，R&D 国际化成为跨国公司技术发展的新趋势。

研究结果表明，跨国公司在国外 R&D 支出不断增长，比如美国跨国公司 1977 年仅为 21 亿美元而到 1993 年则达到 110 亿美元。跨国公司国外子公司从事 R&D 人数大幅提高，1980 年原西德跨国公司国外制造业工作岗位占其整个公司岗位总数的 17%，1995 年上升到 25%，而在 R&D 部门，1995 年猛增到 33%，跨国 R&D 战略联盟蓬勃兴起。

跨国公司技术研究与开发国际化的方式主要有三种：第一，建立海外 R&D 机构并与母公司形成网络系统；第二，组建海外"产教研"联合体；第三，与其他跨国公司缔结 R&D 国际战略联盟。

四、组织网络结构化

互联网技术的日益完善，使得跨国公司的组织结构出现网络化的发展趋势，几个人分处在不同的国家，通过互联网就可以成立一个跨国公司，其人数更少、规模更小，但能创造可观的利润。组织网络化是未来跨国公司发展的新的组织形式。

（一）企业与外部环境之间的关系发生了变化

在网络经济中，企业组织与外部环境之间不存在明确的边界，个人或组织可通过网络穿过组织边界，与它们的环境相联系，这种边界的模糊性使企业内的任何组织和个人成为社会经济网络的结点，从而为组织和个人提供了实现更大发展的契机。

（二）企业中许多工作的特点发生了变化

在网络经济下，适合于层级管理的简单重复性工作急剧减少，更多的机械性工作可由机器体系完成，而要求大多数雇员做的就是充满创造性的工作，组织的能力在于激发员工的才智，而不是依赖于专制性规则或机械的生产线。人们更加注重学习和与多个结点的接触和信息交流，加强与同伴的协调，进行不断的创新。

（三）交易赖以建立的市场治理环境发生了变化

在网络经济下，经济活动发生了根本性转折，其突出表现是经济活动的数字化与网络化，它突破了传统经济活动空间，进入了媒体世界，出现了各种与原有实物经济并存的虚拟经济。经济交易时空范围的无限扩大，使得人际关系更为复杂，交易中的信息对称性要求更加迫切。

（四）组织之间相互联系有了新的特点

企业之间的利益关系并不是绝对对立的，不同主体之间通过网络联结可以产生经济，即联结经济性。网络经济下的联结经济性使企业组织之间不仅是相互竞争的，而且也可以相互合作。不仅单一的经济主体通过拓展产品经营范围，可以获得范围经济，而且分属于不同经营领域的多个市场主体，通过信息网络，也能实现范围经济。

五、经营网络全球化

信息技术的发展，特别是交通运输和通信工具的现代化，为在全球范围内组织生产和进行商品、劳务的迅速转移、交流提供了条件和客观的可能性，从而出现了生产要素在世界各国之间大规模流动和资源在全球范围内配置的趋势，即在全球范围内为世界各国生产商品的"国际生产时代"，或称为"经济全球化"。

经济全球化的动力主要来自跨国公司，反过来，作为世界经济发展的一种趋势，经济全球化对跨国公司的全球化经营网络的形成也起到了促进作用。

（一）跨国公司全球经营网络具有的特征

跨国公司全球经营网络具有以下四个特征。

1. 战略资源的易得性

经济全球化要求国与国之间的经济交流必须突破社会政治制度、宗教、文化等种种限制，要求资本在世界各国之间自由流动和资源在全球范围内合理配置，跨国公司可以在市场、生产要素、管理能力及东道国优惠政策等方面取得支持。

2. 经济性

随着互联网技术在企业经营中的广泛使用，企业质量与供应得到了有效控制；实现了规模经济，成本降低；充分利用了各子公司生产能力，全球设备重复配置率最低；全球经营网络使跨国公司产品价值链分布于世界多个国家，可以获得最优经营资源，从而使企业获得更大的规模经济效益。

3. 经营的机动性

全球经营网络的动态反应能力较强，能满足不同国家市场的不同偏好，这种网络系统由于具备统一的技术与管理平台，各子公司可以共享跨国公司的制造技术和管理机制，同时由于采用敏捷制造方式，成本不会由于批量规模不景气而大大上升；该网络具有共享机制，各子公司的先进技术及经验可在网内复制、传播，各子公司也可以很好地协调。

4. 动态学习性

信息经济的重要特征之一是企业经营环境的复杂化和迅速变化，企业的学习能力已经成为企业生存的必要条件。企业在组织学习的过程中，必须使信息技术与企业流程再造有效地结合。组织学习的质量已经成为跨国企业竞争优势的来源。

（二）跨国公司全球经营网络的类型

跨国公司全球经营网络可分为两种基本类型：规模经济型和市场导向型。

1. 规模经济型全球经营网络

规模经济型全球经营网络是跨国公司垂直分布其产品价值链，整合产品价值链，并依据跨国公司整体战略意图进行拆分，然后布置于许多国家，以接近最优的资源。它的特点就是纵向一体化，集中每一加工过程以形成规模经济，并减少生产设备的重复配置。

2. 市场导向型全球经营网络

市场导向型全球经营网络系统是将整条产品价值链放在一个子公司内，它的特点是横向协调，即利用各子公司拥有共同产品技术和运行机制的有利条件进行横向协调，这种网络系统接近各国市场，响应不同市场的特殊需求；同时它拥有统一的技术管理平台，从而具有极强的复制和学习能力，获得了范围经济性。

项目七　中国企业跨国经营战略

改革开放以来，我国国家整体经济实力有了很大的提升，同时，已经有了一批拥有一定技术经济实力、熟悉国际化经营管理、适应国际市场激烈竞争需要的企业。企业跨国经营的条件已经成熟，企业国际化竞争战略将进入一个全新的历史阶段。

一、中国企业跨国经营的意义

改革开放 30 多年来，随着大量的国际企业进入我国，我国一些企业通过合资或合作的方式，引入了国外先进的技术和管理理念，已经有很多产品的质量达到或超过国际水平。中国制造的产品大量出口，显示出了明显的国际竞争力，为中国企业参与国际市场的竞争打下了坚实的基础。

随着我国加入世贸组织，国内市场竞争格局发生了很大的变化，越来越多的国际知名跨国公司进入我国，参与我国各行业的竞争。一个国家拥有跨国公司的数量和规模，已经成为衡量一国经济实力和国际竞争力的重要标志。美国之所以强大，众多跨国公司是其强大的支撑，如微软公司、沃尔玛公司、波音公司、通用公司等超大型跨国公司。

我国企业只有走出去，充分利用国内、国际两个市场、两种资源，很好地融入全球经营网络，参与国际市场竞争，才能提升企业的国际竞争力，对加强我国社会主义建设、提高综合国力具有十分重要的意义。

我国企业跨国经营不仅对企业本身，对国家、对社会都有着十分重大的意义。

（一）应对严峻的竞争形势

加入世贸组织后，我国对外开放进入了一个新的阶段。政府严格履行开放市场、给予国外企业国民待遇的承诺，为外国商品进入我国创造了有利的条件。外国对华投资出现新一轮高潮，我国已成为世界上吸引外资最多的国家，市场面临更加激烈的竞争，我国企业在自己的家门口即面临着国际竞争。

（二）可以充分利用两个市场、两种资源

众所周知，我国是一个人口众多的发展中国家，有经济开采价值的战略资源人均储量大部分都低于世界平均水平，与我国国民经济的迅猛发展对资源大量需求的矛盾日益凸显。部分资源需要大量从国外进口，比如，我国现在每年要从国际市场进口大量的石油以满足国内市场的需要。

（三）可以直接获取国外先进的技术和管理经验

我国经济在保持总量规模持续增长的同时，正面临着新一轮产业结构的调整。这与我国提出的 21 世纪上半叶，国内产业基本实现工业化，建成完善的社会主义市场经济体制构想有着很大的关系。经济结构的调整势必要在整个国际市场中形成一个大循环。

企业进行海外投资能够对我国比较优势的结构发挥积极的影响，有利于促进资金的积累和加速技术创新，也有利于缓和产品和人才供大于求的局面，提高企业的经济效益。

（四）有利于克服壁垒障碍并扩大对外贸易

我国企业长期是以低成本、粗加工的产品参与国际贸易，使得我国企业的产品经常在北美和欧洲地区的国家受到限制。发展中国家企业跨国经营不仅要发挥国家优势，更要强调厂商优势，企业只有亲自参与国际竞争，充分利用国外资源，利用世界市场，尤其是在海外投资办企业，才可直接绕过各种贸易壁垒，扩大自己的经营范围，从而提高企业的国际竞争力，充分发挥企业在国际市场中的作用。

例如，我国纺织企业在非洲兴办合资企业，产品全部销往欧洲，不需配额，使我国纺织品绕过贸易壁垒打入了欧洲市场。

二、中国企业跨国经营具备的条件

企业在制定跨国经营战略时，必须要按照国际市场的"游戏规则"制定自身的具体战略实施方案，同时要充分考虑自身的条件，对企业内部条件的

了解和分析是正确做出跨国经营决策的基础。综合分析跨国公司中的典型企业，现代企业要想实施跨国经营战略，应具备以下条件。

（一）要建立国际化的经营观念

企业跨国经营是一种完全的市场经济，我国企业想要参与国际竞争，必须要在经营观念上有较大转变，要逐步形成国际化的产品观念、国际化的市场观念和国际化的竞争观念。

首先，企业要创建自己的知名品牌。品牌是一个企业的形象，代表企业所处的行业以及所处的国家，好的品牌可以为企业带来高额的利润。如"海尔"系列产品，在国际市场上享有很高的知名度。

其次是国际化的市场观念。我国市场经济相对于国外来讲形成得比较晚，市场机制还很不完善，企业必须认真研究国际市场的规律，才能较好地适应它的要求，绝不能将企业对国内市场的理解硬套到国际市场中，犯教条主义错误。

最后是国际化的竞争观念。市场竞争规则是优胜劣汰，去伪存真。坚持客户至上、质量第一、信誉第一是唯一的途径，企业要从价格、技术和服务等方面入手来提高其国际竞争能力。

（二）要树立产品先内后外的竞争策略

只有质量、性能、价格和服务过硬的产品才能在国际市场中具有竞争优势，不成熟的产品会很快被淘汰。产品服务有其共通性，企业的产品只有在很大程度上得到国内顾客的认可，才能逐渐推向国际市场，否则企业很难在国际竞争中求得生存和发展。同时，出于技术保护的目的，先进技术的产品一般只对国内顾客使用，发达国家的跨国公司无不是如此操作的。

例如，我国生产宣纸、中药等产品的企业在走入国际市场前就忽略了这一点，将这些产品生产的专有技术无偿提供给境外的企业，使企业在跨国经营中处于十分被动的地位。

（三）要有抵御国际市场风险的意识

企业经营中的风险时时威胁着企业的生存，尤其是企业的外部风险，一个企业是难以左右的，跨国经营的企业更是如此。在跨国经营中，企业将直接面对国际市场，面临商品、服务、资本或技术等国际转移所引起的风险，如汇率变动风险、国际市场行情波动的风险、企业间信用的风险，以及贸易对象国政治、经济情况不稳定而产生的风险。

如果没有预先的判断，会给企业带来灭顶之灾，因此，企业要做好充分应对国际竞争风险的准备，识别风险、规避风险。

（四）建立符合国际竞争的经营机制

国际市场竞争的机制就是能根据国际市场行情的不断变化做出快速反应，及时制定应对策略，企业的产品结构、资金投放、人员调配、技术研发，形成自我调整的机制。

课堂笔记

我国企业要实施跨国经营战略，就要对企业现有的经营机制进行调整，结合成功跨国公司的运行机制调整，结合企业自身的特点，在企业内部建立一套与国际竞争要求相适应的、灵活高效的组织形式和内部管理体系。包括决策机制、研发机制、利益机制、自我积累自我调整机制及内部管理机制，以应对即将面对的全新的国际竞争市场。

（五）建立行之有效的国际市场导向型的战略

无论是在产品研发还是在产品质量、性能、价格和服务等方面，国际市场与国内市场由于政治、经济发展等环境差别较大，需求差别相去甚远；企业应对现有的产业结构和产品结构进行调整，将我国企业普遍采用的劳动密集型为主的产业结构逐渐调整为技术、知识密集型为主的产业结构，提高产品附加值，加大企业的利润空间；将单一的低档次、粗加工的产品线向高档次、深加工的产品线发展，从而开发多层次、多品种、灵活善变的产品，使企业生产能紧跟国际市场潮流。作为决策机构，要在价格销售渠道、技术进步、促销等方面建立适应国际市场需求的战略。

（六）组建适应国际市场竞争的管理层

我国对外开放的时间还不是很长，在对外的政策、法规等方面与国际惯例还没有实现很好的接轨，在企业跨国经营中难免会有很多不适应的地方；另外，企业跨国经营的实践经验不足，现有的高层管理人员很难应对跨国经营企业所遇到的问题。因此，企业应当培养和造就一批具有跨国经营意识、熟悉跨国经营管理、了解国际市场的高层管理人才，在企业跨国经营中既能维护国家和企业利益，又能很好地融入贸易所在国的环境中。

三、中国企业跨国经营的优势

随着我国国际地位的不断提高，综合国力的逐年增强，现代企业制度进一步完善，以及与外国企业多年不同形式的合作，我国企业参与国际竞争已经形成了一定的比较优势。主要表现为以下三个方面。

（一）低廉的成本优势

与发达国家相比，我国有丰富的劳动力资源、相对低廉的人工成本。从我国目前在国际市场中占有较大市场份额的产品不难看出，劳动力成本低是我国企业获得竞争优势的主要途径，也是我国企业参与国际竞争的优势所在。例如，在纺织、服装、家用电器、玩具等行业占有优势，这些行业也是我国沿海企业来料加工和进料加工的主要行业。

（二）广大的消费市场优势

我国人口占世界人口的五分之一左右，多年来国民经济持续稳定地高速增长，GDP 每年以 7%~9% 的速度增长，人们的生活水平有了大幅度的提高，恩格尔系数逐年下降，可供支配的用于消费的资金越来越多；国内需求长期保持高速增长，无论是投资需求还是消费需求都呈现稳定快速增长的发展势头，这些都为我国企业的国际化发展奠定了坚实的基础。

（三）适应性技术优势

在30多年的改革开放中，我国企业以不同的形式参与到国内和国际市场的竞争中，通过与跨国公司合资合作，我国企业无论是在资金、技术还是管理方面都学到了很多经验，从而在生产技术、市场营销和管理等方面得到了很大的改善，产品质量和档次有了明显的提高。

例如，海尔、格兰仕、春兰等一大批中国企业都以自己的自主品牌参与到国际竞争中，并且取得了可喜的成绩。这些条件使我国企业在国际市场上实现资源的最优化配置成为可能。

四、中国企业跨国经营存在的不足

我国企业的跨国经营，虽然取得了较大的成就，但从总体上看，仅仅处于初级阶段，没有实现大面积真正意义上的跨国经营，还存在很多的不足，主要表现在以下几个方面。

（一）投资规模较小，形不成规模经济

由于跨国经营的中国企业受自身条件的约束，短期内不可能大规模投资，我国企业真正意义上的跨国经营也就十年左右，国内母公司的规模本身不是很大，"造血"功能还不是很充分，更不能向海外的分公司提供更多的资金；另外，我国企业跨国经营的投资区域多局限于亚非拉欠发达国家，受东道国条件所限，投资规模相对狭小，大多数境外公司还处于作坊生产的状态。

（二）境外投资区域分布不合理，企业风险较大

受企业自身生产技术相对落后及政策导向的影响，我国企业跨国经营的投资区域相对狭窄，多集中在美国、墨西哥、南非、东南亚等国家和地区。所在国的地理范围、发展水平、政策法规及意识形态的差异，给企业的经营带来很大的风险，制约着企业的发展。

（三）发展态势不稳定，竞争力较低

相当一部分跨国经营的企业在没有做好充分准备的情况下，没有对国际市场进行很好的了解，没能对跨国经营风险进行合理估计，盲目进行海外投资，导致经营方向不明、经营决策失误，造成企业经营不善。

（四）外部环境不成熟，阻碍企业积极性

在我国，企业跨国投资在一定程度上来说还是新生事物，各方面相关的法律、法规和制度还不是很完善，表现在国家缺乏统一、权威的综合管理机构，对外经济法规不健全，境外投资项目审批程序复杂，外汇管理和银行信贷限制过严，在一定程度上阻碍了企业海外发展的积极性。

課堂笔记

五、中国企业跨国经营战略

企业进入国外市场的战略直接影响企业的海外经营业绩，从而影响企业整体的业绩。选择正确的跨国经营战略是企业海外投资的关键所在。在选择跨国经营战略时要充分考虑企业自身的条件，东道国的市场规模和潜力、文化差异，以及与投资项目有关的各方面的情况。

（一）地区选择战略

在选择所投资东道国时要充分考虑企业跨国经营的目的，从而能够发挥企业的优势项目或者获取企业想要的资源。

（1）以开辟市场、寻求新的利润增长点为目标的，应以消费型为主的发达国家为主要目标市场，比如北美和欧洲市场。

（2）以获取稀缺资源为目标的，应以某项资源丰富的国家或地区为投资目标，例如石油资源开发应以中东地区为主；矿产资源开发应以澳大利亚为主。

（3）以获取技术和管理为目标的，应选择工业发达、管理水平高的发达国家为主要目标，如欧洲、北美和日本等。

（二）东道国选择战略

在选择好企业拟进的地区以后，企业要在地区的不同国家间进行针对性的选择，不同国家所能提供的条件差别很大，对企业在东道国的发展影响也比较大，比如市场规模和发展潜力、政治和经济环境、税收优惠及基础设施等，这些外部条件会在一定程度上制约或推进海外投资的发展。

例如，经济欠发达的发展中国家对外商投资给予的税收优惠幅度要远远大于发达国家。

（三）进入方式选择战略

企业海外投资的方式主要有贸易方式、合同协议方式和直接投资三种方式。相对于其他两种方式，贸易方式具有风险小、资金少、成本低和见效快的特点。

我国企业的国际化仍处于初级阶段，企业规模较小，管理经验不足，但生产制造优势比较明显，而且大部分企业仍处于寻求海外市场阶段。通过直接或间接出口的方式，一方面，可以降低企业的经营风险；另一方面，通过贸易方式可以了解海外市场信息，积累国际经营经验，培养国际经验人才，为企业今后在海外的发展打下坚实的基础。

（四）国际品牌选择战略

在激烈竞争的国际市场上，取得有效的市场控制权对企业十分重要。企业除了要具备雄厚的资金、先进的技术和相对优势的成本以外，还要有自己的国际知名品牌，但要创立国际知名品牌对企业来说难度很大，一旦形成自己的自主品牌以后，对确立企业在竞争中的地位意义重大。我国企业在国际品牌经营战略上开创了创牌、贴牌和创牌与贴牌并举的三种战略。企业应根据自身的特点和优势选择一种适合自己的品牌战略。

在创立战略方面，中石化赞助 F1 比赛、联想成为奥运会合作伙伴、李宁与 NBA 官方进行合作，它们都是以创立国际知名品牌、建立国际化企业为目标，努力使中国品牌冲出国门，销售到全世界；在贴牌战略方面，格兰仕企业发挥了比较优势，通过贴牌（OEM）方式使产品走向国际市场，创立了另一条跨国经营的成功之路，青岛双星集团在美国等发达国家市场采用"贴牌战略"，在发展中国家市场采用"创牌战略"。

思考题

（1）企业为什么要开展国际化经营？

（2）什么是跨国企业？

（3）企业国际化经营需要分析哪些环境因素？

（4）如何选择国际化经营的战略？

（5）如何确定企业进入国际市场的方式？

（6）影响企业进入国际市场方式的因素有哪些？

（7）分别以一个成功企业和失败企业的国际战略联盟为例，分析它们建立联盟的动因，以及成功和失败的原因。

实训项目八

实训内容	主题	考查方式	评分
分组探讨	如何看待企业跨国经营发展的新趋势	提交分析报告（500 字以上）	
参观访问	联系地方企业进行团体参观，了解该公司在国际化经营的战略选择与经营模式	制作成演示文件在课内讲解	
总分			

课堂笔记

模块九　职能战略

　　企业经营战略的制定和实施可以为企业的经营与发展确定目标，指明方向，但它仅仅解决了企业经营方向和目标等问题，不能解决实现目标的主要途径及行动的准则。如果没有实现目标的策略和政策，企业战略管理也只能停留在最初的设想中。

　　随着现代管理日趋复杂和困难，企业职能部门的作用变得越来越重要。因而在战略计划的制定过程中也必须依赖职能部门的支持，以使职能战略与企业总体战略和经营战略协调一致。

　　企业职能战略是为实现企业总体战略，而对企业内部的各项职能活动作出的统筹安排。企业要实现战略设想，必须通过有效的职能活动来运用资源，使企业的人力、物力和财力与其生产经营活动的各个环节密切结合，与企业的总体战略协调一致才有可能成功。

项目一　财务战略

　　财务战略是一项通过对资金筹措与使用的安排，以协调或平衡企业战略体系中的各项战略活动的职能战略。财务战略所处理的主要是以资金的形式表现出来的一种资源。资金是企业运作的第一推动力，企业经营的全过程实质上是资金活动的全过程。因此，企业的财务战略关系总体战略的实现与否。

一、筹资战略

　　筹资战略主要是根据企业经营的实际需要，针对现有的筹资渠道，统筹考虑筹资数额、期限、利率、风险等方面因素，来选择资金成本最低的方案，即最优方案。

（一）筹资结构分析

　　企业在实施大型投资项目时，往往需要多渠道、多形式地筹集资金，为降低投资风险，在此之前企业必须要对其筹资结构进行分析。筹资结构分析的重点是企业自有资金与贷款构成的比例，对企业自有资金收益率和企业风险大小的影响。企业自有资金一般可以通过发行股票或使用留存收益来筹集，而企业贷款则可通过发行债券或向各种金融机构借款来筹集。

企业可以根据投资项目的预计收益能力、风险大小和企业承担风险的能力，选择合适的筹资战略，进行必要的风险筹资结构组合，以追求较高的投资报酬和较小的企业风险。另外，在筹资手段上，可以选择股票筹资或是债券、贷款筹资，以建立适当的负债比例。

（二）筹资方法选择

企业选择筹资方案必须有两个前提条件：一是假设所有企业都是有效经营的；二是要有比较完善的资金市场。筹资方法的选择大致有以下几种。

1. 比较筹资成本

企业在筹资活动中，为获得资金必须付出一定的代价。比较筹资成本法有三方面的内容：①比较各种资金来源的成本；②比较各种投资人的各种附加条件；③比较筹资的时间成本。

2. 比较筹资机会

筹资机会的比较包含以下两方面的内容。

（1）要对迅速变化的资金市场上的时机进行选择。它包括筹资时间的比较和订价时间的比较，筹资的实施机会选择主要由主管财务人员在投资银行的帮助下，根据当时的市场情况作出决定。

（2）对筹资风险程度的比较。企业筹资面临着两方面的风险，除了企业自身经营上的风险外，还有资金市场上的风险。在进行筹资决策时，必须将不同筹资方案的综合风险进行比较，选择最优方案。

3. 比较筹资代价与收益

比较筹资代价与项目生产的收益，是筹资决策的主要内容。如果企业筹资项目的预计收益大于筹资的代价，则筹资方案是可行的。

二、投资战略

投资就是将资金物化为资产的一种活动，它是为了获取资金增值或避免风险而运用资金的一种活动。它包括决定企业基本结构的固定资产投资和维持生产经营活动所必需的流动资产投资。

（一）流动资产投资策略

流动资产是企业生产经营活动的必要条件，其投资的核心不在于流动资产本身的数量多少，而在于流动资产能否在生产经营中发挥作用。流动资产投资策略主要涉及以下两个方面的策略，其决策目标是节约企业流动资金的使用和占用，以便最大化地实现利润。

（1）存货投资策略。存货在采购、生产、销售之间起着缓冲的作用。存货太多，造成产品或原材料的积压和大量资金闲置，从而影响企业的经济效益；存货太少，则会影响企业生产经营活动的连续性。

（2）应收账款投资策略。应收账款是一种商业信贷，必然要占用一定的资金。如果应收账款投资较多，则会增加资金占用和坏账风险，但同时却可以刺激销售，增加利润。反之，虽然减少了资金占用及其机会成本和坏账风险，但也会降低销售额。因此，合理的应收账款投资必须在利润与风险之间取得平衡。

（二）固定资产投资策略

企业的固定资产投资有以下两种主要策略。

（1）市场导向投资策略。它要求固定资产投资随着市场的变化而适时地变化。但是，在实际操作时，固定资产投资策略却不可能随之不停地变化。因为固定资产投资的量一般很大，它反映了企业的规模，并着眼于一定的时期。所以，在不断变化的市场环境中，及时地抓住固定资产投资的机会，使之既不会使原有的投资浪费，又尽可能地发挥新投资的效益，是这一策略的关键。

（2）最低标准收益率策略。它是指企业决定某项固定资产投资之前，首先要制定最低标准的投资回收率，只有高于这一收益率的项目才有可能被采纳。从理论上讲，可行的最低标准收益率应该是企业的资金成本。但在实践中，从企业的发展愿望出发，企业对风险的估计和对利润的追求都要求项目的投资收益率高于资金成本。

三、财务结构战略

财务结构是指企业资产的融资形式。它一般列于平衡表的右侧，包括短期债务、长期债务及股东权益。它的范围较公司的资本结构更为广泛。公司的资本结构或资本化仅仅是指永久性筹资，以长期债务、优先股、股东权益为主，包含在财务结构中。财务结构战略主要是在对企业当前的财务结构正确估计的基础上，结合企业的经营现状，通过调整各种比率、杠杆，确定最有利于战略目标实现的财务结构。

（一）比率分析

比率分析需要分析流动性、收益性、安全性、成长性等方面，具体可参见本书模块四中的项目四"企业财力资源分析"的相关内容。

（二）杠杆分析

企业的杠杆作用是由企业的财务结构形成的。企业全部负债对全部资产的比率构成财务杠杆，企业的固定资本对变动资本构成经营杠杆，两者结合起来并综合地加以运用就可以使企业的利润更好地增长。

（1）经营杠杆。一般情况下，经营杠杆程度高，盈亏平衡点的销售额则较高，利润的增长速度就比较快。因此，如果企业预计未来的销售额较高，就可以采取较高的经营杠杆。但是，如果预计失误则会造成大量的固定成本无法分摊，导致亏损。相反，则应采取程度较低的经营杠杆。但是，如果预测失误，又会因存在大量的变动成本而无法提高盈利水平。可见，经营杠杆选取不当会给企业带来很大的经营风险。

（2）财务杠杆。经营杠杆影响的是税息前利润，而财务杠杆的程度影响的是税后净收益，即每股盈余。财务杠杆的程度是指税息前利润发生一定百分比的变化所引起的每股盈余变化的百分比。

当然，企业在选择财务结构战略时，要综合考虑企业内外部的各种因素，如企业销售变化的幅度及稳定程度、企业长远的发展前景、企业所处的行业、企业的资产结构及企业领导人的风险意识等，并在对这些要素进行充分考察的基础上，正确处理企业利润与经营风险之间的关系，以确定较为合理的经济增长目标。

项目二　市场营销战略

影响战略实施成败的市场营销因素难以计数，由于篇幅所限，不可能全部讨论。以下列举一些需要作出决策的市场营销问题。

（1）是采用独家还是多家销售渠道。

（2）是大量应用、少量应用还是不应用电视广告。

（3）是否限制与某单一用户的业务在全部业务中的比重。

（4）采取价格领先政策还是采取价格跟随政策。

（5）提供完全的还是有限的产品质量保证。

（6）销售人员的报酬完全按销售提成还是工资与提成相结合。

（7）是否在网上进行广告营销。

对于战略实施至关重要的两个因素是市场细分与产品定位。市场细分和产品定位也是对战略管理影响最大的两个市场营销要素。

一、市场细分

市场细分策略被广泛应用于战略实施，尤其是在小型和专业化的企业中。市场细分可以被定义为：按照需求和购买习惯的不同，将市场分为不同的用户群组。

市场细分是战略实施中的一个重要策略，这是由于以下三个主要原因。

（1）诸如市场开发、产品开发、市场渗透和多角化经营这样的战略，都需要通过新市场和新产品来增加销售。为成功地实施这些战略，需要有新的或经过改进的市场细分方法。

（2）市场细分可以使企业利用有限的资源进行经营，因为它不需要进行大批量生产、大批量分销和大规模的广告营销。市场细分可使小企业通过单位产品盈利和单位细分市场销售量最大化而成功地与大企业进行竞争。

（3）市场细分决策会直接影响产品、渠道、促销和价格这四个营销组合变量。

评价潜在的细分市场要求战略制定者确定用户的特征和需求，分析用户的相似与不同并认定消费者群体。细分消费品市场一般比细分工业用品市场更为容易，因为工业用品（如集成电路和叉车）有多重用途，并为多种用户群体所购买。

市场细分可以使企业针对特定的用户群体进行生产与营销，下一步便是发现用户的需求和期望，这需要进行分析和研究。大量研究结果表明，用户对服务的要求及对不同服务活动重要性的排序有很大的不同，生产者对服务的看法也有很大的不同。很多公司正是通过缩小用户与生产者在对什么是良好服务这一问题的认识上的差距而取得了成功。起决定作用的是用户认为什么是良好的服务，而不是生产者认为应当提供什么样的服务。

二、产品定位

确定重点营销目标用户，是决定如何满足特定用户群体需求的前提条件。产品定位被广泛地用于实现这一目的。进行产品定位，首先必须将自己的产品或服务与竞争者的产品或服务，在一些对本产业十分重要的方面进行比较。以产品定位作为战略实施工具的一些经验如下。

（1）寻求市场空隙或市场空位。最佳的战略机会往往存在于尚未开发的细分市场之中。

（2）在各细分市场之间不要"骑墙"。任何均等对待各细分市场的做法（如划分很大的细分市场）的优越性，都会被不能很好地满足某一细分市场需求的弊端所抵消。用决策理论的原理讲，就是要防止因致力于一个以上的目标而形成次优。

（3）不要在两个细分市场中使用同样的战略。不能将适用于某一细分市场的战略直接移植于另一个细分市场。

有效的产品定位战略应能满足以下两个标准。

（1）因独具特色使企业区别于其他竞争者。

（2）使用户对服务水平的预期略小于企业的提供能力。企业不应使用户对服务的预期超过自己能够或愿意提供的水平。这对营销来说是一种持续的挑战。企业应当向用户传达某种预期，然后再以实际行动超过这一预期，即做到低承诺而高兑现。

项目三　生产与运作战略

生产与运作战略决定在何地以何种方法制造产品，决定纵向一体化程度、有形资源配置及与供应商的联系等。

生产与运作战略决定着企业在运作过程所运用技术的最佳水平。如 CAD/CAM、柔性制造系统、计算机数控系统、自动定位系统、机器人、制造资源计划（MRP Ⅱ）、优化生产技术、准时交货制等技术的采用，有助于增加灵活性，加快反应速度，提高生产率。但是，这些技术的采用需要大笔投资，因而会增加固定成本。如果企业不能实现规模经济或范围经济，就会引起大问题。

在很多产业中，由于竞争强度不断增加，迫使企业要转变传统的大规模生产方式，而采用持续改进生产战略，运用跨职能团队努力改进生产工艺。因为，持续改进既有大规模生产方式成本低的优点，又能显著提高质量水平，所以它很快就取代了大规模生产而成为一种有效的生产与运作战略。

随着多样化的市场从统一的市场中迅速成长，产品生命周期和开发周期日益缩短，越来越多的企业尝试采用大规模定制作为其生产与运作战略。大规模定制是指对定制的产品或服务进行个别的大规模生产，包括从有效地参与特定需求市场的竞争到实际上为每一个消费者提供独一无二定制产品的整个范围。大规模定制本质上是指能够以大规模生产的价格实现产品多样化甚至是个性化的定制。采用大规模定制时，企业可以同时兼顾低成本与个性化。低成本主要通过范围经济来实现。企业用标准化的零部件实现规模经济，将部件按多种方式进行组合，形成多种最终产品，从而实现范围经济。与持续改进相比，大规模定制强调的是灵活性与快速响应。为了适应不断变化的环境，大规模定制要求重组人员、过程、事业部与技术，以便按照顾客的时间要求提供顾客需要的定制产品。

B. 约瑟夫·派恩认为，大规模定制战略中有以下四个创新点，使大规模和定制化同时实现。

（1）原料和部件的及时发送和生产，消除了过程间断，降低库存成本。

（2）减少了准备和转换的次数，可直接降低运行规模和变化成本。

（3）压缩价值链中所有过程的循环周期，可避免因增加灵活性和反应能力造成的浪费，从而降低成本。

（4）按订单生产而不是预测生产，订单可以提供个性化定制所需要的信息。这样，可以降低库存成本，消除生产不足或生产过剩。

戴尔电脑公司是大规模定制战略的成功典范。戴尔电脑公司成立于1984年，其并非以技术见长，而是追求生产—经营—销售—服务流程中的创新，尽可能消除中间环节，充分利用互联网，形成了以消费者为导向的直接订销模式，在电脑业掀起了一场真正的革命。戴尔电脑公司的立足之本是以低于竞争对手的成本向消费者提供有价值的、个性化的服务。例如，戴尔电脑公司为福特汽车公司不同部门的员工设计了各种不同的配置。当通过福特汽车公司内联网接到订货时，戴尔电脑公司马上就知道订货的是哪个工种的员工，他需要哪种电脑。戴尔电脑公司便组装合适的硬件，甚至安装适当的软件。目前，消费者利用戴尔电脑公司的在线配置系统，在尺寸能力、硬盘能力、调制解调器等方面进行多达1600万种组合。戴尔电脑公司的配置是流水线上的组装产品，与消费者的需要完全一致，并有优秀的后勤服务，因此它能以较低的成本开展大规模定制服务，其电脑价格比 IBM、康柏的还要低些。

项目四 研究与开发战略

企业的生存与发展必须不断满足消费者经常变化的需求，这是企业研究与开发的动力，也是企业制定研究与开发战略的意义所在。

一、新产品的概念和分类

（一）新产品的概念

按照现代市场营销学的观点，新产品是指对企业而言的一切新开创的产品。也就是说，产品整体概念中任何一部分的创新或变革，都属于新产品。

新产品是指在设计原理、生产工艺、产品功能、外形包装等某一方面或几方面同其他产品相比具有显著改进、提高盈利性或有推广价值的产品。

新产品不一定是前所未有的全新产品，它是一个相对的概念，可以是相对于老产品，也可以是相对于地区市场而言。如首次出现在某地区市场的产品，就是新产品。

可见，新产品的新意体现在整体产品概念的各个方面，表现在新的产品技术、新的销售市场、新的消费者和新的消费观念等方面。

（二）新产品的分类

1. 按照新产品的新颖程度划分

（1）改进型新产品。它是指在原有产品的基础上采用各种改进技术，对产品的功能、性能或型号、规格、花色、包装等方面进行一定的改进而生产的产品，包括在原产品基础上派生出来的变型产品。这种产品的研制难度和成本最低，周期也短，成功的可能性最大，但是其技术经济优势较低。

（2）换代型新产品。其基本原理不变，部分采用新技术、新材料、新工艺，使产品的性能、功能或各项经济指标有显著的提高，研制难度要比改进型新产品大，成本也要高一些。

（3）创新型产品。它是指采用新原理、新技术、新材料、新工艺，性能指标有突破性提高或能满足特殊需要的产品。这种产品的开发一般要进行大量的科研，难度最大，成本最高，成功可能性最小，一旦投放市场获得成功，其技术经济优势非常明显。

2. 按照新产品的地域特征划分

（1）国际新产品。这是指在世界范围内第一次研制和销售的产品。

（2）国内新产品。这是指在国外已有而在国内是第一次研制和销售的新产品。这种新产品可以填补国内某类产品的空白，如果能从国外引进技术，则具有较好的发展条件。

（3）地区性或企业新产品。这是指虽然在国内已有，但在本地区或本企业是第一次研制和销售的新产品。这种新产品如果能够借鉴其他企业的技术或样本，则会具有很好的市场发展条件。

从以上的分类可以看出，新产品一般有以下的特点：

（1）比原有产品在功能、结构等方面具有更先进的水平。

（2）都是新技术的产物，具有一定的创新性。

（3）具有一定的经济性。

（4）投放市场都面临一定的风险。

二、新产品开发

新产品开发是企业研究与开发战略的主要内容，也是企业进行研究与开发工作的焦点。随着市场需求和消费者偏好的改变及新科技的发展，产品生命周期逐渐缩短。企业如果不能及时推出市场需要的新产品，不从事新产品的开发，则其经营将会越来越困难。

企业要获得新产品，可以根据实际情况作出不同的选择。

（1）通过购买的方式来获得。既可通过购买小企业，获得有市场吸引力的产品线，又可向其他企业或个人购买专利权，还可以用许可证协议购买新产品的制造权。

（2）通过自主开发的方式获得新产品。具体的途径主要有：①通过自己的研究部门开发新产品；②雇用社会上独立的研究人员或开发机构为本企业开发新产品。

（一）新产品的开发方式

（1）独立型。企业通过自己的开发部门，对社会潜在的消费需求或现有产品存在的问题进行研究，设计出具有突破性的新产品或更新换代的产品。这种方式对企业的资金和技术要求较高。

（2）契约型。企业委托社会上独立的研究机构或个人进行开发，并支付一定的科研费用。这种方式可以充分利用社会上的科技力量，缓解企业的资金压力。

（3）研制与技术引进结合型。企业新产品的研制计划是通过购买专利或专有技术等形式，引进关键的技术或设备，使之与现有的技术相结合。这种方式既能增强新产品在市场上的竞争力，又能使引进技术发挥较大的经济效果。它是目前国际上较为流行的开发方式。

（4）引进技术型。直接从国外引进技术可以减少本企业的科研经费，缓解科研力量的不足，加速企业的技术发展，短期内收效较大，但一般成本较高。这种方式在发展中国家的企业中较为常见。

（二）新产品开发策略的选择

从市场竞争和产品系列的角度考虑，企业的新产品开发策略可分为以下几种。

（1）抢先策略。它是指企业抢在所有竞争者之前开发新产品，抢先将其投入市场，以求在市场上获得先入为主的优势地位的策略。这种策略能先发制人，使企业在技术上处于领先地位。但是，其风险较大，要求企业具有较强的研发能力和小批量生产与试制能力，还要有足够的人力、物力和资金的支持。采用这种策略由于先进入市场，可以采取高价出售的撇脂政策，利用新产品最早进入市场到仿制品出现的时间差争取最大的盈利。

（2）紧跟策略。企业在市场上一发现有竞争力强的产品就立即进行仿制并投入市场。它要求企业具有较宽的市场信息网络和较强的市场应变能力与研发能力。

（3）产品线宽度策略。企业产品线选择的宽窄程度可以分为两类：宽产品系列策略和窄产品系列策略。宽产品系列策略是指企业生产多个产品系列，每个产品系列有多种产品。这是一种多样化经营，不仅分散了市场营销过程中的种种风险，而且也避免了单一产品生产的单一化风险。它适用于实力较强的企业。窄产品系列策略是指企业只生产一两个产品系列，每个产品系列也只有一两种产品，它一般被细分市场的补缺者采用。

（4）产品线深度策略。每个产品系列的品种规格的数量称为产品线深度。由于产品存在生命周期，因此新产品开发策略是不同的。在产品的投入期，应尽量收集市场信息以便能够进一步改良产品；在成长期，企业可以根据自身条件，以该产品为基准，及时推出系列产品以便占领多个细分市场；在成熟期，企业可采取产品改良的方法，推行市场渗透策略。

（5）仿制策略。企业通过仿制竞争能力强和技术先进的产品，以较低的成本开拓市场。这种策略的关键不在于抢时间而在于成本最低。由于是仿制，所以开发成本较低，同时由于产品进入市场的时机一般在成长期或稍晚的时间，所以此时销量较大，产品成本和销售费用存在规模经济。

（6）市场服务策略。这是指提供附加产品或以服务取胜的战略。该策略不太注重产品本身的开发，而是通过加强售前或售后服务来满足顾客的各种需求，树立良好声誉。

（三）新产品开发程序

新产品开发程序是指从确立新产品开发目标到新产品研制成功进入市场为止所经历的过程。主要包括以下几个阶段。

（1）构思阶段。成功的新产品源于创造性的构思。新的构思来源于以下几个方面：①对消费者的分析；②研究能力；③中间商的建议；④竞争者的研发情况。

（2）构思筛选阶段。这一阶段是对各种新产品构思进行评价和优选。主要考虑：①新产品的发展趋势；②消费者的需求潜力；③开发新产品需要的条件是否具备。

（3）概念形成阶段。筛选后的新产品构思，必须用图形或模型表示出来，形成比较完整的产品概念。

（4）营销分析阶段。营销分析是对新产品概念进行财务分析，并预算产品进入市场的销售量、成本和利润，从而确定新产品的销售目标和计划。

（5）研制与试生产阶段。把经过测试和分析的产品概念制成样本或模型，同步要完成的还包括商标和包装设计。只有在样本通过鉴定以后才能进行小批量试生产。这一阶段是新产品开发的重要阶段，因为产品一旦定型，再要进行改进就相当困难。另外，应尽量缩短研制时间，以便及时推向市场。

（6）试销阶段。在这一阶段应及时了解消费者和中间商的反应和建议，以及市场的需求情况，为以后的正式生产提供决策依据。

（7）正式投产阶段。试销成功以后，可以进入大量生产和销售阶段。此时，需要通过大量的广告或人员促销，使产品尽快为广大顾客所接受，同时应建立相应的管理机制和通畅的销售渠道，做好售后服务工作，搜集顾客反馈信息和建议，促使产品尽快进入成长期和成熟期。

三、技术转移与知识产权

（一）技术转移的概念及主要形式

技术转移是指技术作为一种生产要素，可以通过有偿或无偿的方式，从一个企业流向其他企业的过程。

技术转移按不同的标准划分有不同的形式。

1. 根据技术转移的代价划分

（1）有偿技术转移。它是指接受技术的一方需要向提供技术的一方支付一定的费用。有偿技术转移也称技术贸易。技术贸易中使用权转移称为许可证贸易，所有权转移称为技术转让。

（2）无偿技术转移。它是指赠予、继承等技术转移方式。也可以通过互相访问、参观、考察、举办技术产品展览、讲座、学术交流等方式无偿获得各自需要的技术。

2. 按照可供转移的技术成果内容划分

（1）产品实物形式的技术。例如，生产线、技术设备、技术产品等。

（2）劳动过程形式的技术。例如，工艺技术、生产流程。

（3）信息形式的技术。例如，配方、专利、方法等。

3. 按照技术在生产过程不同阶段的作用和行政管理划分

（1）垂直技术转移。这是指技术成果的基础作用可使引进方进行垂直分工体系的下阶段研究和应用。表现为科技发明、技术创新、应用扩散的转移过程。

（2）水平技术转移。这是指研究成果向不同国家中与之相关的行业和领域的横向转移。例如，将已经开发的新技术、新工艺从原来的环境转移到新的环境。

从分类情况可见，技术转移有一定的环境要求，它是技术在空间传递、消化、吸收和应用的过程。

（二）知识产权的概念和特征

知识产权（简称 IP）是从法律上确认和保护公民及法人在科学、技术、文学、艺术等精神领域所创造的智力"产品"，具有专有权或独占权，他人不得侵犯，否则要受到法律制裁。知识产权主要包括版权、专利权、专有技术权和商标权，其中专利权、专有技术权和商标权称为工业产权。

知识产权与有形财产权（即物权）相比有以下特征。

（1）专有性。这些权利一经确立，即具有排他性，只有权利人才能享有，其他人未经同意不得使用。

（2）时间性。法律规定的期限一到，知识产权就自行终止。

（3）地域性。一国确定和保护的知识产权，只能在该国法律所管辖的范围内有效。在没有专门条约的规定下，在其他国家得不到保护。

（4）人身权和财产权并存。法律对知识产权所有人的保护，不仅在于权利人在一定时间内享有因该智力成果的使用、转让、许可等获得收益权，还在于权利人对该智力成果享有的永久的人身权，如署名权等。

（三）知识产权保护的主要形式

专利权、商标权的申请及专有技术合同保护等，都属于知识产权保护的范畴。知识产权的保护，主要有以下几种形式。

（1）申请专利保护的实质是专利申请人或其权利继承人，将其发明向公众进行充分的公开，以换取对发明拥有一定期限的垄断权、专有权，超过规定的期限，便不受法律的保护，专利技术进入公共领域。

（2）专有技术与专利不同，包括未公开的情报、数据、工商秘密形式等，它是一种民间保密形式，通过在技术发明企业内部实施保密的办法达到垄断新技术的目的，也可以通过侵权法和反不正当竞争法等方式进行保护。

（3）申请商标权的实质是，商标所有人因对其商标的占有与支配，而与非商标所有人之间发生法律关系，这种法律关系通过商标法体现出来，受国家强制力保障，可以长期维护商标使用者的产品信誉和影响力。

四、技术断裂

研究与开发战略中还应考虑的一个重要因素是时间，即在研究与开发过程中企业必须决定：什么时候放弃现有的技术，什么时候开发或采用新的技术。麦肯锡咨询公司的里查德·弗斯特，在对各种各样的技术进程和模式研究之后认为，一种技术被另一种技术替代（称为技术断裂或技术非连续性）是一种经常发生的现象，在战略上是非常重要的。对于给定行业中的一项技术，产品效益或性能与研究努力程度或研究费用的关系，如图9-1所示，它呈 S 形的曲线状。

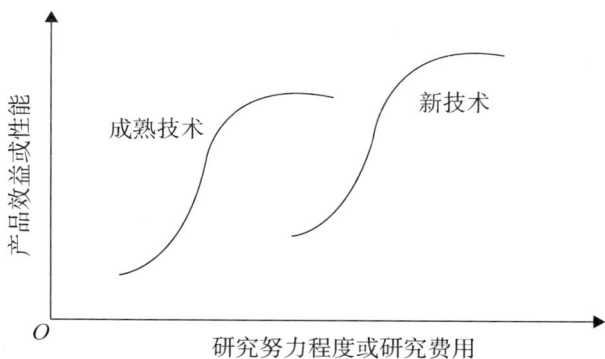

图 9-1　技术断裂

技术断裂的过程是：在技术开发的早期阶段，应建立一定的知识基础，产品性能的改进需要相对大量的研究努力程度或研究费用。随后，产品性能的改进变得较容易。再后，随着技术达到其极限状况，产品性能的改进变得较慢而且昂贵，此时正是投资于研究与技术开发之时。也正是在这个时候，投资于新技术研究的竞争者，可能会挤垮持有原技术的企业，甚至使整个行业发生翻天覆地的变化。正如里查德·弗斯特所指出的那样，历史已经表明，当一项技术接近于其 S 曲线的末端时，市场上的竞争领导地位通常会易手。每次当技术的非连续性发生时，那些已经建立起来的企业由于在老技术上投以巨资，不敢接受未来新的技术，其结果是被抛在后面。

由此可见，技术断裂对于那些奉行成本领先战略的企业来说尤为重要。那么，如何应对技术断裂问题？安索夫提出如下的指导性建议：①持续地寻求新技术产生的源泉；②随着新技术的出现，应作出适时的努力，或者获取这项新技术，或者准备退出市场；③重新配置资源，从改进过时的生产过程导向技术转变到投资于新产品导向技术，使新技术实现商业化。

项目五　人力资源战略

与古典管理理论不同，现代管理理论包含了更多人力资源的内容。在战略管理的时代，人力资源不再是单纯地注重个体的作用，而是更强调群体的力量。追求人力资源结构在知识、经验、技能、年龄、数量等方面达到优化是企业实行人力资源战略管理的主要目的。在企业战略管理中，人力资源战略正是对这种资源进行筹划，配合企业总体战略和其他职能战略的实现。

从战略的角度讲，人力资源是企业的长期财富，其价值在于创造企业与众不同的竞争优势，它不同于短期的经营管理式的人事职能活动，人事职能活动仅仅使企业获得人力资源财富中的一小部分。由于人力资源在企业整个资源结构中处于越来越活跃的状态，所以受企业不可控因素的影响也越来越大，因而人力资源与企业战略需要的配合变得更加困难。从这个意义上讲，有效地制定企业人力资源战略就显得尤为重要。

一、人才开发与培训战略

（一）人才开发与培训战略的主要内容

人才开发与培训战略是企业人力资源战略的基础，并可进一步分为人才开发战略和人才培训战略，两者既有区别，又有联系，且各有不同的侧重点。

人才开发战略主要侧重于发现、发掘人才，即获得具有某种专长的人。它既是一种目标，又是一个过程。该战略要求企业根据总体战略对未来中长期发展所需人才的类型、数量、素质、结构等作出总体的规划，同时还要选择开发方式，明确实施计划，确立组织体系和评价方法等。

企业的人才培训战略侧重于企业人才能力的培养、技能的训练、潜在能力的发掘和提高。它包括对管理人员、专业技术人员等的专门培训，也包括对全体职工的一般培训和教育。其内容有确定培训目标和内容、选择培训方式、实施培训计划和测定培训效果等。

（二）人才开发与培训战略的制定

1. 人力资源的供求平衡分析

人力资源战略总是随着企业总体战略的变化而变化。企业战略的变化一方面带来了工作和任务的变化，形成新的工作和业务，需要增加新的人员；另一方面，因企业战略类型或阶段性变化，对不同类型人员的需求也发生变化，这就要求企业对人力资源的供求平衡进行分析。人力资源供求平衡分析主要包括以下内容。

（1）工作分析。它是由企业战略所规定的。企业各层次战略所提出的各项活动必须落实具体要做的工作，才能对工作人员提出具体的要求。这就需要从战略的角度进行工作分析。分析的内容包括该项工作的主要内容、程序、方法、责任、应注意的事项，以及对人员的特殊要求、报酬制度的设计等。分析的结果要形成工作说明和规定，前者说明与工作有关的事项，后者对承担工作的人应具有的条件进行规定。

（2）人力资源需求预测。工作分析将企业的各类战略活动变成具体的工作，从而可以对人员的需求作出预测。

（3）人力资源供应预测。企业的人力资源来自内外两个方面。源于外部的途径较多，但稳定的长期来源则需要契约来保证。内部来源主要通过对人员的培训和晋升来保证。但无论哪种来源，人力资源的供应预测主要是针对企业战略所需各类人员的数量进行预测，具有明确的针对性。

（4）人力资源供求平衡分析。根据上述分析，可以明确企业长期人力资源供需平衡的结果。这一结果能够指出企业战略活动在不同时间需要的人员结构，这些人员是由企业内部提供，还是从外部招聘，是否存在缺口等。并可进一步据此针对如何安排企业富余人员、补充不足人员和稳定人员供需平衡等方面，提出人力资源战略的政策和目标。

2. 人才开发与培训战略的制定程序

人才开发与培训战略的制定应建立在科学、实际、统一的基础上，而且必须按照一定的程序，有组织、有计划地实施，并定期加以检查，以保证人才开发培训战略的科学和有效。企业的人才开发与培训战略应包含以下程序：①了解人才的现状；②明确人才开发与培训的目标；③确定开发培训的方式；④组织实施计划；⑤检查培训效果。

人才开发与培训战略实施程序，如图9-2所示。

了解人才现状 → 明确开发与培训目标 → 制定开发与培训方式 → 组织实施计划 → 检查培训效果

图9-2　人才开发与培训战略实施程序

企业制定人才培训计划的具体程序如下。

（1）对企业人员现状进行调查。其内容主要涉及人员的年龄、受教育程度、工作经历、知识背景、工作态度、性格特征等。

（2）明确开发培训目标。它是指企业的人才培训计划应符合企业战略的总体要求，并据此制定，以便能够培养出企业未来发展所需的各种人才。

（3）确定目标之后，要寻找实现目标的途径。不同的方式有不同的要求条件和效果。因此，企业应在综合内外部因素之后，制定具体的开发培训方式。

（4）当目标和方式统一之后，要制定详细的培训开发计划，并由专门的职能机构组织实施。计划可以由企业的战略规划部门会同人事部门一起制定；也可由培训人员、主管部门和企业领导多方协调，统一制定；还可以邀请咨询机构制定，再由企业选择决定；或者由企业和外部的咨询机构共同协商制定。但无论采取什么方式，企业都必须要有专门的职能机构负责组织实施。

（5）为了保证培训的质量和效果，企业应定期对接受培训的人员进行考核评价。

二、人才使用战略

人才使用战略是企业人力资源战略的重要组成部分。人才的开发与培训实际上也是在使用中进行的，因此人才的使用也是人力资源开发与培训的一种方式。许多企业（包括国外的企业）都有新职工参加企业轮训的制度，即轮流到车间、职能部门工作一段时间，既有利于了解企业的整体情况，同时也有利于他们能够在未来的工作中发挥更大的作用。

人才使用战略的原则主要包括如下。

（1）人尽其才、物尽其用的使用原则。企业战略和组织结构设计需要的岗位职责，必须和担任这一职务的人的能力相匹配，这样才有利于激发人的积极性和创造性。

（2）用人不疑、疑人不用的原则。重视对人才的全方位考核，一旦任命就不应在其职权范围内横加干涉，要看其发挥作用的主流。

（3）用人所长、集体配合的原则。人才都是相对而言的，都有其相对的优点和缺点，因此用人的关键在于扬长避短，发挥集体的作用，以此来强化个人的能力。

（4）岗位轮换，激发创新意识的原则。岗位轮换既可以防止工作中出现的墨守陈规，又能激发出创新意识。对于人才培训来说，轮岗培训是一种有效的做法。

（5）使用与考核相结合的原则。人才的使用、培训、考核是一个有机的整体，企业不能只重视人才的使用，不重视人才的考评。应把人事考评制度化、规范化，把对人才的考评与人才的选拔、奖惩结合起来。

思考题

（1）职能战略与企业总体战略的关系是什么？

（2）财务战略从哪些方面保证企业战略的实现？

（3）有哪些资金来源可以用来为战略融资？

（4）市场战略与战略管理的关系是什么？

（5）生产与运作战略有哪些新发展？

（6）技术断裂对企业战略选择有什么影响？

（7）人力资源战略主要解决什么问题？

（8）参阅有关的职能战略书籍（如《市场营销战略》），理解职能战略怎样为企业总体战略目标服务，并写出读书心得。

实训项目九

实训内容	主题	考查方式	评分
分组探讨	如何看待企业市场营销战略的实施	提交分析报告（500字以上）	
参观访问	联系地方企业进行团体参观，了解该公司的人力资源管理战略	制制作成演示文件在课内讲解	
总分			

模块十 战略评价与战略选择过程

一个企业可供选择的战略方案一般有若干种，但在众多的战略方案中，究竟哪一种战略或战略组合适合于企业自身的实际情况呢？企业的理想战略应当能够利用外部市场的机会并中和不利环境的影响。同时，它也应当能够加强企业内部的优势及对自身的弱点加以改进。考虑到理想战略的这些特点及企业所面临的多种战略选择，在进行战略选择过程中，企业应借助于战略评价方法或工具来达到选择理想战略的目的。目前，人们已经设计出多种战略评价方法，下面对几种重要的战略评价方法予以阐述。

项目一 企业战略方案的评价

一、企业战略方案的评价过程

企业战略方案评价的目的是确定各战略方案的有效性。企业要分析战略方案对企业及各事业部的未来经营将会带来什么影响，比较各方案的风险和效果。这是一个分析判断的过程，可以分为以下十个阶段。

（1）分析各战略方案是否与国际环境、国内宏观环境及行业环境的未来发展趋势相适应。

（2）分析企业现在的经营状况及其发展趋势。主要分析企业经营和效益状况、产品的竞争力、产品结构与市场地位。可以就产品的性能、质量、价格、服务、产品开发能力、产品生命周期、产品技术展现、产品获利能力等方面进行分析。

（3）如果保持企业现有的战略方案，能否达到企业战略的目标？问题是什么？

（4）与企业战略目标相比，各战略方案的有效性如何？存在何种差距？研究可缩小差距的其他战略方案。

（5）各战略方案对企业资源的要求。分析企业现有资源满足各战略方案的程度，即分析企业资源现状、资源结构和利用情况。可就人员结构、技术装备结构、设备利用率、劳动生产率、资金结构、资金利润率、资金周转率等方面进行分析。

（6）各战略方案对企业组织与管理等方面的要求。分析企业当前组织效能与管理现状。可对企业管理体制、管理方式、经营机制、领导体制、决策方式、职能部门设置与工作方式、企业总部与下属企业及下属企业之间的关系等方面进行分析。企业现有组织与管理现状能否满足各战略方案的要求？从组织机构与管理上应作哪些调整才能保证战略的实施？

（7）各战略方案内部一致性分析。分析各战略方案中企业内部的生产发展、研究开发、市场营销、人力资源、资金状况等各方面是否协调一致？有无相互矛盾？

（8）在各战略方案中其战略阶段划分是否恰当？企业在各阶段中承受能力如何？

（9）比较各战略方案的风险及效果，提出战略相应的补充措施。

（10）预估在企业战略实施中可能遇到的困难和阻力，以及克服困难的可能性。

二、企业战略方案评价的方法

在企业战略方案的评价中，最为核心的任务是对企业产品与市场的分析。分析方法常用市场增长率-市场占有率矩阵、行业吸引力-企业实力矩阵等，其基本理论为市场占有率理论、产品生命周期理论、经验曲线理论。

（一）产品战略选择

市场的变化对企业的经营决策和战略制定将产生深远的影响，其中产品市场因素是企业最关注的战略要素之一。为此，研究产品市场与战略选择的关系及其他的影响因素对战略的制定、实施具有现实指导意义和理论研究价值。

产品市场对企业的吸引力有大有小。从发展的角度看，在产品市场上，企业关注的是市场增长率和产品利润率指标。为此，通过研究这两项指标有助于对产品类型的判断和产品战略的选择。

产品类型矩阵按市场增长量和产品利润率高低将产品分为四种类型，如图 10-1 所示。在图 10-1 中，市场增长率反映市场对产品的需求增加程度或产品未来的发展空间，产品利润率反映单位产品在市场上的获利能力。

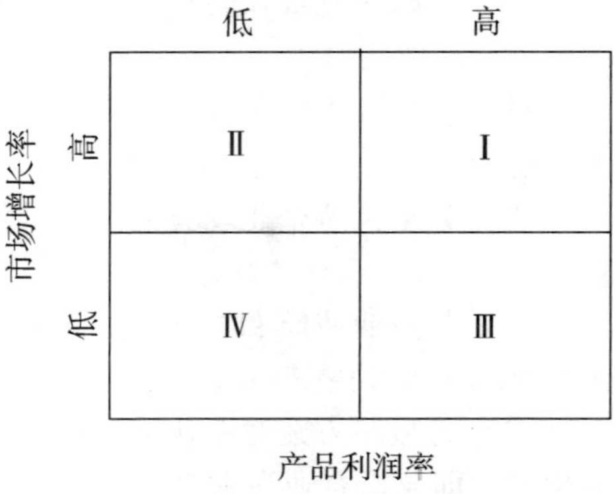

图 10-1 产品类型矩阵

（1）Ⅰ型。双高型产品类型。利润丰厚，且市场需求增长空间大，是对企业吸引力最大的产品类型。

（2）Ⅱ型。高低型产品类型。该

类型产品表现为市场需求增长大，但利润率并不高，然而企业可以通过扩大产品销售量、提高市场占有率来获得可观的收益。

（3）Ⅲ型。低高型产品类型。该类型产品表现为市场增长潜力不大，但仍有较高的利润水平。同时也说明，该产品类型发展前景不容乐观。

（4）Ⅳ型。双低型产品类型。该类型产品表现为市场需求增长小，利润空间也小。该类产品有两种情况：其一是该产品市场竞争激烈；其二是该产品即将进入衰退期。但只要企业能够拥有足够大的市场份额，仍可以获得一定的利润。

对于不同类型的产品，企业战略的选择也不同。战略的执行有一个时间跨度，因此，我们将产品生命周期（用来表示战略的时间跨度）、产品类型作为两个变量综合在一个决策模型中，就得出产品生命周期-产品类型矩阵模型，如图 10-2 所示。

在产品生命周期-产品类型矩阵模型中：

当产品的战略执行期只发生在生命周期的某个阶段，也就是产品的战略执行期未跨越生命周期不同阶段，但该产品的产品类型却发生转变时（比如，由双高型产品类型向高低型产品类型转变），这时产品生产企业可以根据实际转变情况，进行相应的战略调整。在实际矩阵中会有多个可能的方向。

产品生命周期	Ⅰ	Ⅱ	Ⅲ	Ⅳ
衰退期		.		.
成熟期		.		.
成长期	.		.	
			.	.

产品类型

图 10-2　产品生命周期-产品类型矩阵

注：“.”出现的区域表示产品在矩阵中可能出现的区域。

产品由导入期进入成长期时，产品类型通常有三种可能的变化：一是进入成长期，成为Ⅰ型——双高型产品类型，预示着良好的发展前景；二是成为Ⅲ型产品，市场成长空间不大，但利润率高；三是可能产品不被消费者接受，新产品不得不退出市场，但经过对产品的改进和对市场的调整后，新产品很有可能进入成长期。

处于成长期的产品，产品类型可能在Ⅰ型和Ⅲ型之间相互转换。

当产品由成长期进入成熟期时，市场增长量降低，产品类型由Ⅰ型或Ⅲ型向Ⅱ型或Ⅳ型转变。

衰退期可能的产品类型是Ⅱ型或Ⅳ型。

当战略执行期的时间段确定之后，在产品生命周期-产品类型矩阵中，确定对应于首尾两个时间点的产品类型和生命周期，就可以作出扩张、增加、维持、收割/放弃的战略选择。

当产品在战略执行期末处于Ⅰ、Ⅱ、Ⅲ类型状态时，企业可以通过扩张、增加或维持战略保持良好的势头，力争为企业获得更好的经济收益；当产品处于Ⅳ类型状态时，收割或放弃战略是企业明智的选择。当企业采取收割或放弃战略时，意味着企业的产品将要退出市场。如果企业通过产品改进和市场资源的重新组合，则可能再次提升该产品的市场地位。在这种情况下，企业的产品将进入下一个生命周期循环，此时，企业将重新选择相应的战略模式。

然而，无论选择哪一种战略模式，企业既要注意当前产品类型与生命周期的关系，又要关注产品类型的发展趋势，将现在与未来联系起来进行战略模式选择，以保证在未来的战略执行期内，企业的战略模式、市场环境以及内部组织结构和环境相互适应与协调，以求得企业长期稳定的发展。

企业实行多元化战略时，产品生命周期-产品类型矩阵提供的决策模型，可以将多种产品的战略选择归结到一个简明的矩阵图中。同时，该模型的应用不局限于企业现有的产品组合，还可以包括新产品战略。

企业在实施战略管理时，必然要受到企业现有资源及战略执行期内可掌握的资源及环境要素变化的限制。图10-3表示的是一个理想化的战略决策选择模式，并没有考虑企业资源对战略选择的支持能力。现实中，企业还必须结合自身可以控制的资源状况，对战略方案进行适当的修订，以得到适合自身的产品战略组合。

企业在进行战略选择时，需要考虑以下三个方面的资源限制。

（1）有形资源。它包括金融资源（企业的筹资能力、投资能力）及物质资源（主要指企业的固定资产）。

（2）无形资源。它包括：①技术（专利、商业秘密、技术储备及知识、指导技术创新的观念和制度保证等）；②商誉，即企业在供应商、客户、信贷机构、政府机构、非政府组织、竞争对手、雇员及公众中的信誉和企业通过商标所有权、产品或服务的质量建立的信誉；③品牌建设和企业文化等。

（3）人力资源。它包括雇员的专业知识、技术能力和职业能力、工作态度和价值观、团队内部的交流和相互影响等。

图10-3为企业资源-战略选择模型，该模型反映了企业资源对战略选择的影响。

将企业的外部环境影响、内部资源评价、战略执行期这些因素综合起来，就得到企业战略选择模型，如图10-4所示。图中的线束集合分别表示在未考

	扩张	增加	维持	收割/放弃
强	扩张	增加	维持	收割/放弃
中	增加	维持	收割/放弃	收割/放弃
差	维持	收割/放弃	收割/放弃	收割/放弃

理想战略

图 10-3　企业资源—战略选择模型

虑企业资源状况时理想的扩张、增加、维持、收割/放弃战略选择，这些理想的战略选择必须与实际企业资源相匹配，企业的战略选择即两者相交的战略选择区域。

例证如图 10-5 所示。某企业有 A、B、C、D、E 五种不同的产品，企业相对于该产品组合的资源状况是 A——强；B——中；C——中；D——中；E——差。在该产品组合中，不同产品对于该企业的重要程度由大到小依次为 A、B、C、D、E。

图 10-5 的下面部分表示了 A、B、C、D、E 五种不同的产品在战略执行期内的产品类型及生命周期的变化方向，在不考虑企业资源的理想情况下，五种产品对应的战略选择应该是 A——扩张；B——增加；C——维持；D——收割/放弃；E——放弃。但是对于企业来讲，它的资源是有限的，企业必须优先考虑对其短期和长期利益影响大的产品，按产品对于企业的重要程度依 A、B、C、D、E 的顺序，对产品进行资源分配。理想的战略线与企业资源区域相交的部分为产品组合所应采取的战略组合：A——扩张；B——增加；C——维持；D——收割/放弃；E——放弃。

（二）　市场占有率理论在战略分析中的应用

在前面内部环境分析的产品结构分析中，我们用市场增长率-市场占有率矩阵（又称波士顿矩阵）来分析产品结构。它是 20 世纪 60 年代后期由波士顿咨询公司（BCG）提出的，它特别适用于多种经营的大企业在规划多种业务结构时，分析各业务的地位及其相互关系。由于在前面已经介绍过，在此只对该矩阵在战略方案分析中的作用进行简要介绍。

企业进行市场增长率-市场占有率分析的目的在于要把企业中高盈利、低发展潜力的业务的资金，投向有长远发展和盈利潜力的、有吸引力的业务中，通过这种资金平衡来达到企业的总体优化。矩阵中各区域的战略方针的资金流向关系归纳，见表 10-1。

课堂笔记

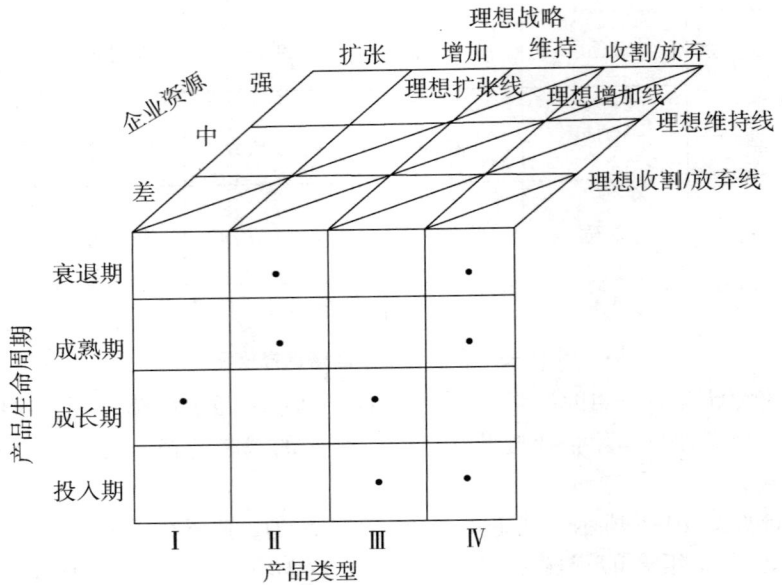

图 10-4   企业战略选择模型

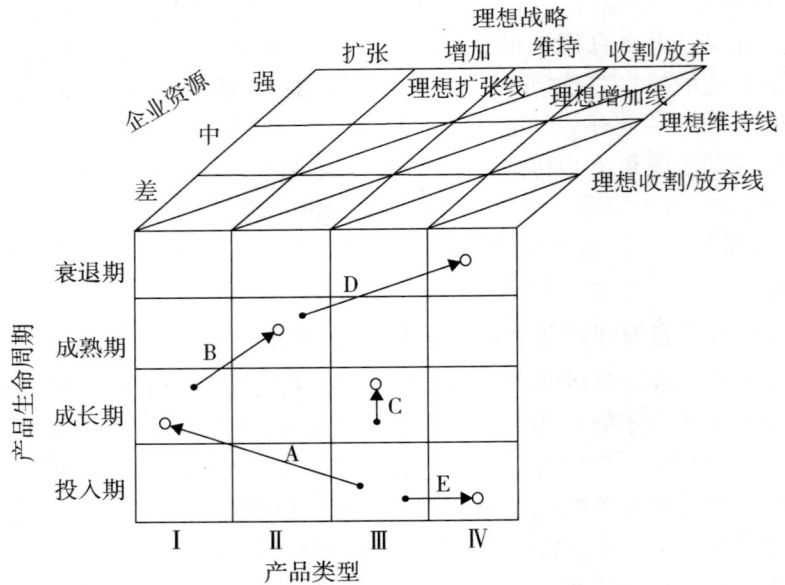

图 10-5   例证图

注：".表示产品在战略执行期开始时的初始状态。

"。"表示产品在战略执行期结束时的终止状态。

"→"表示产品类型和生命周期的变化方向。

表 10-1　　　　　　　　从市场增长率-市场占有率矩阵得出的战略方针

业务类型	市场占有率方针	业务盈利能力	投资需要	净资金流
明星	保持或扩大	高	高	接近于 0 或小负数
金牛	保持	高	低	大正数
问题	扩大	低或亏损	很高	大负数
	利用或退出	低或亏损	回收	小正数
瘦狗	利用或退出	低或亏损	回收	正数

采用市场增长率-市场占有率矩阵进行战略分析具有简单明了的优点，但也存在局限性。该矩阵运用的前提是行业的吸引力由市场增长率（即销售量的增长率）来表示，企业实力用相对市场占有率来表示，企业销售量的大小和盈利的多少是一致的，企业在各项业务的资金回收与资金投入应当是平衡的。以上假设均带有一定的片面性，仅用市场增长率一个指标并不能全面反映行业吸引力，仅用相对市场占有率一个指标也不能全面反映企业实力，企业销售量的大小与企业盈利的多少有联系，但也不尽一致。扩大市场占有率，利用经验效应取得成本领先地位是企业取得经营成功的有效途径，但也不是唯一的。发挥企业产品特色或重点瞄准某个特定的局部市场，同样有机会取得经营的成功。

另外，企业理想的产品结构也不一定要求资金回收和资金投入的平衡。一个很有利的产品结构实际上在资金需求和提供上是不平衡的，而一个资金上平衡得很好的业务结构有时却是盈利能力较差的。

由以上讨论可知，市场增长率-市场占有率矩阵由于简单明了，对战略制定具有多方面的启示而得到广泛的应用，但它与经验曲线一样，较多地强调市场占有率和降低成本的作用而忽视了其他因素，容易导致决策不够周密。

在 20 世纪 80 年代初，美国波士顿咨询公司又提出了一种新的矩阵，即新"波士顿"矩阵，如图 10-6 所示。

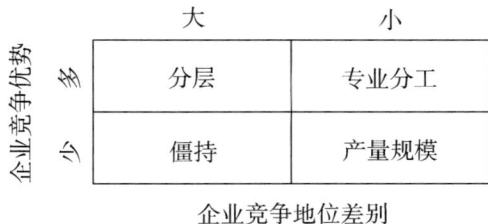

图 10-6　新"波士顿"矩阵

从图 10-6 可以看出，只是在"产量规模"这一格内，前面所讨论的随着市场占有率的扩大，企业产品成本降低、企业盈利增加的关系是存在的，如汽车、电视机等装配加工行业大体上可归入这一类。

"僵持"行业是指行业进入壁垒较低或退出壁垒较高，行业内所有企业不

221

论大小，盈利能力都比较低。它们之间的竞争地位和盈利率相差都不大，与市场占有率基本无关，如一般农产品的初加工即属此类。

"分层"行业内企业的盈利能力与其是否能取得某种独特的优势直接有关，独特优势较突出则盈利高；相反，则盈利较低。但是，企业盈利能力却与市场占有率关系不大，这方面的典型例子是餐饮业。

"专业分工"类行业是指行业中企业市场占有率较小但产品却具有特色，这种企业的盈利能力高。而市场占有率很大的企业，由于其产品成本低，企业盈利能力也很高。处于中间状态的企业其盈利能力最低。

以上四种类别的行业，其市场占有率和投资回收率的关系，如图 10-7 所示。行业内具有竞争优势的企业才能持久地维护其优势地位，形成较大的差别。企业取得独特优势的多少直接与经营特色有关，产品特色较少的行业是生产一般商品的行业。

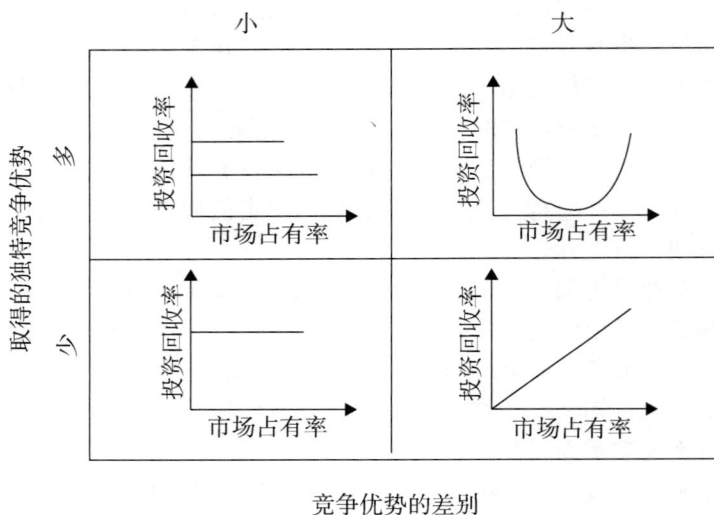

图 10-7　在新"波士顿"矩阵中市场占有率与投资回收率的关系

（三）行业吸引力-企业实力矩阵在战略分析中的应用

行业吸引力-企业实力矩阵（又叫 GE 矩阵）是美国通用电气公司设计的一种统筹方法，矩阵纵轴表示行业吸引力，横轴表示企业竞争地位。该矩阵的实质是把外部环境因素与企业内部实力归纳在一个矩阵内。行业吸引力取决于外部环境因素，影响行业吸引力的因素有市场规模、市场增长率、利润率、市场竞争强度、技术要求、周期性、规模经济、资金需求、环境影响、社会政治与法律因素等。从中识别出几个关键的因素，然后根据每个关键因素相对重要程度，确定各要素的权数，再对每个要素按其对某项业务的影响程度逐个评级，非常有利为"5"，有利为"4"，无影响为"3"，不利为"2"，非常不利为"1"最后用权数乘级数得出每个要素的加权值，再将各要素的加权值汇总，得出整个行业吸引力值，见表 10-2，最后把行业吸引力归纳分成大、中、小三挡。

表 10-2　　　　　　　　　　行业吸引力表

行业吸引力	权数	级数	加权值
市场规模	0.18	4	0.72
市场增长率	0.15	4	0.60
利润率	0.20	3	0.60
竞争强度	0.10	3	0.30
周期性	0.07	2	0.20
技术需求	0.1	1	0.07
社会及环境因素	0.20	—	—
机会		4	0.80
小　计	1.0		3.29

　　企业实力取决于内部的可控因素。影响企业实力的因素有市场占有率、制造及营销能力、研究与开发能力、产品质量、价格竞争力、地理位置的优势、管理能力等。从中识别出几个关键的内部因素，评价企业实力的原理与评价行业吸引力的原理相同。即对每个关键因素定出权数，然后再考虑它的级数，最后加权汇总归纳成为强、中、弱三档。从行业吸引力-企业实力矩阵的 9 个方格分布（如图 10-8 所示），提出了处于各个区域内的业务的基本战略方针：投资发展、择优重点发展、区别对待、利用/退出、退出。

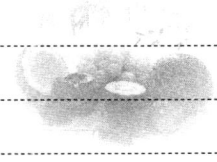

图 10-8　行业吸引力-企业实力矩阵

　　行业吸引力-企业实力矩阵对于不同行业的企业，往往可以根据行业的特点来选取不同的影响因素。同时由于重要性不同，对各因素赋于的权重也不同，而且对两个坐标强、中、弱，大、中、小的档次界线的规定也不尽相同，但基本的思路与做法是一致的。

　　行业吸引力-企业实力矩阵在战略选择实践中得到较为广泛的接受，其内容也不断丰富和发展。美国通用汽车公司把该矩阵九方图中的标准战略分为三类：扩张战略、维持战略和回收战略。扩张战略是指企业应积极扩展市场地位、增强营销力量、推出新产品、充实管理能力、兼并及扩充生产能力等。维持战略是指企业努力维护现有市场地位，如进行市场细分、选择性地开发

223

产品、以降低成本为目的的纵向一体化、应用价值工程提高生产效率等。回收战略是指有计划地降低市场占有率，充分回收资金，如提高产品价格、降低影响成本的质量标准、不增添新设备、精简设备、减少营销和研究与开发费用、降低库存水平、减少服务等措施。如图 10-9 所示为美国通用汽车公司的标准战略。图中扩张战略区称为绿灯区，维持战略区称为黄灯区，回收战略区称为红灯区。另外，荷兰皇家壳牌石油公司应用行业吸引力-企业实力矩阵提出了企业的政策指导矩阵的标准战略。日本大前研一在《企业家战略头脑》一书中对行业吸引力-企业实力矩阵九个区域也提出了一套标准战略。

行业吸引力		强	中	弱
	大	扩张	扩张	维持
	中	扩张	维持	回收
	小	维持	回收	回收

企业实力

图 10-9　美国通用汽车公司的标准战略

行业吸引力—企业实力矩阵有如下用途。

（1）分析经营单位可能的战略方向。如图 10-10 所示为一个假想的经营单位的几种可能的战略方向，对于处于其他位置的经营单位也可作类似处理。

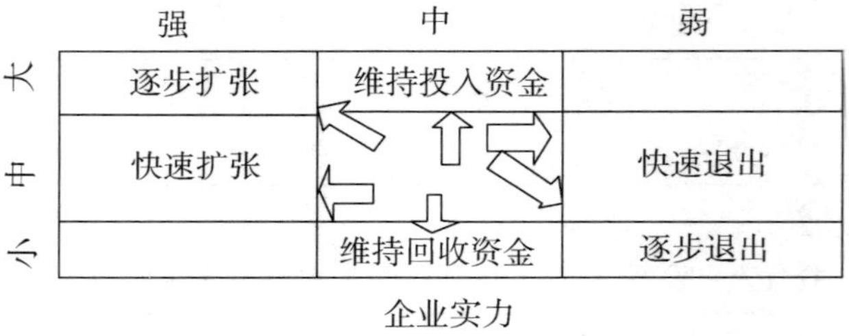

		强	中	弱
	大	逐步扩张	维持投入资金	
	中	快速扩张		快速退出
	小		维持回收资金	逐步退出

企业实力

图 10-10　一个经营单位的几种可能的战略方向

（2）分析企业所有的经营单位的战略地位，以确定整体战略地位。具体做法是在公司的行业吸引力-企业实力矩阵中标出公司所有经营单位的位置，作出相应各主要战略指标的分布图，以全面描述公司的整体战略地位。图 10-11 至图 10-14 是另一个假想的企业 A 的行业吸引力-企业实力矩阵图及其相应

行业吸引力		强	中	弱	合计
	大	（2）（9）（18）（19）	（1）（3）（4）（14）	（5）（6）	11个
	中	（7）（12）	（8）（10）（13）	—	5个
	小	（16）	（11）（15）		3个
合计		8个	9个	2个	19个

企业实力

图 10-11　企业 A 的 19 个经营单位分布图

的经营单位分布、资产分布、销售额分布和利润额分布，四个分布的分析结果总结见表10-3，从中可以看出企业 A 处于一个比较有利的战略地位上。

		强	中	弱	合计
行业吸引力	大	42.1%	32.1%	15.1%	89.3%
	中	3.4%	0.5%	—	3.9%
	小	5.7%	1.1%	—	6.8%
	合计	51.2%	33.7%	15.1%	100%

企业实力

图 10-12　企业 A 的资产分布

		强	中	弱	合计
行业吸引力	大	49.2%	25.5%	12.5%	87.2%
	中	4.4%	0.6%	—	5.0%
	小	6.7%	1.1%	—	7.8%
	合计	60.3%	27.2%	12.5%	100%

企业实力

图 10-13　企业 A 的销售额分布

		强	中	弱	合计
行业吸引力	大	80.2%	9.9%	−13.0%	77.1%
	中	6.1%	−1.2%	—	4.9%
	小	16.3%	1.7%	—	18.0%
	合计	102.6%	10.4%	−13.0%	100%

企业实力

图 10-14　企业 A 的利润额分布

表 10-3　　　　　企业 A 的行业吸引力—企业实力矩阵战略地位分析

区 域	绿灯区	黄灯区	红灯区	合 计
经营单位分布/个	11	6	2	19
资产分布/%	77.6	21.3	1.1	100
销售额分布/%	79.1	19.8	1.1	100
利润额分布/%	96.2	2.1	1.7	100

（3）用以指导企业资源分配。该矩阵不强调资金流的内部平衡，而是把资源优先地使用于引力大、实力强的业务中。在图10-8中，每格左上角标出了投资的优先顺序，即："①"应优先投资，寻求在行业中的支配地位；

"②"应择优投资发展，保持或争取领先地位；"③"应识别有增长前途的领域，有选择地投资，对有些没有前途的业务应回收投资甚至退出；"④"应削减某些没有前途的投资，逐步退出；"⑤"应及时抽回资金，及时退出。

（4）分析企业的业务结构。当企业所有业务都在行业吸引力-企业实力矩阵中定位后，就可以分析企业的业务结构，从中可以辨认哪些业务应当退出，哪些业务应当给予重点支持。同时，也可以审核企业已作出的投资决策是否符合矩阵中的投资优先顺序，对于企业过去或现在执行的不符合优先顺序的投资决策，应仔细研究偏离的理由及效果，以作为制定今后投资决策的重要参考。

行业吸引力-企业实力矩阵在评价分析企业各战略方案时存在的不足如下。

（1）在行业吸引力评价中采用加权计分法所得出的数字，表面上看是客观的、确切的，但实际上在很大程度上是人为的，轻信这种方法有一定的危险。因此，管理人员或战略研究人员应深入调查研究，用实证的方法对每项影响行业吸引力的因素进行充分的研究，作出判断，综合各项因素进行定性分析，这样更加切合实际。在企业实力评价中，也应注意这种评价是与行业中最强的一个竞争对手相对比得出的，不应把每一个因素都与在这个因素上最强的竞争对手对比，这样做会导致低估本企业的实力。

（2）经理人员之间对某项业务在矩阵的定位上有分歧意见是很常见的，最后为平衡各位经理人员的意见，往往把业务定位在"中"的位置上；再者，经理人员即使意见一致，也会对企业各种不同业务形成一个共同的分类标准。因此，把企业所有业务列入一张标准化的内外因素的表格内，是不合适的。一般来讲，对企业实力的评价毕竟有一个明确的比较对象，即与行业中最强的竞争对手对比，而对行业吸引力的评价就显得更为复杂和困难。因而，在评价分析中存在着较大的模糊性，而市场增长率—市场占有率矩阵却没有这种不确切的缺点，并便于和同行竞争对手作对比。因此，较好的做法是把市场增长率-市场占有率矩阵用于竞争分析，把行业吸引力-企业实力矩阵用于本企业资源分配分析。

（3）该矩阵作为两种确定投资的优先顺序的方法并不完全实用。当前人们在作出投资决策时，习惯于用技术经济的方法进行论证和选择，如用净现值法。用行业吸引力—企业实力矩阵所推荐的投资顺序，就不一定为人们所接受，当然用净现值法也有一定的缺陷。最好的办法是先进行行业吸引力与企业实力的分析，再进行技术经济的可行性分析，将这两种方法结合起来运用最好。

（四）生命周期分析

生命周期分析可以评价企业各项业务在生命周期矩阵中的定位。在市场占有率、资源分配、盈利能力和资金流等方面，企业所要求的不同的战略目标在表 10-4、表 10-5、表 10-6 中有说明。

表 10-4　　　　　　　　　生命周期矩阵中市场占有率的战略定位

地位	周期			
	投入期	成长期	成熟期	衰退期
支配	全力争得占有率，保持地位	保持地位，保持占有率	保持地位，与行业同步增长	保持优势地位
强大	全力争得占有率，力争改善地位	保持地位，与行业同步增长	保持地位或耗用潜力	相对优势
有利	有重点地争得占有率、改善地位	有重点地争得占有率，争取改善地位	维持，寻找重点并加以巩固	耗用潜力或逐步退出
防御	有重点地改善地位	寻找重点并加以巩固	寻找并抓住重点或逐步退出	逐步退出或放弃
软弱	上马或下马	寻找机会或放弃	寻找机会或逐步退出	放弃

表 10-5　　　　　　　　生命周期矩阵中盈利和资金流的战略定位

地位	周期			
	投入期	成长期	成熟期	衰退期
支配	不一定能盈利，负资金流	有盈利，可能正资金流	盈利，正资金流	盈利，正资金流
强大	可能亏损，负资金流	可能盈利，可能负资金流	盈利，正资金流	盈利，正资金流
有利	大概亏损，负资金流	微利，负资金流	中等程度盈利，正资金流	中等程度盈利，资金平衡
防御	亏损，负资金流	亏损，负资金流或平衡	低利，资金平衡	低利，资金平衡
软弱	亏损，负资金流	亏损，负资金流或平衡	亏损，负或正资金流	亏损（清理）

表 10-6　　　　　　　　　生命周期矩阵中投资的战略定位

地位	周期			
	投入期	成长期	成熟期	衰退期
支配	略高于市场增长的需要	保持增长率的投资（阻止新进入者）	必要地追加投资	必要地追加投资
强大	与市场增长要求同步	为提高增长率、改善地位而投资	必要地追加投资	尽少追加投资或维持
有利	有重点地投资	有重点地投资以改善地位	尽少地或有重点地追加投资	尽少地维持性投资或抽出资金
防御	严格、有重点地投资	有重点地投资	尽量少追加投资或抽出资金	抽出资金或放弃
软弱	投资或放弃	投资或放弃	有重点地投资或放弃	放弃

识别企业的某项经营业务在行业中的竞争地位，对于进行战略评价、制定战略具有重要意义。那么，怎样识别企业的某项经营业务在行业中的竞争地位呢？可以用该项业务的市场占有率、资金利润率、投资、销售利润率、成本和技术领先地位、附加价值率等指标在行业中进行排序，可以大致分为以下五种地位。

（1）支配地位。在一个行业中享有支配地位的企业只能有一个，或者没有。

（2）强大地位。企业的相对市场占有率应在 1.0%~1.5%，能使企业自由作出战略选择，而不必考虑同行其他企业将如何反应。

（3）有利地位。企业享有某些方面的优势，处于相对有利地位。

（4）防御地位。企业某些方面较落后，但经过努力可以克服，把力量集中于某个产品或某个细分市场，仍可保持盈利。

（5）软弱地位。由于企业太弱小，难以持久生存和盈利。

行业生命周期—企业竞争地位矩阵，如图 10-15 所示。图中位于左上方的企业处境有利，有宽广的战略选择余地；位于阴影部分的企业应审慎地选择战略方向；位于右下方的企业处境危险，应考虑战略选择。

这一矩阵也可为制定战略的基本方针服务，图 10-16 为不同状态下适用的战略类型及适用范围。

生命周期分析对战略规划的评价有重要意义，但在应用上也存在局限性。这里再次强调生命周期曲线是一条经过抽象、典型化了的曲线。因此，应将行业生命周期法与其他方法结合起来应用，才不致陷入分析的片面性。

企业竞争地位	投入期	成长期	成熟期	衰退期
支配地位				
强大地位				▓
有利地位			▓	
防御地位		▓		
软弱地位	▓			

行业生命周期

图 10-15　行业生命周期-企业竞争地位矩阵

企业竞争地位	行业生命周期			
	投入期	成长期	成熟期	衰退期
支配地位				
强大地位			相应发展	
有利地位		重点发展		
防御地位			调整	
软弱地位				退出

图 10-16　行业生命周期中的基本战略类型

（五）经验曲线在战略分析中的应用

经验曲线是 20 世纪 30 年代由美国航空工业局提出的，并于 60 年代以后应用于经营战略分析，成为分析企业战略的一个重要工具。该方法已在前面章节阐述过，此处不再重复。

项目二　PIMS 分析

PIMS（profit impact of market strategies）含义为市场战略对利润的影响。PIMS 研究最早于 1960 年在美国通用电器公司内部开展，主要目的是找出市场占有率的高低对一个经营单位的业绩到底有何影响。以通用电器公司各个经营单位的一些情况作为数据来源，经过几年的研究和验证，研究人员建立了一个回归模型。该模型能够辨别出与投资收益率密切相关的一些因素，而且这些因素能够较强地解释投资收益率的变化。

到 1972 年，PIMS 研究的参与者已不再局限于通用电器公司内部的研究人员，而是扩展到哈佛商学院和美国市场科学研究所的学者们。在这个阶段，研究所用的数据库不仅涉及美国通用电器公司，还包括许多其他公司的经营

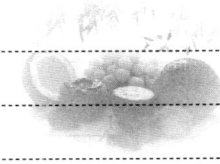

单位的信息资料。1975 年，由参加 PIMS 研究的成员公司发起成立了一个非营利性的研究机构，名为"战略规划研究所"，由它来负责管理 PIMS 项目并继续进行研究。迄今为止，已有 200 多个公司参加了 PIMS 项目，其中多数在《幸福》杂志 500 家全球最大的企业中榜上有名。

后期 PIMS 研究的主要目的是发现市场法则，即要寻找出在什么样的竞争环境中，经营单位采取什么样的经营战略会产出怎样的经济效果。具体来说，它要回答下面几个问题。

（1）对于一个给定的经营单位，考虑它的特定市场、竞争地位、技术、成本结构等因素，什么样的利润水平算是正常的和可以接受的？

（2）哪些战略因素能够解释各经营单位之间经营业绩的差别？

（3）在给定的经营单位中，一些战略性变化如何影响投资收益率和现金流量？

（4）为了改进经营单位的绩效，应进行怎样的战略性变化，以及在什么方向上作出这些变化？

一、PIMS 研究的数据库

PIMS 项目的研究对象是各企业中的战略经营单位。因此，PIMS 项目的数据库是关于这些战略经营单位情况的大汇总。PIMS 数据库采集了 2000 多个经营单位 4~8 年的信息资料。对每一个经营单位收集的信息条目多达 100 多项，归纳为以下几大类。

1. 经营单位环境特性

（1）长期市场增长率。

（2）短期市场增长率。

（3）产品售价的通货膨胀率。

（4）顾客的数量或规模。

（5）购买频率及数量。

2. 经营单位的竞争地位

（1）市场占有率。

（2）相对市场占有率。

（3）相对于竞争对手的产品质量。

（4）相对于竞争对手的产品价格。

（5）相对于竞争对手提供给职工的报酬水平。

（6）相对于竞争对手的市场营销努力程度。

（7）市场细分的模式。

（8）新产品开发率。

3. 生产过程结构

（1）投资强度。

（2）纵向一体化程度。

（3）生产能力利用程度。

（4）设备生产率。

（5）劳动生产率。

（6）库存水平。

4. 可支配的预算分配方式

（1）研究与开发费用。

（2）广告及促销费用。

（3）销售人员开支。

5. 经营单位业绩

（1）投资收益率。

（2）现金流量。

二、PIMS 研究的主要结论

经过多年的研究，PIMS 项目已得出了九条关键的结论。在这九条关键结论中，第四条结论，即战略要素对利润率和净现金流量的影响，具有极其重要的意义。下面重点介绍该结论的内容。

PIMS 研究人员运用多变量回归的方法对 2000 多个经营单位建立了上述的战略要素与经营绩效的关系。经过分析发现，下述几个战略要素对投资收益率和现金流量有较大的影响。如何运用这些重要的战略要素，在 80% 的程度上决定了一个经营单位的成功或失败。将这些战略要素的影响按照重要程度分别阐述。

1. 投资强度

投资强度以投资额对销售额的比值来度量。或更准确地说，以投资额对附加价值的比率来表示。总的来说，较高的投资强度会带来较低的投资收益率（ROI）和现金流量。图 10-17 所示为投资强度与投资收益率的关系。这样，机械化、自动化和库存成本强度较高的经营单位通常显示出较低的投资收益率。然而，对于资本密集的经营单位来说，可以通过以下措施来降低投

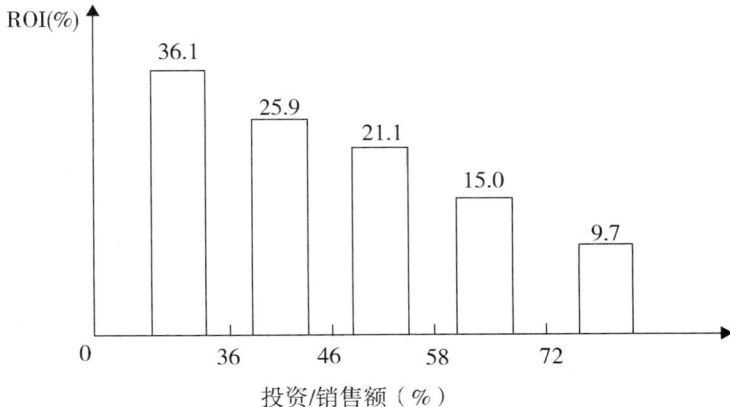

图 10-17　投资强度与投资收益率的关系

资强度对利润的影响，即集中于特定的细分市场、扩大产品线宽度、提高设备生产能力的利用率、开发在能力和用途上有灵活性的设备、尽可能租赁设备而不购买。

2. 劳动生产率

劳动生产率以每个职工平均创造的附加价值来表示。劳动生产率对经营业绩有正面的作用。劳动生产率高的经营单位与劳动生产率低的经营单位相比，具有更好的经营业绩。

3. 市场竞争地位

相对市场占有率对经营业绩有较大的正面影响，较高的市场占有率会带来较高的收益。如图 10-18 所示，为相对市场占有率与投资收益率的关系。图 10-19 为市场占有率与投资强度两者混合对现金流量的影响。可以看出，高市场占有率与低投资强度结合能产生较多的现金；反之，低市场占有率和高投资强度会带来现金的枯竭。

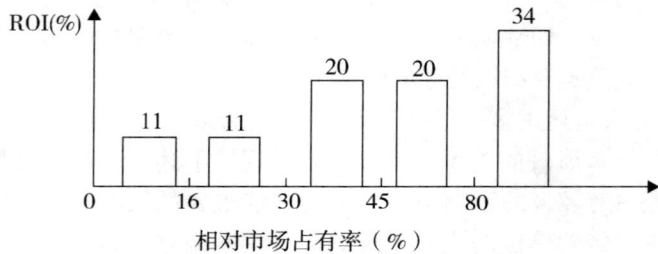

图 10-18 相对市场占有率与投资收益率（ROI）的关系

相对市场占有率

	高	62%	26%	低
投资强度 80% 低	14	6	1
120%	6	2	0
高	1	-2	-5

图 10-19 市场占有率与投资强度共同对现金流量的影响

4. 市场增长率

一般来说，较高的市场增长率会带来较多的利润总额，但对投资收益率没有什么影响，而对现金流量有不利的影响。也就是说，处于高市场增长率行业的经营单位需要资金来维持或发展其所处的竞争地位，因而需要耗费资金，所以减少了现金回流，如图 10-20 所示。图 10-20 中的数字证明了 BCG 市场增长率—市场占有率方法的正确性。可以看出，相对市场占有率高和市场增长率低的经营单位（"金牛"类）产生的现金最多，而"瘦狗"和"问题"类则产生负的现金回流。

相对市场占有率

高	75%		60%	低
高 7%	5（"明星"）	−1	−5（"问题"）	
0%	7	3	−2	
低	7（"金牛"）	2	−1（"瘦狗"）	

（左侧纵轴：市场增长率 高7% 0% 低）

图 10-20　市场增长率与市场占有率共同对现金流量的影响

5. 产品或服务的质量

产品质量与经营业绩密切相关。出售高质量产品（服务）的单位较出售低质量产品（服务）的单位具有较好的经营业绩。并且还发现，产品质量与市场占有率具有强正相关关系，二者起着互相加强的作用。当一个经营单位具有较高的市场占有率并出售较高质量的产品时，其经营业绩也最好，如图10-21所示。

相对产品质量

低	6%		36%	高
低 26%	12	10	17	
	17	17	26	
63% 高	29	29	37	

（左侧纵轴：市场增长率）

图 10-21　产品质量与市场占有率共同对投资收益率的影响

6. 革新或差异化

如果一个经营单位已经具有了较强的市场竞争地位，则增加研究与开发费用，采取开发较多的新产品，以及加强市场营销等措施能够提高企业的经营业绩。如果经营单位市场竞争地位较弱，则采用上面的措施会影响利润的增加，如图10-22所示。

相对产品质量

低	1.3%		3.7%	高
低 26%	17	12	4	
	14	20	10	
63% 高	27	30	30	

（左侧纵轴：市场增长率）

图 10-22　革新与市场地位共同对投资收益率的影响

7. 纵向一体化

一般情况下，处于成熟期或稳定市场中的经营单位，提高纵向一体化程度会带来较好的经营业绩。而在迅速增长或处于衰退期的市场中，提高纵向一体化程度则对经营业绩有不利的影响。

8. 成本因素

增加工资、原材料涨价等因素导致生产成本的上升，对经营业绩影响的程度及方向是比较复杂的。它取决于经营单位如何在内部吸收成本上升部分或怎样将增加的成本转嫁给客户。

9. 现时的战略努力方向

改变上述任一因素，都会以这一因素对业绩影响的相反方向影响着经营单位的未来业绩。如较高的市场占有率会产生较多的现金流量，但是，如果经营单位试图提高市场占有率，则会消耗现金。

除此以外，PIMS研究还发现，产品的特点与企业业绩没有关系，而起决定作用的是经营单位的上述特点。无论是生产钢铁产品的经营单位，还是机电产品或化工产品的经营单位，如果它们的特点基本相似，那么，它们会有相似的经营业绩。

项目三　汤姆森和斯特克兰方法

汤姆森和斯特克兰方法是建立于波士顿咨询公司的市场增长率—市场占有率矩阵方法基础之上，经汤姆森（Thompson）和斯特克兰（J. Strickland）加以完善提出的。它用市场增长率和竞争状况作为决定经营单位选择战略的两个参数。市场增长状况分为迅速和缓慢两级，竞争地位分为强和弱两级。图10-23给出了市场增长状况与竞争地位的四种组合或四个象限，以及每个象限内的战略方案组合。战略选择按照最可能的吸引力顺序排列，现分述如下。

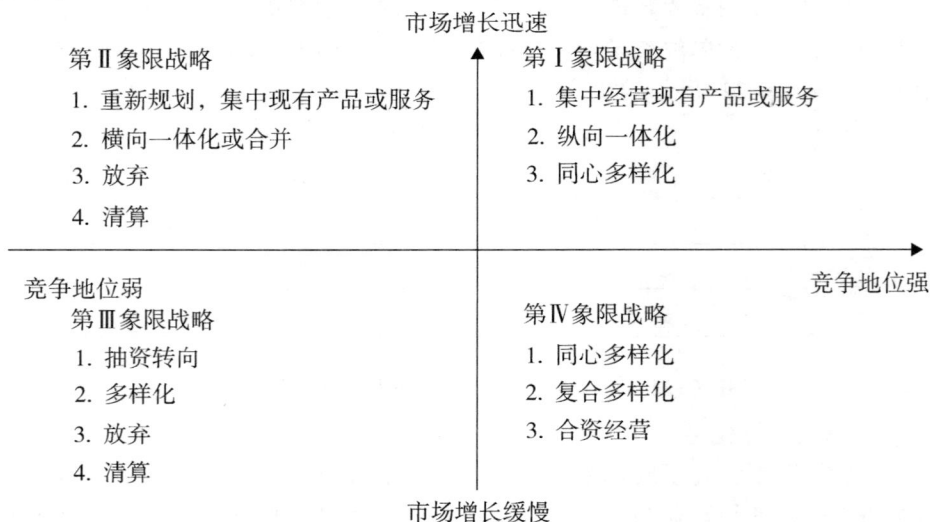

市场增长迅速

第Ⅱ象限战略
1. 重新规划，集中现有产品或服务
2. 横向一体化或合并
3. 放弃
4. 清算

第Ⅰ象限战略
1. 集中经营现有产品或服务
2. 纵向一体化
3. 同心多样化

竞争地位弱

竞争地位强

第Ⅲ象限战略
1. 抽资转向
2. 多样化
3. 放弃
4. 清算

第Ⅳ象限战略
1. 同心多样化
2. 复合多样化
3. 合资经营

市场增长缓慢

图10-23　鉴别战略簇

（1）象限 I 中的企业（快速的市场增长与强劲的竞争地位）处于优越的战略地位，因此，最合理的战略是集中经营现有的产品或服务，预期企业作出努力以保持或提高市场占有率，进行必要的投资以继续处于领导地位。此外，处于象限 I 的企业还可以考虑实行纵向一体化，以作为巩固市场地位和保持利润的一种战略选择，在企业具有财力资源和工艺导向时更应如此。突出的优势还可为企业进行同心多样化发展提供机会，可作为分散风险的措施。

（2）象限 II 中的企业有良好的市场，但竞争地位较弱。推荐的战略首先是集中经营现有产品或服务。然而，实施这一战略必须回答两个基本问题：为什么目前的措施导致很弱的竞争地位？应采取什么措施成为一个有力的竞争者？在市场迅速扩大的条件下，如果企业有资源并能够克服战略上或组织上的弱点，总能找到有利的空隙市场。如果企业缺少成功地实施集中生产现有产品或服务战略的条件，则可与具有此种条件的企业实现横向一体化或合并。如果上述战略方案不可行，则最合逻辑的战略是跳出该行业。具有多种经营业务的企业可考虑放弃某一经营单位，生产单一产品的企业可采取清算拍卖战略。

（3）象限 III 中的企业处于停滞的市场中，而且企业竞争地位较弱，这样的企业最为弱势。可选择的战略依次为：①抽资转向战略——释放无生产率的资源用于可能的发展项目上；②多样化战略——或同心多样化或复合多样化；③放弃战略——放弃这一业务，跳出该行业；④清算战略。

（4）象限 IV 中的企业虽然市场增长率低，但竞争地位强劲。这种条件可使企业利用来自现有业务的多余现金，来开展多样化的项目。同心多样化战略是第一选择，它可利用企业显著的优点取得主导地位。但是，如果同心多样化的机会不那么有吸引力，可考虑复合多样化战略。合资经营也不失为一个好的方案。不论哪种方案，企业的意图是减少对现有设施的投资，这样可释放出大量的资金用于新的发展方向上。

项目四　战略选择过程

战略选择过程是选择某一特定战略方案的决策过程。如果战略评价过程已经筛选出优化的战略方案，那么决策就简单了。然而，在大多数情况下，战略评价过程提供给决策者的是若干个可行方案。此时，决策者就要考虑多种因素，进行多方面的权衡。所以，选择战略方案并不是一个例行的公式化决策。实际上，这个决策是一种智力活动。它要比想象的更复杂、更困难、更具有特性。决策者通常是思前想后，在具体与理想间徘徊。并且，决策过程完全是动态的。一般认为，在战略决策者选择某一特定战略的过程中，有下列几个因素会影响其战略选择。

（1）企业对外界环境的依赖程度。

（2）管理者对待风险的态度。

（3）企业过去战略的影响。

（4）企业中的权力关系。

（5）中层管理人员和职能人员的影响。

一、企业对外部环境的依赖程度

任何企业都存在于外部环境中，如有些环境因素是股东、竞争对手、顾客、政府和社区等。企业的生存对这些因素的依赖程度，影响着战略选择过程。

1. 依赖程度越高，企业选择战略的灵活性就越小

（1）企业依赖于少数几个股东的程度越高，战略选择的灵活性就越小。

（2）企业依赖于竞争对手的程度越高，它就越不可能选择进攻性的战略。

（3）企业的成功和生存依赖于少数几个用户，它对他们的期望应作出较快的反应。

（4）企业依赖于政府和社区，它对市场状况和股东的要求不具有灵敏的反应能力。

2. 企业经营面对的市场的易变程度影响着战略选择

如果市场中的情况变化程度较大，则企业的战略应具有较大的灵活性。

实际上，决策者对外部环境依赖性的主观认识影响着战略的选择。因此，处于一个特定环境中的企业，如果由两个决策人进行战略选择，可能会有不同的战略方案选择。

二、管理者对待风险的态度

管理者对风险的态度影响着战略选择。一些企业管理者极不愿意承担风险，另一些管理者却敢于冒风险。不同的风险意识会导致不同的战略方案选择。

（1）如果管理者认为，风险对于成功是必不可少的，并乐于承担风险，则企业通常采用进攻型战略，寄希望于高风险项目的高收益。这类管理者有较为广泛的战略方案选择。

（2）如果管理者认为风险是实际存在的，并敢于承担某些风险，那么管理者就会试图在高风险战略和低风险战略之间寻求某种程度的平衡，以分散一定的风险。

（3）如果管理者认为冒较高的风险将毁灭整个企业，需要减低或规避风险，那么他只能有很少的战略选择方案。可能采取防御型的或稳定型的战略方案，拒绝承担高风险的项目，寻求在比较稳定的行业中经营。

管理者和股东对待风险的态度，会增加或减少他们所考虑的战略方案的数目，并影响采用某一特定战略方案的可能性。

三、企业过去战略的影响

对大多数企业来说，过去的战略是战略选择过程的起点，这就导致新考虑的多数战略方案必然受到企业过去战略的影响和限制。明茨伯格对德国大众汽车公司 1934—1968 年和美国 1950—1968 年在越南的战略选择变化进行过详细的研究，他有如下观点。

（1）现在的战略是从过去某一有影响的领导者所制定的战略演化而来。这个独特的、紧密一体化的战略，对以后的战略选择是个主要的影响因素。

（2）此后，这个战略就变得格式化。官僚化的管理组织使战略得以贯彻和实施，即原决策者推出这个战略并向下属说明，而后低层管理人员将这个战略贯彻实施。明茨伯格将此称为推拉现象。

（3）当这个战略由于条件变化而开始失效时，企业总是将新的战略嫁接到这个老战略上来。

（4）当外部环境变化更大时，企业才开始认真地考虑采取防御战略、组合战略或发展战略，而以前可能有人建议过这些战略，但决策者却忽视了。

明茨伯格对战略选择过程的研究结论具有概况性的意义。它说明过去的战略对现在和以后的战略选择有影响，战略选择过程更多的是一种战略演变过程。其他研究结果也表明，当人们要对过去选择的执行方案的不良后果负个人责任时，他们总是将最大数量的资源投入过去执行的方案中。这可以部分地说明为什么在改变过去的战略时，往往需要更换高层管理人员，因为新的管理者较少受到过去战略的约束。

四、企业中的权力关系

经验表明，在企业中权力关系的存在是个关键的影响战略决策的因素。在大多数企业中，如果一个权力很大的高层管理者支持某一战略方案，通常它就会成为企业选择的战略，并且会得到一致的拥护。从某种意义上说，人品也涉及战略选择。主要人员喜欢什么及尊重什么等，都与选择什么样的战略有关。总之，权力关系或企业政策对战略选择有重大影响。

五、中层管理人员和职能人员的影响

中层管理人员和职能人员对战略选择有重大影响，尤其是企业计划人员。鲍威尔（J. Bower）和舒沃兹（J. Schwartz）的研究指出，如果中层管理人员和企业计划人员参加战略选择，会有如下情况。

（1）他们选择的战略通常与总经理选择的战略有所不同。

（2）中层管理人员和职能人员的观点部分地受到他们个人的视野及所在单位的目标和使命的影响。

（3）他们倾向于向高层管理人员推荐低风险、渐进式推进的战略方案，而非高风险和突破性的方案。

卡特（K. Carter）研究了一些中小企业所作出的六项关于购并的决策，这项研究发现以下情况。

（1）较低层管理人员倾向于上报那些可能被上司接受的方案，而扣下不易通过的方案。在可能的情况下，他们的选择总是适合于自身的目标。

（2）在对建议中的战略选择进行评价时，不同的部门都从自身的利益来评价方案，并出现不同的评价结果。

（3）企业外部环境的不确定性越大，下层管理人员就会使用越多的评价标准来指导战略选择过程。

（4）职能人员为战略选择提供的数据量取决于收集数据的难易程度、他们对日后数据执行情况负责的程度、为获得有利于决策所必需的数据的数量、认为上司作决策时所希望得到的数据量。

总之，中层管理人员和职能人员是通过草拟战略方案及对各方案风险的评价来影响战略选择的。一般来说，他们对战略方案作出的建议和评价，总是与过去的战略差异不大，很少冒风险。

❓ 思 考 题

（1）选择一个你所熟悉的企业，描述它所采用的战略评价方法，并分析该方法的有效性。

（2）请描述产品生命周期-产品类型矩阵。

（3）市场占有率理论是如何在战略评价中应用的？

（4）针对某一具体行业，讨论运用行业吸引力-企业实力矩阵分析时应该采取的要素变量。

（5）如何运用生命周期法为战略评价服务？

（6）PIMS分析得到哪些重要结论？这些结论对某一具体企业的竞争有何启示？

（7）影响战略选择的因素有哪些？

〜〜〜 实训项目十 〜〜〜

实训内容	主题	考查方式	评分
分组探讨	如何看待 PIMS 分析	提交分析报告（500 字以上）	
参观访问	联系地方企业进行团体参观，评价该公司战略方案的选择	制作成演示文件在课内讲解	
总分			

模块十一　战略实施

企业一旦选择了合适的战略，战略管理活动的重点就从战略制定转移到了战略实施和控制阶段。所谓战略实施就是执行达到战略目标的战略计划或战略方案，这是将战略付诸实际行动的过程。因为，制定出的战略如果不去执行和实施，那只不过是纸上谈兵。因此，战略实施必须紧随战略制定之后。而要想达到预期的战略目标，战略控制必须贯穿于战略实施过程。

项目一　战略制定与实施

一、如何有效地实施企业战略

战略实施绝不是一个轻而易举的过程，它涉及大量的工作安排和大量资源的配置。在战略制定和选择过程中，所参与的人员只是高层管理者。而在战略实施过程中，企业中的每一个人，从最高层管理者到作业人员，都参与其中。因此，战略实施较之战略分析和战略选择来说，所涉及的问题更多、难度也更大。亚历山大对美国 93 个企业总经理和事业部经理的调查结果表明，当这些企业试图实施一项战略计划时，半数以上的企业都会面临下列十大问题或困难。

（1）实施要比原计划需要更多的时间。

（2）出现没有预料到的主要问题。

（3）没有有效地协调各种活动。

（4）出现了企业重心偏离实施的轨迹的情况。

（5）所涉及的雇员能力不足。

（6）对低层雇员缺乏足够的培训和指导。

（7）出现不可控制的外部环境因素。

（8）部门经理缺乏足够的领导才能和引导。

（9）对所实施的关键任务和活动缺乏明确的说明。

（10）信息系统缺乏足够的监测活动。

博拿马阐明了战略制定与战略实施的关系，如图 11-1 所示。从图 11-1 中可以看出，即使是一个合适的战略，如果不能很好地实施，也会导致制定的战略失败。然而，一个很好的实施方案，不仅可使一个合适的战略取得成功，而且还可以挽救一个不太适宜的战略。正是由于战略实施的重要性，目前越来越多的经理人员将其注意的焦点转向了战略实施。

	好	差
好 成功 实现增长和市场占有率目标，并能获利		挽救或毁灭 好的实施可挽救一个不好的战略
差 麻烦 差的实施会妨碍好的战略发挥作用，而管理者却可能认为是战略出了问题		失败 尽管失败的原因很难分析，但一个糟糕的战略加上没有能力实施，肯定会失败

战略制定

图 11-1 战略制定与战略实施的关系

如何才能有效地实施一项战略？人们已从实践中认识到，只有当企业的各种因素相互适应和相互匹配时，战略实施才可能取得成功。这就意味着，为了达到战略目标，成功的管理者必须取得战略与其内部因素之间的匹配。这些因素之间越是相互适应和匹配，则战略就越会有效。按照罗伯特·H·小沃特曼的观点，企业的战略匹配包含 7 个因素，即战略、结构、体制、风格、人员、共享的价值观和技能，如图 11-2 所示。这 7 个因素又称麦肯锡 7S 模型。

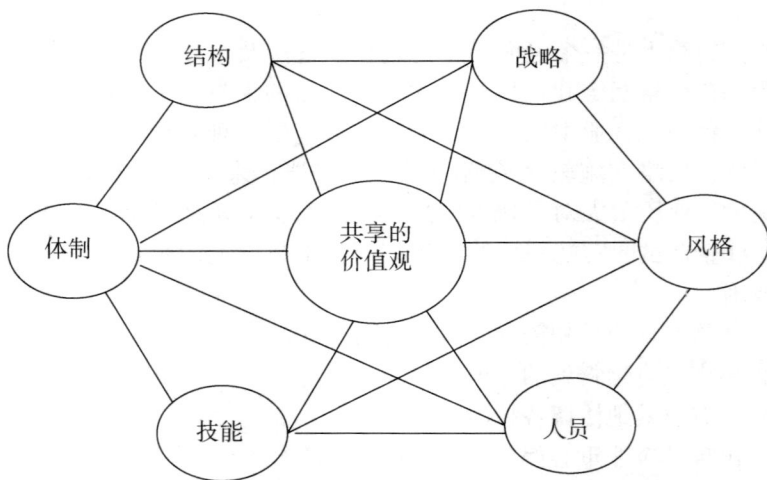

图 11-2 麦肯锡 7S 模型

（1）战略（strategy）。这是指在获得超过竞争对手的持续优势的一组紧密联系的活动。

（2）结构（structure）。这是指组织结构，它表明报告的传递者及接受者、任务的分工及整合。

（3）体制（system）。这是指使日常工作完成的过程及流程，包括信息系统、资本预算系统、制造过程、质量控制系统、绩效度量系统等。

（4）风格（style）。这是指集体管理人员所花费的时间和精力的方式，以及他们所采用的代表性的行为方式所表现出的例证。

（5）人员（staff）。这是指企业中的所有人，最重要的是指企业中的人员分布状况。

（6）共享的价值观（shared values）。它不是指企业正式宣布的目的或目标，而是指使企业保持团结和一体的那些具有指导性的观念、价值观和愿望等，也即企业的哲学或文化。

（7）技能（skills）。这是指企业作为一个整体所具备的能力。有了这种能力，企业就可将事情做好。这种能力通常也是企业名声所在。

7S 模型表明，当这些因素相互适应和匹配时，企业即可实施一项战略；反之，当这 7 个因素互相不融洽时，战略实施不可能成功。

项目二　战略实施的重要性

在战略管理中，战略实施是战略制定的后续工作，即企业选定了战略以后，必须将战略的构想转化成战略的行动。在这个转化过程中，企业首先考虑战略制定与战略实施的关系，两者配合得越好，战略管理越容易获得成功。

"做企业是战略重要还是实施执行重要？"这是营销界和企业界争论最多的话题之一。笔者的观点是"战略实施比战略制定更重要。"企业为了实现自己的目标，不仅要有效地制定战略，更要有效地实施战略。

战略诊断矩阵图（如图 11-3 所示）说明了这两者的重要性，并指出了战略制定与实施的不同搭配会产生四种结果：成功、摇摆、艰难和失败。同时说明战略实施比战略制定更重要。

	好	坏	
坏	成功	摇摆	战略实施
好	艰难	失败	
	战略制定		

图 11-3　战略诊断矩阵

在成功"成功"象限里，企业有良好的战略，而且能够有效地实施这一战略。在这种情况下，尽管企业仍旧不能控制企业外部的环境因素，但由于企业能够成功地制定与实施战略，企业的目标便能够顺利实现。

在"摇摆"象限里，企业没有能完善地制定出自己的战略，但执行这种战略却一丝不苟。在这种情况下，企业会遇到两种不同的局面。一种局面是，由于企业能够很好地执行战略而克服了原有战略的不足之处，或者至少为企业人员提出了可能失败的警告；另一种局面是，企业认真地制定了一个不完善的战略，结果加速了企业的失败。面对这两种情况，企业要及时准确地判断出这个象限里，战略会造成什么局面，采取主动措施加以改进。

在"艰难"象限里，企业有很好的战略但贯彻实施很差，这种情况往往是由于企业管理人员过分注重战略的制定，而忽视战略的实施的缘故。一旦问题发生，管理人员的反应常常是重新制定战略，而不是去检查实施过程是

否出了问题。结果，重新制定出来的战略仍按照老办法去实行，只有失败一条路。

在"失败"象限里，企业所面临的问题是本身不完善的战略又没有很好地执行。在这种情况下，企业的管理人员很难把战略引到正确的轨道上来。因为企业如果保留原来的战略而改变实施的方式，或者改变战略而保留原有的实施方式，都不会产生好的结果。

在考虑企业战略制定与战略实施时，需警惕下面两个方面的误区。

1. 重视制定而忽视实施

聘请专业咨询公司为企业制定战略是一种被广泛认可的方式，但在项目咨询过程中，企业管理层只关注获得战略方案和咨询报告，而不能认真思考战略实施问题。尤其是战略制定与实施的责任主体相分离。

2. 重视战略而忽视战术

战略的总体特征是方向性的，尽管在选择战略时会考虑到实现的可能性，但实现的方法和手段通常不是战略方案所能够考虑到的，因此，如果企业只重视战略而忽视了实现它的方法，战略最终会落空。

项目三　战略实施的模式

在企业的战略经营实践中，战略实施有五种不同的模式。

一、指挥型

指挥型模式的特点是，企业总经理考虑的是如何制定一个最佳战略的问题。在实践中，计划人员要向总经理提交企业经营战略的报告，总经理看后做出结论，确定了战略之后，向高层管理人员宣布企业战略，然后强制基层管理人员执行。

这种模式的运用要有以下约束条件。

（1）总经理要有较高的权威，靠其权威通过发布各种指令来推动战略实施。

（2）本模式只能在战略比较容易实施的条件下运用。这就要求战略制定者与战略执行者的目标比较一致，战略对企业现行运作系统不会构成威胁；企业组织结构一般都是高度集权制的体制，企业环境稳定，能够集中大量的信息，多种经营程度较低，企业处于强有力的竞争地位，资源较为宽松。

（3）本模式要求企业能够准确有效地收集信息，并能及时汇总到总经理的手中。因此，它对信息条件要求较高。这种模式不适应高速变化的环境。

（4）本模式要有较为客观的规划人员。因为在权力分散的企业中，各事业部常常因为强调自身的利益而影响了企业总体战略的合理性。因此，企业需要配备一定数量的、有全局眼光的规划人员来协调各事业部的计划，使其更加符合企业的总体要求。

这种模式的缺点是把战略制定者与执行者分开，即高层管理者制定战略，强制下层管理者执行战略，因此，下层管理者缺少了执行战略的动力和创造精神，甚至会拒绝执行战略。

二、变革型

变革模式的特点是，企业经理考虑的是如何实施企业战略。在战略实施中，总经理本人或在其他方面的帮助下需要对企业进行一系列的变革，如建立新的组织机构、新的信息系统，变更人事，甚至是兼并或合并经营范围，采用激励手段和控制系统以促进战略的实施，为进一步增强战略成功的机会，企业战略领导者往往采用以下三种方法。

（1）利用新的组织机构和参谋人员向全体员工传递新战略优先考虑的战略重点是什么，把企业的注意力集中于战略重点所需的领域中。

（2）建立战略规划系统、效益评价系统，采用各项激励政策以便支持战略的实施。

（3）充分调动企业内部人员的积极性，争取各部分人员对战略的支持，以此来保证企业战略的实施。

这种模式在许多企业中比指挥型模式更加有效，但这种模式并没有解决指挥型模式存在的如何获得准确信息的问题、各事业单位及个人利益对战略计划的影响问题及战略实施的动力问题，而且还产生了新的问题，即企业通过建立新的组织机构和控制系统来支持战略实施的同时，也失去了战略的灵活性。

在外界环境变化时，战略的变化更为困难，从长远观点来看，在环境不确定性的企业，应该避免采用不利于战略灵活性的措施。

三、合作型

合作型模式的特点是，企业的总经理考虑的是如何让其他高层管理人员从战略实施一开始就承担有关的战略责任。为发挥集体的智慧，企业总经理要和企业其他高层管理人员一起对企业战略问题进行充分的讨论，形成较为一致的意见，制定出战略，再进一步落实和贯彻战略，使每个高层管理者都能够在战略制定及实施的过程中作出各自的贡献。

协调高层管理人员的形式多种多样，如有的企业成立由各职能部门领导参加的"战略研究小组"，专门收集在战略问题上的不同观点，并进行研究分析，在统一认识的基础上制定出战略实施的具体措施等。总经理的任务是要组织好一支合格胜任的制定及实施战略管理的人员队伍，并使他们能够很好地合作。

合作型的模式克服了指挥型模式和变革模式存在的两大局限性，使总经理接近一线管理人员，获得比较准确的信息。同时，由于战略的制定是建立在集体考虑的基础上的，从而提高了战略实施成功的可能性。

该模式的缺点是由于战略不同观点、不同目的的参与者相互协商折衷的产物，有可能会使战略的经济合理性有所降低。

四、文化型

文化型模式的特点是，企业总经理考虑的是如何动员全体员工都参与战略实施活动，即企业总经理运用企业文化的手段，不断向企业全体成员灌输战略思想，建立共同的价值观和行为准则，使所有成员在共同的文化基础上参与战略的实施活动。

由于这种模式打破了战略制定者与执行者的界限，力图使每一个员工都参与制定实施企业战略，因此使企业各部门人员都在共同的战略目标下工作，使企业战略实施迅速、风险小，企业发展迅速。

文化型模式也有局限性，表现在以下方面。

（1）这种模式是建立在企业职工都是有学识的建设基础上的，在实践中职工很难达到这种学识程度，受文化程度及素质的限制，一般职工（尤其在劳动密集型企业中的职工）对企业战略制定的参与程度受到限制。

（2）极为强烈的企业文化，可能会掩饰企业中存在的某些问题，企业也要为此付出代价。

（3）采用这种模式要耗费较多的人力和时间，而且还可能因为企业的高层不愿意放弃控制权，从而使职工参与战略制定及实施流于形式。

五、增长型

增长型模式的特点是，企业总经理考虑的是如何激励下层管理人员制定实施战略的积极性及主动性，为企业效益的增长而奋斗。即总经理要认真对待下层管理人员提出的一切有利于企业发展的方案，主要方案基本可行，符合企业战略发展方向，在与管理人员探讨了解决方案中的具体问题的措施以后，就应及时批准这些方案，以鼓励员工的首创精神。

采用这种模式，企业战略不是自上而下地推行，而是自下而上地产生，因此，总经理应该具有以下认识。

（1）总经理不可能控制所有的重大机会和威胁，有必要给下层管理人员以宽松的环境，激励他们从事有利于企业发展的经营决策。

（2）总经理的权利是有限的，不可能在任何方面都可以把自己的愿望强加于组织成员。

（3）总经理只有在充分调动及发挥下层管理者的积极性的情况下，才能正确地制定和实施战略，一个稍微逊色的、但能够得到人们广泛支持的战略，要比那种"最佳"的、却根本得不到人们热心支持的战略有价值得多。

（4）企业战略是集体智慧的结晶，靠一个人很难作出正确的战略。因此，总经理应该坚持发挥集体智慧的作用，并努力减少集体决策的各种不利因素。

在 20 世纪 60 年代以前，企业界认为管理需要绝对的权威，在这种情况下，指挥型模式是必要的。60 年代，钱德勒的研究结果指出，为了有效地实施战略，需要调整企业组织结构，这样就出现了变革模式。合作型、文化型及增长型三种模式出现较晚，但从三种模式中可以看出，战略的实施充满了矛盾和问题，在战略实施过程中只有调动积极因素，才能使战略获得成功。

上述五种战略实施模式在制定和实施战略上的侧重点不同，指挥型和合作型更侧重于战略的制定，而把战略实施作为事后行为，而文化型及增长型则更多地考虑战略实施问题。实际上，在企业中，美国学者提出了 7S 模型，这个模型强调在战略实施的过程中，要考虑企业整个系统的状况，既要考虑企业的战略、结构和体制三个硬因素，又要考虑作风、人员、技能和共同的价值观四个软因素，只有在这七个因素相互很好地沟通和协调的情况下，企业战略才能够获得成功。

项目四　企业战略实施与组织结构调整

战略与组织结构的有效结合是企业生存和发展的关键因素之一。一个企业的成功不仅能能制定适当的战略，同时能建立适当组织结构贯彻其战略。企业战略的变化往往能导致组织结构的变化，而组织结构的重新设计也能够促进企业战略的有效实施。

一、组织结构概述

（一）组织结构主要影响因素

（1）企业的战略是需要考虑的一个重要因素。在计划组织结构时，最根本的目的必须是确保形式上的结构不妨碍企业主要目标的实现，就是要对工作进行安排，使员工能够以最有效的方式工作。例如，一个企业需要及时对其经营所在地的市场变化作出灵活反应，企业就可能会采用分权式结构来实现更大的灵活性。

（2）企业经营所处的环境是关键因素。为了将工作划分为可管理的若干部分，并将这些部分归类使其能够有效沟通，就需要判断企业经营所处环境是稳定的还是高度复杂且不断变化的。其中，需要区分企业的多样性，因为跨国企业和小企业的需求会有所不同。稳定的环境允许企业采用较为严格的、常规的组织结构；而不断变化和不确定性的环境就要求企业采用更灵活的、可调整的组织结构。

（3）企业所采用的技术也与组织结构的确定有关。举例而言，批量化的

课堂笔记

生产技术通常需要企业采用、更为集中的组织结构。规模也具有类似的重要性。当企业达到一定规模时，从上到下的控制就会变得非常困难，因此就要求企业采用分权式的组织结构。

（4）考虑企业的人员和文化因素。举例而言，技能熟练的、独立的专业人员通常要求采用分权式的组织结构并要求取得自主权。实际上，企业倾向于采用某些混合形式，或组合，或结构类型。

（二）组织结构的类型

1. 创业型组织结构

创业型组织结构是多数小型企业的标准组织结构模式。采用这种结构时，企业的所有者或管理者对若干下属实施直接控制，并由其下属执行一系列工作任务。企业的战略计划（若有）由中心人员完成，该中心人员还负责所有重要的经营决策。这一结构类型的弹性较小且缺乏专业分工，其成功主要依赖该中心人员的个人能力。

2. 职能制组织结构

不同部门有不同的业务职能，例如营销部负责产品的营销和推广；产品部负责生产销售给客户的所有产品；财务部负责记录所有交易并控制所有与经费和财务相关的活动。理论上，各部门之间相互独立，但是在实务上部门之间通常有一定的相互作用与影响。

3. 事业部制组织结构

（1）区域事业部制组织结构。当企业在不同的地理区域开展业务时，区域式结构就是一种比较适当的结构，它是按照特定的地理位置来对企业的活动和人员进行分类的。

区域事业部制组织结构优点：一是在企业与其客户的联系上，区域事业部制能实现更好更快的地区决策；二是与一切借由总部来运作相比，建立地区工厂或办事处会削减成本费用，例如，可以削减差旅费和交通费；三是有利于海外经营企业应对各种环境变化。

区域事业部制组织结构的缺点：一是管理成本的重复，例如，一个国家企业被划分为十个区域，则每个区域办事处都需要一个财务部门；二是难以处理跨区域的大客户的事务。

（2）产品/品牌事业部制组织结构。它适用于具有若干生产线的企业，是以企业产品的种类为基础设立若干产品部，而不是以职能为基础进行划分。该结构可以将总体业务划分为若干战略业务单位。如果将某项工作按产品线划分，则单一的战略业务单位就负责与该特定产品相关的所有方面：产品开发、产品生产、产品营销等。

产品事业部制组织结构的优点。一是生产与销售不同职能活动和工作可以通过事业部/产品经理来予以协调和配合。二是各个事业部已集中精力在其自身的区域，也就是说，由于这种结构更具有灵活性，因此更有助于企业实施产品差异化。三是易于出售或关闭经营不善的事业部。

产品事业部制组织结构的缺点。一是各个事业部会为了争夺有限资源而产生摩擦。二是各个事业部之间会存在管理成本的重叠和浪费。三是如果产品事业部数量较大，则难以协调。四是如果产品事业部数量较大，高级管理层会缺乏整体观念。

（3）客户事务部制组织结构。它通常与销售部门和销售工作相关，批销企业或分包企业也可能采用这种结构，在这些企业中由管理者负责联系主要客户。

4. 战略业务单位组织结构

企业的成长最终需要将相关产品线归类为事业部，然后将这些事务部归类为战略业务单位。战略业务单位组织结构尤其适用于规模较大的多元化经营的企业。

战略业务单位组织结构的优点：一是降低了企业总部的控制跨度。采用这种结构后，企业层的管理者只需要控制少数几个战略业务单位而无需控制多个事务部。二是由于不同企业单元都向总部报告其经营情况，因此控制幅度的降低也减轻了总部的信息过度情况。三是这种结构使得具有类似使命、产品、市场或技术的事业部之间能更好地协调。四是由于几乎无需在事业部之间分摊成本，因此易于监控每个战略业务单位的绩效（在职能式结构下也如此）。战略业务单位组织结构的缺点。一是采用这种结构多了一个垂直管理层，因此总部和事业部与产品层的关系变得更疏远。二是战略业务部单位经理为了取得更多的企业资源会引发竞争和摩擦，而这些竞争会变成职能性失调并会对企业的总体绩效产生不利影响。

5. 矩阵结构

矩阵制组织结构是为了处理非常复杂的项目的控制问题而设计的。这种结构在职能和产品或项目之间起到了联系的作用。这样，员工就拥有了两个直接上级，其中一名上级负责产品或服务，另一名上级负责职能活动。

矩阵制组织的优点。一是由于项目经理与项目的关系更紧密，因而他们能更直接地参与到与其产品相关的战略中来，从而激发其成功的动力。二是能更加有效地优先考虑关键项目，加强对产品和市场的关注，从而避免职能型结构对产品和市场的关注不足。三是与产品主管和区域主管之间的联系更加直接，从而能够做出更有质量的决策。四是实现了各个部门之间的协作及各项职能和专门技术的相互交融。五是双重权力使得企业具有多重定位，这样职能专家就不会只关注自身业务范围。

矩阵制组织结构的缺点。一是可能导致权力划分不清晰（如谁来负责预算），并在职能工作和项目之间产生冲突。二是双重权力容易使管理者之间产生冲突。如果采用混合型结构，非常重要的一点就是确保上级的权力不互相重叠，并清晰地划分权力范围。下属必须知道其工作的各个方面应对哪个上级负责。三是管理层可能难以接受混合型结构，并且管理者可能会觉得另一名管理者将争夺其权力，从而产生危机感。四是协调所有的产品和地区会增加时间成本和财务成本，从而导致制定决策的时间过长。

二、战略实施与组织结构之间的关系

（一）组织结构服从企业战略

美国学者钱德勒通过对通用汽车公司、杜邦公司、新泽西标准石油公司和西尔斯·巴洛克公司等70家公司进行深入研究，于1962年出版了《战略与结构：美国工业企业历史的篇章》，提出了战略与结构关系的基本原则，即组织的结构要服从于组织的战略。他指出企业不能仅从现有的组织结构出发去考虑战略，而应根据外部环境的要求去动态地制定相应的战略，然后根据新制定的战略来审视企业的组织结构，如有必要应对其进行调整。

企业的战略对企业的组织结构有着重要的影响，这种影响包括直接和间接两个方面，因而组织结构毕竟是企业的一个子战略，它要从属企业的总体战略。组织最重要的功能就是要为贯彻总体战略提供一个协调机制，而且它一定会随着总体战略的变化而进行必要的调整。

当企业的总体战略分别为扩张战略、维持战略、防御战略时，组织结构一般会不同。当企业经营单一事业时，企业如果实施扩张战略，往往开始从事第二项或者第三项战略，由此，企业需要增加新的战略事业单位；如果竞争激烈，企业实施维持战略，一般不会从事多样化经营，由此而需维持和加强原有单一事业组织结构；如果企业面临竞争者严峻的挑战，当然只能注重于求其生存，因此在组织上、资源的分配上只能将力量用于加强自己的一些薄弱环节。同样当企业经营多项事业时，如果其战略事业单位会增加不少；在维持战略的状态下，则主要的是维持原来的组织结构；如果实施防御战略，有些处于竞争优势的战略事业单位、生产经营部门就会得以保留，而处于劣势的部门就有可能被淘汰。

企业组织结构越复杂，越说明企业处于多种战略相互混合并存、混合实施的状态。企业的总体战略变化越频繁，企业的组织战略变化也越频繁。然而企业也要避免过多的更改企业的组织结构，因为他会损失企业的效率，分散企业的资源，以及造成企业运行的停顿，无论是在短期还是在长期利益上，都会带来不可挽回的损失。然而当企业的既有组织结构不能有效地贯彻执行新的总体战略的时候，它的变化将难以避免。

（二）战略的前导性和组织结构的滞后性

企业外部环境总是处于不断变化之中，战略与组织结构对外部变化做出反应的时间是有差别的，形成了战略的前导性和组织结构的滞后性。

所谓战略的前导性，是指企业战略的变化速度要快于组织结构的变化。当企业的外部环境和内部条件变化提供新的发展机会或产生新的需求时，企业首先要在战略上做出反应，以谋求新的经济增长；当企业积累了大量资源时，企业也会就此提出新的发展战略来提高资源的利用效果。新的战略往往需要新的组织结构与之相适应，或至少在原有的组织结构上进行调整。如果组织结构不随战略的变化相应地进行改变，新战略的实施就没有组织上的保证，最终往往也不会产生好的效果。

所谓组织结构的滞后性，主要是指组织结构的变化速度常常慢于战略的变化速度。造成这种现象有两个原因：一是新旧结构的交替需要一定的时间过程，当外部环境变化后，企业首先考虑的是战略，只有当新的战略制定出来后，企业才能根据新的战略要求来改变企业的组织结构。二是旧的组织结构具有一定的惯性，管理人员在管理过程中由于适应了原来的组织结构运转形式，往往会无意识地运用旧的职权和沟通渠道去管理新旧两种经营活动。特别是感到组织结构变化会威胁到自己的地位、权力时，甚至会运用行政方式抵制需要做出的组织变革。

（三）组织结构对企业战略的限制作用

在实际的企业经营管理中，组织结构并不是完全由战略决定，相反，组织结构还在一定程度上对战略的制定和实施起着限制作用。

1. 战略不能与现有的组织结构脱节

当一个企业的组织结构已经确定，人员已经配备，规章制度已经制定后，企业往往会力图避免过多地更改企业的组织结构，因为它会带来组织混乱，分散企业的资源甚至造成企业运行的停顿。因此，企业在制定战略时会或多或少地考虑到组织结构的因素。一个完全与现有组织脱节的战略不是一个好战略。

2. 组织结构提供信息传递方式

在一个大企业中，重要的知识和决策能力是分散在整个企业之中的，而并非集中于高层管理员。一个企业的结构将决定底层决策者们以什么样的方式和程序把信息汇集在一起，为企业战略决策服务，即组织结构为高层管理人员制定战略决策设定了一个议程。

3. 组织结构影响战略实施信息的传递

企业的组织结构还会影响那些传递到高层管理人员有关战略实施的信息，从而影响到高层管理人员对战略实施的评价，进而影响高层管理人员对企业战略的修正。

（四）企业战略与组织结构的有效结合

在前面对战略和组织结构之间关系分析的基础上，可以得出以下使战略和组织结构有效结合的措施。

（1）对于各种组织结构类型的优缺点进行认真的分析比较，然后根据企业所处环境、企业发展阶段及战略决策的特点选择一种最适合的组织结构类型与企业战略相匹配。例如，地区分布结构可以使管理者参与决策制定并改善区域内的协调，所以，业务范围广泛的 ABB 公司就将其管理结构按欧洲、美洲和亚太三个地域重新进行设置，取得了显著的成果。而产品分布结构是需要对特殊产品或服务给予特殊关注时的最有效的组织结构。此外，当企业的产品或服务有很大差异时，这种结构也被广泛应用。所以，这种组织结构被通用汽车公司、杜邦公司和宝洁公司采用。

（2）对企业的价值链进行认真的考察分析，指出在企业战略中具有关键战略意义的组织单位，并使得这些单位成为企业组织的核心单位，以获得必要的资源、组织影响力以及决策影响力，促进企业战略的实施。

（3）对企业的价值链进行分析，考虑对企业战略实施意义不大的活动，是否应采取外购（外包）的方式从企业外部获得，以在降低企业运作成本的同时使企业的组织结构更有利于企业战略的实施和核心战略能力的培养。

（4）如果企业的一项具有关键战略意义的核心业务不能安排在一个组织单位内完成，那么需要加强分管这项业务不同方面的几个组织单位间的沟通和联系。在这种情况下，企业通常需要设立一个战略管理单位，对这几个组织单位的业务活动进行统一管理，以促进企业战略的顺利实施。

（5）当企业出现经营管理问题、组织绩效下降，需要制定新战略并改变组织结构与之相适应时，应尽量避免企业组织结构剧烈的、过大的变动，而采取一种平稳、渐进的方式去对组织结构进行改革，以减少变革过程中组织效率的损失。

思考题

（1）战略实施的重要性主要体现在哪些方面？
（2）请描述企业组织结构的类型。
（3）矩阵型组织结构的优缺点主要有哪些？
（4）企业战略实施的模式包括哪些方面？
（5）企业所采用的变革型战略实施模式的特点有哪些？

实训项目十一

实训内容	主题	考查方式	评分
分组探讨	如何看待企业战略的实施	提交分析报告（500字以上）	
参观访问	联系地方企业进行团体参观，了解该公司在战略实施过程中所采取的具体措施	制作成演示文件在课内讲解	
总分			

模块十二 战略控制

项目一 战略控制的类型与原则

一、战略失效与战略控制

经验表明，在战略实施过程中常常出现战略失效。所谓战略失效，是指企业战略实施的结果偏离了预定的战略目标或战略管理的理想状态。

（一）战略失效的原因

造成战略失效的原因有很多，主要有以下几点。

（1）战略实施所需的资源条件与现实存在的资源之间出现较大缺口。

（2）企业内部缺乏沟通，企业战略未能成为全体员工的共同行动目标，企业员工缺乏协作共事的愿望。

（3）用人不当，主管人员或作业人员不称职或玩忽职守。

（4）战略实施过程中各种信息的传递反馈受阻。

（5）公司管理者决策错误，使战略目标本身存在严重缺陷或错误。

（6）企业外部环境出现了较大的变化，而现有战略一时难以适应等。

（二）战略失效的类型

按在战略实施过程中出现的时间顺序，战略失效可分为早期失效、偶然失效和晚期失效三种类型。在战略实施初期，由于新战略还没有被员工理解和接受，或者实施者对新的环境、新的工作还不适应，处于平稳发展阶段，但即使在平时中，也会因为一些意想不到的因素，使战略出现"偶然失效"。当战略推进一段时间之后，原先对战略所依赖的基础就显得越来越高。把失效率在战略实施不同阶段上所表现出来的上述特征画成曲线，就形成了形似"浴盆"的"浴盆曲线"。

由此可见，战略是一个方向，其形成绝不是线性的。一个原始战略是否有效，并不在在于它是否能被原封不动地运用到底，也不在于它的每个细小目标和环节是否都在实际执行中得以实现，而在于它能否成功地适应不可知的现实，在于能否根据现实情况作相应的调整和修正，并最终能够有效地运用多资源实现既定的整体目标，这就需要进行战略控制。

（三）战略控制的概念

所谓战略控制，是指将预定的战略目标与实际效果进行比较，检测偏差程度，评价其是否符合预期目标要求，发现问题并及时采取措施借以实现企业战略目标的动态调节过程。战略控制的目的一是控制战略失败，二是检验、修订、优化原定战略方案。

但是，战略控制并不仅仅是具体地进行计划执行情况的检查与控制，而是主要关心如下一些问题。

（1）现行战略实施的有效性问题。

（2）制定战略方案的前提，如战略环境及预测等问题的可靠性问题。

（3）早期发现战略方案修正的必要性问题和优化的可能性问题。

（4）有无引起对战略方案与战略规划总体进行重新评价的问题。

二、战略控制层次与类型

如同战略管理层次中有公司战略、竞争战略与职能战略一样，企业中对战略的控制也存在着层次。战略的控制分为战略控制、战术控制与作业控制三个层次。战略控制是指涉及企业同外部环境关系的战略方向的控制，它从企业总体考虑，着重长期（1 年以上）业绩；战术控制主要处理战略规划实施过程中的局部、短期性问题，着重于短期（1 年以下）业绩；作业控制则是处理近期活动，考虑近期（如月季、季度）业绩，如日常的产品质量控制。显而易见，三种控制方式具有不同的特点与要求，分别适应于企业的"高层"、"中层"和"基层"三个层次的管理者。每种控制方式又有不同的具体类型，下面着重介绍战略控制和作业控制的类型。

（一）战略控制

战略控制着眼于企业发展与内外环境条件的适应性，通常有避免型控制、跟踪型控制、开关型控制和后馈型控制四种类型。

（1）避免型控制。它是采用适当的手段消除不适当行为产生的条件和机会，从而达到不需要控制就能避免不适当行为发生的目的。

（2）跟踪型控制。它又称事前控制，是指在战略行动成果尚未实现之前，对战略行动的结果趋势进行预测，并将预测结果与预期结果进行比较和评价，如果发现可能出现战略偏差，则提前采取预防型的纠偏措施，使战略实施始终沿着正确的轨道推进，从而保证战略目标的实现。

（3）开关型控制。它又称事中控制，是指在战略实施控制中，要对战略进行检查，对照既定的标准判断是否适宜，如果发现不符合标准的行动，就随时采取措施进行纠偏。这种方式类似于开关的通与止控制，一般适用实施过程标准化、规范化的战略项目。

（4）后馈型控制。它又称事后控制，是指在战略结果形成后，将战略行动的结果与预期结果进行比较与评价，然后根据战略偏差情况及其具体原因，对后续战略行动进行调整修正。后馈型控制方式主要有联系行为和目标导向等具体操作形式。联系行为形式是指把对员工战略行动的评价控制同他们的工作行为和绩效评价联系起来；目标导向形式是指让员工参与战略行为目标的制定和工作业绩的评价。

（二）作业控制

作业控制是对企业内部各项业务进展情况的控制，通常有财务控制、生产控制、销售规模控制、质量控制和成本控制等方式。

（1）财务控制。这种控制方式覆盖面广，是用途极广的非常重要的控制方式，包括预算控制及比率控制。

（2）生产控制。即对产品品种、数量、质量、成本、交货期及服务等方面进行控制，可分产前控制、过程控制及产后控制等。

（3）销售规模控制。销售规模太小，影响经济效益；销售规模太大，则占用资金太多，也影响经济效益，为此要对销售规模进行控制。

（4）质量控制。包括对企业工作质量和产品质量的控制。工作质量不仅包括生产工作的质量，还包括领导工作、设计工作、信息工作等一系列非生产工作的质量。因此质量控制范围包括生产过程和非生产过程的控制。控制是动态的，着眼于事前和未来的质量控制，其重点在于全员质量意识的形成。

（5）成本控制。通过成本控制使各项费用降低到最低水平，以达到提高经济效益的目的。成本控制不仅包括对生产、销售、设计、储备等有形费用的控制，而且还包括对会议、领导、时间等无形费用的控制。在成本控制中要建立各种费用的开支范围、开支标准，并严格执行，要事先进行成本预算等工作。成本控制的难点在于企业中大多数部门和单位是非独立核算的，因此缺乏成本意识。

（三）战略控制与作业控制的区别

由上可见，战略控制与作业控制有很大的不同，具体来说，两者的区别体现在如下几点。

（1）执行主体不同。战略控制只要由高层管理者执行，业务控制只要由中层管理者执行。

（2）战略控制具有开放性，业务控制具有封闭性。战略控制既要考虑外部环境因素，又考虑企业内部因素，而业务控制只要考虑企业内部因素。

（3）控制目标不同。战略控制的目标比较定性，不确定，不具体；业务控制的目标比较定量，确定，具体。

（4）控制目的不同。战略控制主要解决企业的效能问题，业务控制主要解决企业的效率问题。

三、战略控制的原则

（一）确保目标原则

战略控制必须在达到目标过程中，通过执行战略计划，以确保战略目标的实现。既要控制短期性经营活动，也要控制长期性战略活动。

（二）适度控制原则

战略控制要严格但不乏弹性，有时严格认真，有时要有弹性。战略控制切忌过度频繁，只要能保持与战略目标的一致性，保持战略实施的正确方向，就应尽可能地少干预实施过程中发生的问题；否则，控制过多可能引起混乱和目标移位。

（三）适机控制原则

战略控制要掌握适当时机，选择适当的时候进行战略修正，要尽可能避免在不该修正时采取了行动或者在需要时却没有及时采取行动的情况。

（四）优先控制原则

战略控制应优先控制那些对战略具有重要意义的活动和成果。

（五）例外控制原则

战略控制应关注例外事件的发生，注意针对超出预先确定的容许范围的那些活动或成果，采取控制行动。

（六）适应性原则

战略控制应能反映不同经营业务的性质与需要。由于经营业务有大有小，对战略成功的影响力有轻有重，因此，应视各部门的业务范围、工作性质、对企业未来成长的贡献来制定不同的控制标准和方式，才能更好地适应不同业务的需要。

（七）激励性原则

控制要与激励相结合，要将控制的标准版与员工的行为考核标准相结合，使员工的行为期望与战略目标之间相互衔接，从而使员工能够在发现偏差时及时地进行自我控制。

（八）信息反馈原则

战略控制应充分发挥战略管理中的信息反馈作用，不仅要反馈对实施战略有重要作用的信息，而且要反馈对最初战略的形成有重要作用的信息。

四、战略控制的条件

（一）完整的企业经营战略规划

战略控制是以企业经营战略规划为依据的，战略规划越是明确、全面和完整，其控制的效果就有可能越好。

（二）健全的组织机构

组织机构是战略实施的载体，它具有具体执行战略、衡量绩效、评估及纠正偏差、监测外部环境的变化等职能，因此组织机构越是合理、完善，控制的效果可能就会越好。

（三）得力的领导者

领导者是执行战略控制的主体，又是战略控制的对象，因此要选择和培训能够胜任新战略实施的得力的企业领导人。

（四）优良的企业文化

企业文化的影响根深蒂固，如果有优良企业文化能加以利用和诱导，这对于战略实施的控制是最为理想的，当然这也是战略控制的一个难点。

项目二　战略控制的方法

要对整个组织的活动进行全面控制，必须借助于各种不同的控制方式，而根据控制的对象、内容和条件的不同，又可有多种不同的控制方法。充分了解并有效地运用这些控制方式和方法，是现代组织进行成功控制的一个重要方面。

一、预算控制

（一）预算

预算是一种计划，是用数字编制的反映组织在未来某一时期的综合计划。预算通过财务形式把计划数字化，并把这些计划分解落实到组织的各层次和各部门中去，这样，预算和计划相联系，且与组织系统相适应，就能达到实施管理控制的目的。预算就是把计划紧缩成一些数字以实现条例化、明确资金的使用及用实物计量投入量和产出量等。主管人员明确了这些，就可以进行人员与任务的委派、协调和组织等活动，并在适当的时间将组织活动的结果和预算进行比较，发现偏差及时采取措施纠正，以保证组织在预算的限度内去完成任务。

（二）几种常用的预算编制方法

1. 预算与弹性预算

在传统预算过程中，某预算期成本费用和利润都只是在一个预定的产销业务量水平的基础上编制的，这种百分之百地依赖一种业务量编制预算的方法叫固定预算。显然，一旦这种预算赖以存在的前提——预算业务量——与实际水平相去甚远时（这种情况在当今复杂的市场环境中屡屡发生），必然导致有关成本费用及利润的实际水平与预算水平因基础不同而失去可比性，不利于开展控制与考核。譬如预计业务量为生产能量的100%，实际为120%，那么在成本方面实际脱离预算的差异就会包括本不该在成本分析范畴内出现的非主观因素—业务量增长造成的差异（对成本来说，只要分析单位用量差异和单位差异就够了，业务量差异根本无法控制，分析也没有意义）。

弹性预算正是为了克服固定预算的缺点而设计的，它是在成本形态分析的基础上，按一系列可能达到的预算业务量水平（如按一定百分比间隔）编制能适应多种情况预算的方法。由于它能规定不同业务量条件下的预算收支，适用面宽，机动性强，具有弹性，故称为弹性预算，也有人称之为变动预算或滑动预算。

2. 增量预算与零基预算

所谓增量预算，一般是以现有成本费用水平为出发点，结合预算期业务量水平及有关降低成本的设施，调整有关费用项目而编制预算的方法。这种预算往往不加以分析地保留或接受原有成本项目，或按主观臆断平均消减，或只增不减，容易造成浪费，并使不必要的开支合理化。

零基预算不是以现有费用为前提，而是一切从零做起，从实际需要和可能出发，像对待决策项目一样逐项审议各种费用开支是否必要合理，进行综合平衡，从而确定预算成本的一种方法。该法自20世纪60年代由美国人提出来之后，现已被西方发达国家制造企业作为间接费用预算的编制方法。

二、作业控制

当作业系统设计完成、作业计划制定并实施之后，作业控制工作就成了作业管理工作的重点。如果没有有效的作业控制工作，再完美的作业系统也可能由于一些意想不到的事情而无法达到预期的目标。一般制造业的作业控制工作包括许多内容，主要包括采购控制、库存控制、成本控制和质量控制等。在本模块项目一已介绍了成本控制和质量控制的相关内容，以下介绍采购控制和库存控制。

（一）采购控制

对于制造企业来说，它需要输入大量的物料，然后通过转换变成各种产品。物料构成了产品成本的重要成分，在部分行业，物料成本竟高达70%左右，因此，有效地控制物料成本自然就成为企业降低成本和增加利润的重要渠道。而企业物料获取是通过采购职能实现的，所以控制物料成本很大程度上依靠采购控制。

（二）库存控制

与企业物料采购相关的另外一项需要控制的是库存，对库存的控制不仅仅可以提供准确的关于采购数量和采购时间等信息，更重要的是通过对库存的控制，可以减少库存，降低各种占用，提高经济效益。进行库存控制可以首先借助 ABC 分类法确定不同库存物资控制的重要程度。事实证明，大多数组织的库存中约 10%的物品占年度库存总价值的 50%；20%的物资占了总价值的 30%；70%的物资只占 20%的总价值。ABC 分类法正是通过对企业所有库存物资进行分析、计算，把物资分成 A、B、C 三类，然后实施不同的管理：A 类物资应得到最严格的控制，因为 A 类物资的数量非常少，却占用了大量的资金；B 类进行一般的控制；C 类进行最少的控制，因为它们占用的资金很少，可以通过简单设置订货点的方式进行控制。

三、审计控制

审计是由审计部门和人员根据有关的法律、法规制度对管理活动进行监督、审核的过程。按照审计的对象不同，可把审计分为财务审计和管理审计；根据审计主体的不同，可把审计分为外部审计和内部审计。

（一）财务审计

财务审计是以财务活动为中心内容，以检查和核实账目、凭证、财物、债务及结算关系等为主要手段，以判断财务报表中各项记录正确无误、合理合法为目的的控制方法。因此，财务审计在控制支出的合理性、保证本单位财产、严格管理会计工作、改进本单位财务状况等方面具有积极作用。财务审计的主要方法如下。

（1）审计检查方法。这是指在审计项目实施过程中所采用的各种检验、查证方法。按检查的对象不同，又分为资料检查法和实物检查法。资料检查法亦称查账法，它是对会计凭证、账簿、报表及其他有关资料进行检查的方法。实物检查法是指收集书面以外的信息及其载体以证实书面资料及其反映的经济活动的真实性、合法性的一种方法。

（2）审计调查法。这是指审计人员通过调查，对被审计单位的会计资料和有关事实进行查证的一种方法。运用这种方法，针对一些重大问题，采用多种多样的具体方法，透过经济现象，发现带有倾向性的问题，有针对性地提出建议和措施，为各级领导进行决策提供依据。其具体方法包括审计查询法、观察法和专题调查法等。

（3）审计分析法。这是指审计人员利用各种分析技术对审计对象进行比较、分析和评价的一种方法。这种方法主要用来查找可疑事项的线索、验证和评价各种经济资料所反映经济活动的真实性、合法性和效益性。常用的审计分析方法有：账户分析法、账龄分析法、逻辑推理分析法、经济活动分析法、经济技术分析法和数学分析法等。

（4）抽样审计法，也称抽查或试查法。它是先从被查总体中抽取一部分资料作为样本进行审查，然后根据审查结果来推断被查总体正确性和合法性的一种方法。常用的抽样审计方法有：任意抽样审计法、判断抽样审计法和统计抽样审计法。

（二）管理审计

管理审计是一个工作过程，它以管理原理为评价准则，系统地考查、分析和评价一个组织的管理水平和管理成效，进而采取措施克服存在的缺点或问题。管理审计目标不是评价个别主管人员的工作质量和管理水平，而是从系统的观点出发去评价一个组织整个管理系统的管理质量。值得注意的是，要把管理审计和经营审计区别开来，两者的差别类似于评价主管人员的管理能力及评价主管人员在制定和实现目标方面的能力。

（三）内部审计

内部审计简称内审，是由单位内部审计部门或人员进行审计的过程。内部审计由于情况较熟悉，一方面能针对本单位情况加强监督、审核，另外一方面还能提出有关建议以利于加强控制。内部审计应加强制度化、经常化建设，以充分发挥审计部门和专职人员的作用。内部审计虽局限于对会计账户的审核，但就其最有用的方式而言，内部审计包括对经营活动的全面评价，即按预计的成果来衡量实际的成果。因此，内部审计人员除了是本身确实弄清会计账户是否反映实际之外，还要对政策、程序、职权行使、管理质量、管理方法的效果、专门问题及经营的其他各个方面做出评价。

（四）外部审计

外部审计简称外审，是由外单位的审计机构（如会计师事务所）和专业人员对本单位的财务和管理进行审计的过程。外部审计的特点是审计人员在行政隶属上与本单位没有依附关系，因此可以更公正地对待审计对象，按章办事。但是，由于时间和其他因素的限制，外部审计可能会由于情况不熟悉、人员不熟悉等而遇到一些困难，达不到预期的控制效果。

项目三　战略控制过程

战略控制的目标就是使企业战略的实际实施效果尽量符合战略的预期目标。为了达到这一点，战略控制过程可分为四个步骤，即确定评价指标、评价环境变化、评价实际效果及战略调整或变革。

一、确定评价指标

战略控制过程的第一步就是根据企业战略目标确定战略实施效果的评价指标。这些指标既可以是定性的，也可以是定量的，但对不同的组织单位和不同的目标，应采取不同的评价指标。某些指标，比如投资收益率，非常适用于评价企业或事业部实现利润目标的能力。然而这些目标对于评估企业要完成的其他目标，如社会责任、职工培训等，则是不适用的。因而，不同的目标要求有不同的评价指标。

（一）公司经营业绩的评价指标

1. 投资收益率

投资收益率等于税前收入除以总资产，常用来测定企业综合效益，是衡量企业经营业绩的一般标准。其作用主要如下。

（1）它是能够全面反映企业经营活动状况的综合性指标。

（2）它鼓励企业有效地使用现有资产，而不是扩大投资。

（3）它是企业之间进行比较的常用标准。

（4）它可说明企业投资决策是否正确及企业利用其资产获得利润的程度。

（5）它使企业确信获得新的资产会增加利润时，才会做出增加投资的决策。

2. 附加价值指标

附加价值指标是近年来一些西方企业开始采用的评价企业经营成果的新指标，是以附加价值为基础来考核企业经营业绩，并直接衡量企业对社会作出的贡献的高低。它由以下两部分组成。

（1）附加价值，是指企业产品的新增价值，用公式表示是：

$$附加价值＝销售收入－原材料成本－外购零部件成本$$

（2）附加价值收益率，等于税前净利除以附加价值。美国学者霍弗的初步研究结果表明，对于市场处于成熟或饱和阶段的多数产业来说，附加价值收益率趋向于稳定在 12%～18%。

3. 股东价值

股东价值是一定时期内分红和股份升值部分的总和，是股东财富。它可评价一个企业是否超过股东要求的利润率增长。目前不少企业（只要是股份制企业）陆续使用该指标。

4. 高层管理人员的评价指标

对高层管理人员评价指标一般有投资利润率、资本收益率、每股盈利和股东价值等，用以评价整个企业的获利情况。但是，在具体操作中不应仅仅考虑利润方面的情况，还要考虑战略管理实践中其他方面的经营业绩。这些方面包括：

（1）高层管理人员是否建立了合理的长期目标和短期目标？

（2）高层管理人员是否制定出富有创新精神的战略？

（3）高层管理人员是否与业务经理人员密切合作，制定出切合实际的战略实施计划、程序和预算？

（4）为了进行反馈和控制，是否制定和采用了评价企业表现的衡量指标？在做出重大决策之前，是否向董事会提供了公司经营方面的信息？

5. 关键表现域指标

关键表现域是指对企业战略的成功具有举足轻重作用的那些方面。它反映了企业的主要战略目标，是建立行之有效的、合理的控制系统的前提条件之一。

课堂笔记

实训内容	主题	考查方式	评分
分组探讨	如何看待企业的战略控制	提交分析报告（500字以上）	
参观访问	联系地方企业进行团体参观，了解该公司在战略控制方面所采取的措施	制作成演示文件在课内讲解	
总分			

模块十三　案例分析

案例一　索尼：为何你的品牌套路开始失效

没有任何一家公司有权利永远生存下去，却不需要通过不懈的奋斗来争取。这一原则同样适用于索尼，现在看来完全想依靠一块光鲜亮丽的品牌而维持自己的生意是不现实的，也是不可能的，搞不好亮丽的品牌也会失去光泽。

索尼这个最有战略号召力的公司在众多的领域开始遭遇失败。在等离子彩电市场，先锋、日立的技术已经逐渐超越了索尼，先锋和索尼在日本国内的销售比达到了 4∶1。在液晶彩电领域，韩国三星已经在索尼的传统领地——北美地区——将索尼封住，索尼开始节节败退。

在手机领域诺基亚、摩托罗拉共同把持了市场。在中国，三星一直占据高端市场，在全球，更是挤进了全球手机五强之列；而索尼的手机则处于萎靡窒息状态。在中国，三星手机和液晶显示器等电子类产品的市场占有率逐年攀升，索尼爱立信手机一直在亏损。

2014 年春季（1~3 月份），索尼电子业务出现 1161 亿日元巨额营业赤字，加上市场对索尼的前途感觉模糊，引发了日本股市的巨幅震荡。有舆论认为这象征着日本经济已经面临一个重大转折，实际上我们真正应该考虑的是，索尼这种标杆型的公司在新的竞争年代遇到了什么样的挑战，我们还应该不应该继续把它作为榜样，新的竞争年代组织到底需要什么样的新战略？

索尼一直被理论界认为是独特的战略赢得了独特的胜利，尤其是在日本的公司大多匍匐在效率方面的竞争而不能突围的时候，索尼的经验更加难能可贵。它的胜利在于它有独特的战略：针对不同顾客生产不同的电子产品然后高价销售，并用独特的方法进行市场营销，强调产品技术的原创性。

经营效率竞争要求把相同或者相似的活动做得比竞争对手更好，而战略竞争的本质是以区别于竞争对手的方法展开商业竞争活动。如果生产所有品种的产品满足所有市场的需求，占有所有顾客的最好方法是相同的，那么经营效率决定公司的业绩效率，然而对经营活动进行取舍可以使公司能够在它选定的位置上取得独特的成本与顾客价值。

索尼50年来的胜利其实就是这种战略的胜利，但是，在50年后索尼各条战线遇到了麻烦。是战略理论出现了问题，还是索尼出现了问题？实际上是索尼对待战略的方式上出现了问题。

战略从来都不是静态的，因为市场是变化的。一种战略可能保持一个静态企业的持续胜利吗？这个公司必须进行持续的、新的定位，以保持自己永久的战略差异性，这才是企业获得胜利的根本。

索尼的战略已经遇到了挑战，它的战略已经开始模糊，这是因为在很多领域内它与其他很多公司已经没有什么两样，并且有很多公司已经超过索尼，索尼是进行重新战略定位的时候了。索尼在几十年前率先从日本大公司杂货铺式的经营模式中突围，获得了几十年的胜利，面对新的竞争必须进行新的产业取舍和原有产业的突破，也就是说必须进行新的战略定位，任何的修修补补都没有用。因为从现在看，索尼实际上在众多对手的围攻下掉进了效率面竞争的陷阱，在这样的环境中索尼是没有任何优势的，因为它的成本是最大障碍。

索尼战略优势的衰退给信息时代的全球竞争提供了五点启示。

第一，市场已经转变为"不间歇化的市场"。市场创新主体增多，具有技术优势的企业都不可能垄断技术，消费者接受新产品的速度加快。这个新的市场是一个速度的市场也是一个创新的市场，这样的市场不可能给一个企业更多的时间让你一劳永逸，没有，根本就没有了，进入这样一个新的市场就等于开始没有终点的速度与创新的比赛。

第二，永远的有活力的新产品。成功的企业首先是产品的成功，失败的企业也就是产品的失败，索尼衰落的实质就是其产品竞争力的衰落。优秀的品牌保证不了没有竞争力的产品的胜利，有竞争力的产品却能保证品牌的长盛不衰，一个企业要长盛不衰必须保证自己的产品永远有竞争力，永远不要期待自己的著名品牌会保佑自己的产品什么，品牌对产品的信用担保期限是零秒。因此，企业千万不要认为自己创造了一个好品牌，然后可以在产品创新上休息一下，这已经是历史的、陈旧的观念了。

第三，永远的低成本。设定好的战略，找到差异化的市场空间，并不意味着就找到了高成本的理由。即使企业有独特的东西，品牌的溢价幅度正在变小，即使独特，更独特与成本更低的产品已经在一旁虎视眈眈。新的市场要求更大的创新与更低的成本，即使是研发的成本难以缩减。但是，索尼以往高成本、高价格的模式肯定已经落后了。

第四，最快的速度。光有创新和低成本是不够的，必须具有超前的速度。速度已经成为像技术、成本等物质要素一样重要或者说是更为重要的要素。在这样的时代，产品、成本有竞争力，但没有速度所有的活动也都是白搭。优秀的企业不是在市场上与竞争对手搞肉搏战，而是在对手还没有反应的时候，自己已经行动，在对手行动的时候自身已经收获了，速度保证了自己永远不跟竞争对手待在一起。索尼到现在为止仍然具有超常的创新能力，但是，这种能力并没有保证自己在很多产品上胜利，缺少的东西就是速度。

第五，品牌营销是持续的沟通流，而不是想起来就有忘记了就没有的散打战役。品牌的优势永远是在现在，现在有优势并不等于今后就有优势。索尼就犯了这样的毛病，创造出一个好的品牌，然后停下来期待这块金子招牌照耀未来，现在看来是极大的错误。

（资料来源：百度文库）

问题：

（1）请用所学知识分析索尼品牌道路失败的原因。

（2）索尼公司摆脱目前困境应着重在哪里入手？

案例二 《国民》报的战略出现什么问题

正如《今日美国》（*USA Today*）成为第一份全国范围的综合趣味报纸，《国民》报（*The National*）也将成为第一份也是唯一的一份专门报道体育新闻的日报。

这项计划开始于 1988 年 11 月，埃米洛·阿斯卡拉加——这位控制着墨西哥 90% 的电视节目的亿万富翁，确信存在着对体育日报的需求。的确，在 20 世纪 80 年代中，公众对体育的兴趣与日俱增，观看体育比赛的人数几乎每年都创下新记录。电视和广播频道中充斥着体育事件和体育消息的报道。广告商们也把体育看作影响 25~50 岁有钱的男性公民的巨大载体。

埃米洛·阿斯卡拉加的计划是什么呢？管理当局在人才和技术方面不惜重金，向体育消息这种大宗商品中附加尽可能多的价值。报纸将包括当地的和全国性的新闻报道。管理当局聚集了一批明星级的撰稿人，弗兰克·德福特这名在《体育画报》当了 27 年的资深作家任总编，他以 30 万美元的年薪从《洛杉矶时报》、《华盛顿邮报》、《波士顿环球报》和《纽约日报》，聘用了一批获奖的专栏作家。然后，他们采用与现代化的电子出版系统联结在一起的方式，从而能通过卫星把稿件传送到设在纽约的报纸编辑中心，在那里进行编辑和排版，然后信息又被传送到分布在全国各地的印刷地点。

1990 年 1 月 31 日，第一期报纸出现在纽约市、芝加哥市和洛杉矶市的街头，每份定价 50 美分，每周出版 6 期，从星期日到星期五。报纸中包括大量的、最新的有关这三大城市的体育明星和新闻人物的报道，还辟有多个专栏和漫画版，以及社论和漫画专页。每期报纸长达 32~48 页，大约 1/3 的版面是彩色的。

埃米洛·阿斯卡拉加向项目投入了 1 亿美元，他估计这笔投资可以满足报纸在 3~5 年内达到盈亏平衡点以前的周转资金需求。他的计划是到第 1 年年末，在原有的三大城市基础上再增加 12 个办事处，从而使报纸覆盖面扩展到美国 25 个大城市，使全国市场的占有率达到 85%。但是，初期收入的 75% 来自街头零售，其余来自广告收入。

规划中的三大城市每日发行量为 20 万份，待到报纸发行范围达到 15 个大城市的目标，发行量将增至 130 万份。盈亏平衡点估计为 74 万份。作为一个比较，《今日美国》花了 8 年时间，亏损了 5 亿美元才达到 170 万份的发行量，而这不过是刚刚达到了盈亏平衡点。按照《国民》报的规划，第 1 年的目标如果能够达到，将产生 4680 万美元的销售收入和 1630 万美元的亏损。4 年后，管理当局期望实现 1.65 亿美元的销售收入，从而达到盈亏平衡。

对这项新设想有不少批评意见。在某些城市，包括洛杉矶，许多人并不在街头买报纸，这也许要求《国民》报投资于送报上门业务。迄今已有 3000 种各类杂志竞争国内的新闻市场，其中只有 40 家的发行量超过 100 万份。规划中第 1 年的促销和广告预算为 1000 万美元，这恐怕太少了，有些人认为至少应该 2 倍于这个数目。还有些人怀疑，是否有足够多的执着的体育迷，来保证专门刊登体育消息的日报的发行量，《今日美国》的体育栏还不够吗？

不幸的是，《国民》报最终的发行量远低于规划，而亏损甚至使埃米洛·阿斯卡拉加这样的亿万富翁也难以承受，《国民》最终于 1991 年 12 月停刊。

问题：

（1）用迈克尔·波特的竞争战略框架分析产业和管理当局的战略。

（2）这项事业注定要失败吗？有没有可能采取其他不同的战略增加成功的可能性？

案例三　春兰进入摩托车行业

1994 年，春兰空调如日中天，行销全国，年产量达到了空前的 150 万台。当人们以为陶建幸将乘胜扩大空调生产规模的时候，春兰却出人意料地进军摩托车行业，迈开了在多元化道路上的令人争议的第一步。1994 年，春兰投入近 20 亿元巨资强力启动摩托车项目，建成了设计年产量 100 万辆的摩托车整车生产线和 100 万台的摩托车发动机生产线，开始进军当时国内市场上有求无供的 125cc 以上的高档摩托车市场，揭开了大规模多元化的帷幕。此后，春兰强势进入了电冰箱行业、彩电行业、洗衣机行业、电脑制造业、微电子行业等。1997 年春兰兼并了南京东风汽车有限公司，进入了汽车行业。这一次春兰"顺势而为"的结果是生产新型豪华卡车，同高档摩托车一样，春兰认定这是市场的空白点。

一、动机：战略转型

春兰进入摩托车行业，其根本动机是希望实现企业战略转型。具体原因包括如下。

（1）春兰管理层认为家电行业已经趋于饱和。春兰集团董事局主席、首席执行官陶建幸对此的解释是："从世界范围看，家电行业已是一个夕阳行业。"

（2）春兰管理层的目标是转入国内利润高、资本量大的汽车行业。春兰认为靠在家电业的横向发展，将冰箱、彩电做到极限也不过几十个亿，这对春兰要达到数百亿规模的梦想来说，差距很大，而卡车只要一年卖几百台就能增加上百亿的销售额。在1997年春兰收购南京东风汽车有限公司时，陶建幸就曾表示："我要突破的一个重点是汽车，而且是轿车，这是一个市场竞争性的产品，又是国家产业政策调控最紧的产品，挤进这个行业还有许多工作要做，收购南京东风汽车就是我的一个小小的尝试。"

（3）决策者的个人远景。搞动力出身的陶建幸似乎对车有一种割舍不去的情结，对于进入摩托车业非常自信："我们产业公司和下属制造工厂中也有一大批相关的专业人员，我们对搞压缩机、发动机这些动力机械很有心得。"对摩托车市场的饱和，领导层并非不知情。1994年全国摩托车年产量已超出800万辆，"嘉陵""建设"这样的行业大户产量超过百万辆，春兰提出"顺势而为"，避开中、小排量，向高档、大排量摩托车进军，春兰认定这是市场缝隙所在。

二、条件

（1）资金充裕。1994年春兰经过10年积累，资金显得已经过于充裕。当年仅春兰股份上市就圈得了2亿多元，从来就不甘寂寞的春兰急需给这些资金找到一个出口。到1994年年底，春兰集团的工业产值是53亿元，利税6亿元，成为国内空调行业不容置疑的龙头老大。春兰之所以一直步伐沉稳地领队中国家电业，被国家统计局认定为业内利润和利税的排行老大，最关键的因素就是春兰良好的资产运行态势。春兰从不搞负债式经营、固定资产负债率为0。到2000年，春兰集团存入银行的风险保证金已达18亿元。

（2）掌握核心技术。春兰一再强调多元扩张的原则是"先掌握核心技术再进入"。核心技术是与产品关键零部件相对应的一个概念，即关键零部件的设计和制造技术。对于摩托车、汽车等机动车辆，发动机技术就是核心技术。核心技术决定的关键零部件的水平决定了产品整体性能。陶建幸本人是长期从事动力研究的，集团的几个副总当中，有一个发动机专家，有一个副总搞了二十多年的半导体，产业公司和下属制造工厂中也有一大批相关的专业人员，陶认为他们对搞压缩机、发动机这些动力机械很有心得，具备了多元化成功的重要保证。春兰是1994年正式进入摩托车行业的，但在20世纪90年代初期春兰就已经着手摩托车发动机的开发。1994年进入摩托车行业时，春兰已经拥有了成熟的摩托车发动机设计和制造技术，并拥有知识产权。这与

20 世纪 80 年代国内摩托车行业大多数企业一哄而起搞整车组装形成了鲜明的对比。当春兰进入微型汽车行业时，其在摩托车发动机开发中积累的经验和技术能力形成了有力的支持。在摩托车生产技术上，春兰的微电子技术也功不可没，如依靠微电子技术开发的摩托车电喷发动机技术就是一个典型的例子。

三、结果

1. 业务构成

1994 年春兰集团开始多元化，到 2000 年完成工业总产值 250 亿元，由原来的单一产品集团向多元化的产业集团发展。经营领域构成如下。

（1）家电业：除扩大空调生产外，同时生产 100 万台冰箱和 200 万台冰箱压缩机，由单一的空调器向综合家电业拓展。

（2）摩托车业：建成一个年产摩托车 100 万辆的生产基地。

（3）半导体业：发展超大规模亚微米集成电路。

1995 年春兰 57 亿元的产值家电占 100%，如今 200 亿元产值家电占 40%~50%，一半以上的收入来自非家电业务。春兰摩托车、家电、电子三大支柱业务结构逐步清晰。

2. 主业地位

春兰集团大举进入摩托车、电冰箱、计算机等行业，导致资金、人力分散，战线拉得过长，使之在本业中逐步失去竞争优势，不到一年时间，春兰空调的市场份额由原来的 30% 下降到 1997 年的 7%，在国内的市场地位由第一下降到第六，并由此引发价格战。在全国家电企业销售额排名上，1995 年以前，春兰一直超过海尔是国内家电企业的龙头老大（1995 年春兰的销售额为 53.33 亿元，海尔为 43.35 亿元），1996 年海尔超过春兰（春兰的销售额为 56.6 亿元，海尔为 61.2 亿元）。从此，春兰就一直落后于海尔。

3. 摩托车业务的业绩

6 年经营的结果如果只换来几个亿的销售额，对于销售 180 亿的春兰集团来说，收益非常不理想。中国汽车工业年鉴中，1999 年全国摩托车销量排名中，春兰以 4 亿元的销售额排列第 31 位。清华大学的赵平教授对此发表的评论是："排列在前 10 名开外的恐怕 3 年之内就会被淘汰。"他认为，一个行业越成熟，集中度就越高，就越会形成大批量生产的优势，因此要在行业中立住脚，就"一定要做到前几位"。

（资料来源：百度文库）

问题：

（1）请用所学知识分析和评价春兰管理当局的战略。

（2）如何改善当前的不利局面？

案例四　索尼公司的国际化战略

索尼公司是第二次世界大战后日本经济高速增长和走向国际化的"象征"。1946年，索尼公司的资金只有19万日元。经过30年的时间，年销售额超过了6000亿日元，成为日本的代表性企业，被称为"索尼的神话"。特别是在国际范围内的发展更为显著。现在，包括出口和海外生产，索尼公司的产品约70%是面向海外的。可以说，在日本企业中，它是推进国际化经营走在最前列的一家企业。

1. 向国际化企业飞跃发展

索尼公司向国际化发展的过程，可以分成以下几个时期。

（1）20世纪60年代，索尼公司正式出口半导体收音机，半导体电视机。

（2）70年代，索尼公司与美、英等国一起在外国积极建立工厂，就地生产产品，在当地销售。

（3）80年代，向国际化企业飞跃发展。

索尼公司成长的主要原因在于，它有着高超的技术力量，能生产出高附加值的商品，具有能够努力开拓海外市场和实现国际化的能力。值得瞩目的是，索尼公司还能够独立自主地开展各项活动，实现自己向国际化企业飞跃发展的战略。

2. 索尼公司实现国际化的特色

第一个特色：开拓海外市场的创造精神。

索尼公司最初向国际市场提供的商品是半导体收音机。日本最初的"内藏"半导体收音机，在美国市场上受到很高的评价。在20世纪60年代建立了独资企业"索尼·美国"，使这种附加值高的商品，做到生产和销售一体化。当时，在国外以自己的力量销售自行制造产品的日本企业，只有索尼公司一家。因而可以说，索尼公司是开发海外市场的先驱。

索尼公司的市场营销战略是创造未知的市场。也就是说，开发符合海外市场特性的典型产品。索尼公司在建立广泛的售后服务体制的同时，采用了能吸引消费者瞩目的广告，从而对高级产品产生信任。继在美国之后，又在瑞士、加拿大、巴拿马、德国、波多黎各、荷兰、巴西、西班牙、法国、澳大利亚等国家及我国香港地区建立了销售网点，从而进一步巩固了"世界的索尼"的基础。

第二个特色：首先将新产品在美国市场上销售，有了成效以后，再引进日本市场来销售。

索尼公司以优势的高级商品的信誉为背景，在市场成熟度高的美国市场获得成功之后，再将产品销售到日本及其他国家，这种销售商品的方式占绝大多数。

索尼公司实现国际化战略的第三个特色：具有互惠主义的性质。

首先，为避免单方面的出口现象，索尼公司很早就开始在海外建立工厂，为进口海外的商品而成立索尼进口公司。还有在海外搞合办企业，努力开放日本国内市场等。这些都体现了互惠精神。同时，在国际范围内，索尼公司参加了日美贤人会议，成为"摩根保证金托拉斯国际委员会"的成员，还担任了美国航空公司的董事。

在海外建厂生产，可以对发展当地经济作出贡献，又可以解决所在国一部分人的就业问题。索尼公司在美国、西班牙、英国、德国、新加坡、巴西、墨西哥及法国建立了工厂。最初，决定在美国建厂的计划是在 1969 年，也就是在彩色电视机的倾销问题发生之前决定的。根据"在存在市场的地方进行生产"的理论，索尼公司在海外建立了彩电厂、录像机厂、收音机厂等，在当地进行生产。

索尼公司不仅代替出口，还根据海外分公司的经营方针，扩大与第三国之间的出口贸易。在英国的布里津顿工厂生产的彩色电视机的一半以上，是向欧洲市场出口的。1980 年，对英国的出口作出了贡献，为此，获得了"英国女王奖"。同时，圣地亚哥工厂的彩电，一部分向加拿大、中南美洲出口，墨西哥、法国的录音带厂的产品也向邻近的市场出口。

盛田昭夫会长说："日本的生产基地的作用，不仅表现在面向国内市场，而且把需要高度技术的基础零部件出口到海外市场。"根据这一精神，索尼公司以世界的生产基地为基础，实施国际营销战略。

3. 向世界挑战——日本式经营的出口

在国外当地的生产走上轨道的同时，在经营方面，索尼公司的国际化迎来了新的局面。索尼公司海外的当地法人，是任命具有当地国籍的经营者，使经营责任同当地特色结合起来。但是，对于美国来说，其经营的缺点是经营者重视短期利益的回收。而日本式经营的长处在于，从长远观点出发，以提高基层水平的方式进行投资。以日本经营之长弥补当地企业之短，这种形式就是索尼公司的特色。即把当地的经营技术与日本的"家族主义"经营融为一体。

在圣地亚哥的工厂里，已充分显示出日本式经营的长处。在管理层，由于实行大幅度的有权限的责任，管理者参加经营管理的意识很高。同时，实行了无解雇宣言和内部提拔制度，重视劳资无差别的宣传，在工人阶层中提高了工人为公司劳动的认识，工人固定在车间工作的比率上升。结果提高了生产率、产品质量，价格竞争力也提高了，从而形成了良好的循环。

在海外，劳动力流动性很大，索尼公司实行终身雇佣制的尝试，是成功还是失败，现在还是未知数。索尼公司不仅出口产品，而且输出日本式经营思想，从这个方面可以说明，它能向新的世界挑战。

问题：

（1）从索尼公司跨国经营的成功中，可以得到哪些启示？

（2）中国企业实施跨国化经营，可以借鉴索尼公司的哪些做法？

案例五 麦当劳、可口可乐、迪士尼的新结盟方式

1997年10月，可口可乐公司董事长罗伯特·戈伊苏埃塔去世时，世界各地的麦当劳全部下半旗致哀。1998年3月中旬，在阳光明媚的佛罗里达州奥兰多，来自109个国家的1.8万名麦当劳员工欢聚一堂，召开他们两年一度的大会。可口可乐公司的新董事长道格·艾弗斯亲临现场祝贺，并表示将给他最大的买主继续提供支持。这种两公司共同分担忧伤、共享欢乐的场面，引起了经济学家们的注意。

英国权威的《经济学家》杂志认为，横扫世界市场的"三剑客"麦当劳、可口可乐和迪士尼被一只看不见的手拉在了一起。

这只手无所不在，触及联合使用商标协议、联合开拓市场、联合开发新项目等领域。但这只手随时可能消失，一切全由利润决定。

这种灵活、松散的联盟与当今世界的企业合并潮流形成鲜明的对比。最近的一次"联姻"发生在德国戴姆勒—奔驰公司与美国克莱斯勒汽车公司之间。这桩"婚事"使得报道这一事件的新闻记者们不停地翻字典，以找到最恰当的字眼来形容这一购并事件。近几年来，世界上已发生了10多起收购额在250亿美元以上的公司合并。观察家认为，企业规模正成为人们追求的目标、企业合并正成为一种潮流，但这种潮流与"三剑客"之间的合作形式相比，孰优孰劣呢？

1．"三剑客"以温情相逐相随

在世界各地的迪士尼乐园外面，时髦漂亮的麦当劳餐厅形影相随。又累又饿的孩子与大人们鱼贯而入，"巨无霸"、"麦香鱼"或"麦香鸡"等食品及可口可乐就成了他们的美餐。这真是一个绝妙的组合。

可口可乐也向其他餐馆供应饮料，但它与麦当劳的关系却不仅仅是卖方与买方的关系。由于可口可乐在世界许多国家都建立了销售网络，销售可口可乐的国家比有麦当劳的国家多两倍，所以搭乘可口可乐的"快车"，麦当劳也迅速向世界各国进发。麦当劳的董事长迈克尔·昆兰说两公司的合作从与各国银行的关系到生产装备的设计，可口可乐董事会和麦当劳的董事会也经常进行广泛的联络，以协同行动。然而，两公司的结盟没有任何书面协议为依据。据可口可乐新董事长加道格·艾弗斯特说，他们靠的只是"一种共识和相互信任"。这种合作可以追溯到麦当劳20世纪50年代刚刚诞生之时。那时麦当劳的老板雷·克罗克的第一个重大成功就是说服可口可乐的一个名叫普拉迪的年轻人向他提供饮料。

1997 年，麦当劳和迪士尼开始了长达 10 年的正式联盟。到目前为止，联盟已取得了初步的胜利。迪士尼推出了一部没有任何新意且制作粗糙的电影《会飞的橡胶》，然而多亏麦当劳的大力推销，该儿童片的票房收入不菲。

迪士尼还时不时给麦当劳的员工们以意想不到的温情与惊喜。在奥兰多一座还没有对公众开放的迪士尼动物王国乐园内，麦当劳的员工们被给予提前参观的特权。麦当劳当然也投桃报李，欣然赞助其中一个景点——恐怖园的建设。在动物王国乐园的外面，麦当劳餐厅展示着迪士尼世界的各个有趣的动物及场景，员工们则身着有麦当劳标志的制服，快餐厅的中央有一个巨大的可乐瓶在自动分发可乐。

相比之下，可口可乐与迪士尼的联系可能是这个三角关系中最薄弱的一环。但他们仍然有不少密切的合作。从 1995 年以来，可口可乐一直是迪士尼乐园的唯一饮料供应商。可口可乐还帮助迪士尼开拓海外市场。虽然迪士尼有包括柯达公司和 IBM 在内的十几个大公司伙伴，以及无数的小公司伙伴，但是这并不影响与可口可乐的合作。

2. "一纸婚约"面临的无奈

三巨头联盟的最大特点是没有"一纸婚约"，一切全凭"君子协定"。即使签署了协议，内容也是相当模糊的。麦当劳的董事长说，自从他与迪士尼签订协议以来，还没有研究过协议。协议的不固定性也正是其魅力所在，该聚则聚，该散则散，来去自由。

在硅谷，公司间的联盟时合时分，其分裂的速度几乎和建立一样快。它们或者因为新技术的出现而变得过时并遭到抛弃，或者小公司因为担心大公司"榨干"其新创意而黯然分手。由于这种联盟相当松散，所以不会造成内耗等诸多问题。这三个公司都强调，对联盟的控制权取决于各个国家的管理人员。例如，目前在欧洲大陆，可口可乐和迪士尼的合作相对较少，因为欧洲的注意力都给了世界杯足球赛。

其次，松散的结盟不像企业间的合并，即购买对方股份，组成一个新的企业。这种结盟只要能通过以下一个简单的测试，即他们或者能增加收入，或者能减少成本，同时又不涉及资本，那么结盟关系就会越变越紧密。

为什么不互相渗透，购买彼此的股份？麦当劳和迪士尼都对此嗤之以鼻，他们认为，在一个自己没有经验的行业内投资是浪费资本。经济学家认为，在消费行业与某企业联盟通常比接管该企业更节约成本。如为挤进冰茶行业，魁北克麦片公司花去了 17 亿美元的巨款来收购斯纳普冰茶公司，而百事可乐公司并未出钱收购任何公司，只是与联合利华的分公司结成了联盟，结果也取得了同样的效果，真可谓事半功倍。

而彼此购买了股份，被"一纸婚约"绑在一起的合并后的公司，则会面临诸多问题，比如"磨合"的问题、文化差异、大规模裁员等。双方管理人

员工作方式的差别，必定导致因为一些问题议而不决，进而错失商机。默瑟管理咨询公司进行的一项分析结果表明，每三桩"婚事"就有两例以失败而告终。

比如，戴姆勒—奔驰公司与克莱斯勒汽车公司合并后，将面临许多问题。戴姆勒—奔驰公司的行业指导方向与克莱斯勒汽车公司从日本沿袭而来的简练精干的生产体制不大一致。两公司职员在与上司说话的方式、着装方式及批评职员时的措辞是直接还是委婉都有差异。在德国，工作人员不直呼上司的名字。美国职员可以不戴领带就上班，而对德国人来说，这是闻所未闻的。从更大的范围来看，美国和德国的企业结构并不一致，在德国没有和美国的董事会相当的机构。虽然合并后的公司决定采取戴姆勒—奔驰公司的这一制度，但是在执行过程中会遇到许多麻烦。

与松散联盟不同，企业合并容易产生两种危机：一是波音公司综合征。这一症状往往出现在竞争企业间的合并。不少企业的领导人认为，合并就意味着企业优势的增加。但他们没想到合并的同时也打开了"潘多拉的盒子"，没完没了的调整、个人的私欲问题导致的争权夺利。由于缺乏一个权威性的规章，企业领导层之间整天想的是如何对抗而不是亏损。二是财团综合征。亚洲国家的许多企业好大喜功的心理，不顾实际地进行膨胀，以致到了无法管理的地步。西方也存在这种现象，尤其是在英美国家，企业领导人员的报酬是按照利润额的比例提取的。然而，一旦这些庞然大物轰然倒下后，整个国家的经济将会受到影响。

3. 松散联盟步入潮流

由于企业并购面临诸多风险与困难，松散的联盟正在成为一种新的时尚。1998 年 5 月 1 日，美国最大的摄影器材制造商柯达公司宣布，它将和著名的电脑芯片制造商英特尔公司合作开发数码相机。两家公司将利用各自的技术优势，向市场提供价格低、高分辨率的数码相机。

博恩公司的咨询顾问哈比森估计，过去 3 年中全世界大约出现了 3.2 万家公司的联盟，其中 3/4 是跨国联盟。目前，美国特大公司收入的 18% 来自各个联盟。联盟的形式、规模各种各样，有合资企业，甚至还有连锁公司组成的家庭企业，比如日本的集团经营等。这种新的结对现象受到两个因素的驱动：全球化和核心竞争力。这些驱使各公司将产品销售到更多的地方，但同时它们也需要得到外界的帮助。当有人问可口可乐收入的多大比例来自与其他公司的结盟时，公司董事长响亮地答道："100%。"他解释说，这个饮料巨头赚的每一块钱都来自某种形式的经营伙伴，如灌装厂、分销商等。

像可口可乐、迪士尼和麦当劳这样的消费业巨头之间的合作，从一开始就建立在公司经营状况比较相似的基础上。它们从事的行业变化速度也比较慢，形势不会在一夜之间发生翻天覆地的变化。但变化仍是一个威胁。比如，

如果麦当劳在另一快餐业巨子"汉堡王"的进攻下继续失去市场份额，那么情况会怎么样呢？

答案当然是可口可乐和迪士尼去寻找新的合作伙伴。结盟是为了更快、投入更少的增长，结盟本身不是目的。

（资料来源：百度文库）

问题：

（1）试分析麦当劳、可口可乐和迪士尼这种新结盟方式与传统的企业间兼并、结盟相比有什么优点与缺点？

（2）如果你是一个中国快餐企业或饮料企业的经营者，在这种新的竞争、协作形势下会采取怎样的策略？

案例六　福特汽车：经营战略控制过程

在战略评价中必须要回答的问题是，现在的战略是否取得了想要的结果？

福特汽车公司对这个问题的回答是：福特在 20 世纪 80 年代的战略证明是非常成功的。

20 世纪 80 年代早期，福特汽车公司面临着严峻的挑战：利率上涨、世界范围内严重的衰退及激烈的外国竞争。这个世界上最大的企业之一必须重新塑造自我。在很短的时间内，福特做到了许多人认为不可能的事。

福特人使公司恢复了元气，加强了其业务并开始开创一个新的未来。福特在新工具、新技术和一整代新车上投资了数十亿美元。

福特汽车公司在汽车运输和其他关键技术上已成为标兵，自从 1980 年以来，福特的主要成就有以下方面。

（1）福特相对于其他国内生产商来说达到了生产最好质量的汽车和卡车的水平。

（2）福特在员工参与和参与管理运动中处于领先地位。

（3）福特开发出了 30 条新的汽车生产线。

（4）福特的技术跨越了一代，在汽车电子设备、机器人、人类工程学、空气动力学等方面是全球的领导者。

（5）福特由于其在新一代汽车和卡车上别具一格的设计和完善的驱动装置而受到赞扬。

一、福特战略成果的综述

福特的董事长和首席执行官 Donald E Petersen 和副董事长 Hauold A Poling 在公司的年报中对福特战略的成果给出了下列的综述。

福特的三大主要业务组成——汽车集团、多样化产品集团和金融服务集团，显示了强劲的实力和成长性。

对汽车集团来说，1987 年到 1988 年福特的市场份额增长了 1.5%，1988 年达到了 10 年来的最高份额 21.7%。福特的卡车销量达到了美国卡车市场销售的历史最高纪录，并且市场份额始终保持在 29%。1987 年在美国的利润稍有下降，主要是因为不太好的产品组合及较高的生产和销售费用。

在加拿大，福特的小汽车和卡车的总销量创下了纪录，小汽车的市场占有率提高了 1.6 个百分点，在行业中增幅最大。

在欧洲，福特是第四大汽车销售商，市场占有率达到 11.5%，具有较强的市场竞争力。小汽车的销量与 1987 年持平，卡车的销量创了新高，卡车的市场份额为 11.1%，在欧洲处于第三位。

在拉丁美洲，福特的卡车销量在阿根廷和委内瑞拉处于领先地位。在亚太地区，福特在澳大利亚和新西兰也保持了小轿车的领先地位。在日益发展的中国台湾市场，福特 Lio Ho 公司第一次在小轿车的销售中处于领先。

在北美生产的轿车和卡车的出口剧增至 4.1 万辆，比 1987 年猛增 87%，中东继续成为增长最快的区域。

多样化产品集团的 10 个汽车和非汽车经营单位以 133 亿美元的销售额创下了记录，比 1987 年增长 14 亿美元。所有的非汽车经营单位自 1977 年以来第一次盈利。

1988 年 12 月，福特公司将生产日用电子产品的 Philco Brazil 子公司的三个业务卖给了一家巴西公司，这次放弃不包括其他 Philco 管理的公司，这些公司为巴西市场生产汽车音响器材和空调设备。

因为汽车电子设备的增长越来越重要，所以福特于 1988 年秋天成立了两家新公司。

福特航空公司，在兼并了 BDM 国际公司后，在国防安全、通信、能源、后勤、空间及制造工艺上为提供专业化和技术服务增强了力量。

今年，金融服务集团通过内部发展和兼并继续扩张。通过国家第一金融公司的子公司，它已经变成了全美第二大存贷公司，有大约 350 亿美元的资产。

尽管金融服务集团的收益比 1987 年有所下降（主要是由于较低的净利息差额和高信贷损失），但福特汽车信贷公司、国家第一金融公司、美国租赁国际公司及福特国际信贷子公司等继续为公司的总收益作了重要贡献。

二、福特的未来战略——加强竞争力

Petersen 和 Poling 把福特未来战略描述如下。

汽车业务仍将是我们的核心业务。为确保我们能在全球范围内保持竞争能力，我们通过建立与其他制造商和零部件供应商的联系来补充我们的内部资源。这些双方有利的合作使我们进入原先可能不能进入的市场和消费领域。

我们与马自达汽车公司建有长期稳固的联系，在其中我们拥有 25% 的股份。1989年将标志着我们与马自达公司建立股权联系十周年；我们在南美与大众公司、在韩国与南契亚公司也有重要的联系；我们同样与尼桑汽车有限公司合作过各种各样的项目。

另外，福特与其余六家美国公司一起组成了财团寻求业务机会，包括福特汽车可能的销售和装配。即使与其他单位的联系正在发展，但我们继续有历史意义的内部努力以确保满足公司的长期科学技术的需要。福特的研究范围包括动力系统、电子和制造系统、材料和设计分析、物理化学科学。从这些研究中我们近期达到一个技术突破——能帮助控制废气排放而减少铅污染的催化剂。

到目前为止，我们最宏伟的先进工程是 Alpha。它包括技术，而又不仅仅是技术领域内的研究与开发。Alpha 的使命就是促进业务的各个部分的提高。公司各方面的人员和供应商要联合起来以发现改进产品和工艺的革新办法，最终促进质量和生产率的提高。这些新的发展将尽快在业务中得到运用。一个例子就是自动底盘安装系统，在1989年被用于我们的 Lorain 装配厂（俄亥俄）生产雷鸟（Thunderbird）和 Mercury Cougar 型车。这个系统使底盘部件如传动器、悬挂装置和排气管联成一体，并把它们准确地连接到车体。

三、持续努力以达到预定目标

福特把其为达到预定目标所作的努力归纳如下。

只有最强有力的竞争者才会在这种高度竞争的年代中生存下来，而福特全力投入准备成为其中一员。为达到目标，我们知道必须在竞争的每一个领域中成为最优者。我们已经确定了在努力中应优先考虑的几个关键问题。我们的目标如下。

（1）提供高质量的产品和服务来满足顾客的需要，并且要做到物超所值。

（2）继续努力发扬"以人为本"的企业文化。能达到期望水平面的唯一办法就是通过团队工作、互相尊重和沟通。

（3）在推选正在进行的最宏伟的全球投资活动时，制定、实施和优化最有效的成本运营和经营过程。

（4）继续加强我们与分销商和供应商的伙伴关系。在保证顾客满意度、实现个人和集体的成功上，我们是伙伴。

我们相信如果继续把精力投入到这些优先考虑的问题上，如果注重我们的核心价值，如果把努力投入到管理的基础性工作中，就会保持前进的动力——福特会在未来的几年里继续表现出色。

问题：

（1）运用所学知识谈谈对福特公司战略控制的看法。

（2）福特公司采用的战略实施模式是什么？

案例七　卖"矛"者又卖"盾"

杜邦公司在美国地毯制造业中既是"卖矛者"也是"卖盾者"。它生产化纤地毯，也生产清洁地毯的清洁剂。但如果仔细想一想：卖地毯的人当然希望大家多买地毯，而地毯在一个美国家庭里是继住宅、汽车之后的第三位高消费支出，人们不会年年买地毯，地毯商要挣钱，就要设法缩短美国家庭地毯的更换周期。而地毯清洁剂又延长了地毯的使用周期。这一矛一盾怎么能够在杜邦公司的产品宣传中统一起来呢？

杜邦公司似乎并不认为这是一个特别大的矛盾，虽然地毯的平均使用寿命因为使用清洁剂而从 7 年延长到 11 年，但许多消费者却被杜邦公司的广告吸引，投到杜邦公司产品门下。杜邦公司地毯清洁剂广告的主角是一个天真无邪的小男孩。他举着一个飞机型的碟子，碟子里装了他的午饭。他爬到椅子上说："准备起飞！"然后就将装满红黄蓝绿东西的碟子送到了空中，最后当然都掉到地毯上，让他妈妈用杜邦公司的地毯清洁剂清理。这个设计特别的广告，给人留下了很深的印象，下次谁要买地毯清洁剂，就会想到杜邦清洁剂。要买地毯清洁剂者，对杜邦地毯也就"爱屋及乌"，认为能生产清洁剂的，必然能生产易被清洁的地毯，于是"卖盾者"，也卖"矛"成功。

问题：

（1）企业是否能既卖"矛"，又卖"盾"？为什么？

（2）请评述一下杜邦公司这种做法的利弊？

案例八　"囤积居奇"是否合理

A 公司是一家生产机制砖的建材公司。随着年关的迫近，建筑业同往年一样又进入了歇业期。通常，他们都是采取增加回扣或大幅降价让利的办法促销，但由于受用户对市场价格普遍看跌的心态影响，销售情况往往并不理想。

为了改变这种不理想的局面，A 公司的总经理决心找一条更为有效的促销手段。在 1993 年底，为了摸清市场的新行情，A 公司派出大批人员进行市场调查。调查结果显示，本市仅 1993 年复工的建筑面积就达 3000 万 m²，可以预计，随着住宅小区及各种工程建设步伐的加快，建材品的供求关系今后将会逆转。考虑到本市近 500 多家制砖厂，大多数企业不具备冬季人工干燥生产技术，所以在淡季几乎都处在歇业停产的状态；而外省市的一些竞争对手则受地理位置的限制，对本市市场影响不大。

经过周密细致的调查，A 公司决定采取"囤积居奇"的策略。一方面，A公司职工加班加点地进行生产；另一方面，当用户上门购砖时一律拒售。到 1994 年 2 月中旬，在囤积 10 余天后，公司开始销售，但价格却从每块 0.095

元涨到 0.14 元。砖价的突然上涨，许多用户开始抱怨，并纷纷驻足观望。

眼看公司制定的策略就要失灵，A 公司内部开始分化，一些职工主张应当适时降价销售。但总经理却认为，用户的心理是买涨不买跌，越降价就越不值钱，因此决定价格一分不降，同时放出风去，价格还将上涨。与此同时，总经理还发现，一家倒砖大户 B，从外省长途贩砖进本市，几经倒卖，每块砖的成本也达 0.14 元，而且质量还没有保证。为此该公司找到这家大户，结果双方商定 A 公司以每块 0.16 元的价格转售给 B，且保证质量，送货上门，多购优惠。这样，A 公司做成了第一笔大买卖，一下子卖出 1200 万块。

经此一事，买砖的大户再也不愿等待，纷纷争购上门。为此，A 公司提出，可以预先订货，但至少要提前 3 个月，并先交 25% 的订金，否则一律按照每块 0.20 元的零售价格结算，结果订货者蜂拥而至。后来该公司又乘胜追击，连续提价，最后每块砖的价格涨到了 0.18 元。截至当年 3 月份，公司总计销售量达 1.6 亿块（含零售），占公司年产量的 70%，共收订金 600 余万元。该公司一反往年同期亏损的局面，一季度盈利 50 余万元，创下了近几年的纪录。到当年年底，仅砖块一项订购合同的履约完毕，该公司的销售收入就突破 3400 万元。

当有人问及 A 公司经营成功的经验时，公司的总经理认为：当前的企业应该不再是事事向上请示的"大车间"了，既然被赋予包括产品定价在内的各项经营自主权，就要敢用，敢押宝。A 公司的上级充分肯定了 A 公司的做法，认为 A 公司抓住机遇，主动出击，带了个好头，为此决定以 A 公司为典型在系统内推广。

然而作为公司的用户，则持有不同的观点，他们认为：抢着买，是怕再涨价。国有大公司带头哄抬物价，用户的利益如何保障？更有些局外人士为此担忧，搞市场经济是否要有一定规范，"囤积居奇"能不能搞？这样做与过去资本家的哄抬物价有什么两样？国有大公司都这样搞，生产秩序不就乱了吗？

问题：

（1）你认为 A 公司的做法是否正当？为什么？

（2）从经营战略的角度来看，你认为 A 公司的做法是否具有推广价值？为什么？

（3）你认为局外人士的担忧是否必要？

案例九　沃尔玛连锁店的购买者力量

不同的购买者具有不同的砍价能力。例如，大的汽车经销商和国家汽车租赁公司通常比一般买车者有更大的砍价能力。同样，麦当劳和"汉堡王"是软饮料生产者强有力的讨价还价的对手。

作为一个购买者砍价能力的例子是美国最大的零售商沃尔玛公司。1969年，沃尔玛公司通过开拓零售市场中的一个利基而发展起来。沃尔玛公司发现在美国南方的城镇太小，对主要的能提供打折扣的百货公司没有吸引力，这里面有巨大的市场潜力。到1991年沃尔玛公司有1600家连锁店，销售额超过了320亿美元。沃尔玛公司的规模增长非常惊人，在1991年的最后一天，36家连锁店同时开张。沃尔玛公司开始在主要城市相继出现，与零售行业中的竞争者如凯玛特连锁店争个高下。

沃尔玛公司的优势在于每平方英尺的销售额。凯玛特公司每平方英尺产生约为150美元的销售额，而沃尔玛公司可产生约为250美元的销售额。每单位面积的高销售额使运营成本占销售额的比例下降，这又使商店可以继续进行降价，从而增加销售额，形成良性循环。当沃尔玛公司把顾客从竞争对手那里吸引过来时，竞争对手发现他们的单位面积上的销售额下降。这意味着运营成本占销售额的相对比例上升，因而削弱了公司的盈利。

这个合成的结果使沃尔玛公司一方面有了巨大的年销售额，另一方面又使其处于与供货者谈判的优势地位。有时，沃尔玛公司购买了供货者的整年产品，几乎得到了控制对手定价和交货时期的所有权力。例如，沃尔玛公司购买了由阿肯色州的一个电视机厂生产的所有的电视机。有时沃尔玛公司实际上收购它的供应商。例如，在1990年沃尔玛公司购买了玛克兰公司，玛克兰公司专门经营香烟、糖果及水果等，销售额达29亿美元。

另外，沃尔玛公司与供应商一起工作，通过计算机联网订货来降低配销成本。总而言之，沃尔玛公司需要一些供应商为商品的储存、发运负责，为商品库存提供一定的空间。几乎没有供应商能拒绝沃尔玛公司的要求。

问题：

（1）为什么说几乎没有供应商能拒绝沃尔玛公司的要求？

（2）沃尔玛公司的竞争优势是怎样形成的？

案例十　适者生存

本案例旨在通过分析齐糖厂的战略环境和自身条件，系统地将理论知识运用到企业的具体战略实践中，力求通过战略管理提高企业快速适应内、外部环境变化的要求。

一、齐糖厂概况

齐糖厂于1954年10月成立筹备处，1955年施工，1957年11月竣工投产，是全国甜菜制糖32个大型厂家之一。齐糖厂经历了三次较大的技术改造，由建厂时加工甜菜量1000t/日逐步扩大到2000t/日，年加工甜菜量由20万t增加到40万t。变单一产品为多种产品，综合利用也初具规模，相继成立了年产1500t酒精的车间，年产22000t颗粒粕的车间，年产6000t硅酸盐水泥的车间，并于 1988 年新增年产 3000t 玉米酒精生产装置，日产 3t 的二氧化碳回收系统，日产 300 箱饮料的生产线，这些项目在为企业增加经济效益的同时，还解决了制糖厂生产排放的废物对环境的污染问题。

齐糖厂原料种植区在黑龙江省西北部的龙江、泰来、齐齐哈尔郊区和北部克山、克东 5 个县区，这些县区的土质肥沃，气温雨量适宜，可耕地多，适宜种植甜菜，而且运输方便，不仅有利于当前制糖原料的生产，而且对未来发展也有广阔的前景，具有发展甜菜制糖工业得天独厚的自然条件。生产用大宗材料，基本上在省内取得，大部分按计划供应。

齐糖厂下设 4 个产品生产车间，4 个生产辅助部门，17 个职能科室，以及职工学校和劳动服务公司。

齐糖厂从投产到 1989 年底，各种产品生产情况，见表 1。

表 1   齐糖厂产品产量统计表

单位：t

时间	产品					
	砂糖	颗粒粕	酒精	水醋	二氧化碳	饮料
20 世纪 50 年代	39893					
20 世纪 60 年代	140819			122		
1970	20142		30	488		
1971	16812		336	1472		
1972	22090		380	1687		
1973	22844		383	1334		
1974	17667		334	2011		
1975	19731		363	1895		
1976	23827		609	4801		
1977	27279		779	4200		
1978	18624		515	3656		
1979	15977		559	2303		
1980	21169		686	2995		
1981	36801		1162	2940		
1982	45067		811	5151		
1983	37267	2729	1020	8200		
1984	53067	10343	682	6928		
1985	45152	13646	2185	8971		
1986	38254	15216	1934	4665		
1987	42575	19479	2673	6464		
1988	34330	16053	2706	4634	242	324
1989	47816	22298	2056	5017	819	235
合计	787203	99764	20203	79934	1061	559

二、外部环境状况

（一）行业发展规划

1. 国家轻工业部的战略重点（国家政策）

在国家轻工业部制定的 2000 年国家轻工业发展战略中，把发展"三白"（制盐业、制糖业、制纸业）作为轻工业的战略重点。并要求把黑龙江省继续作为国家甜菜糖业的基地。

2. 黑龙江省轻工业的战略重点

黑龙江省轻工业厅又在 2000 年发展战略规划中，明确说明食糖行业作为省内优势行业给予重点发展。

（1）甜菜糖产量规划目标。食糖 1990 年 39 万 t，1995 年 70 万 t，"八五"期间年递增 12.41%，"九五"期间年递增 7.39%，2000 年达 100 万，十年平均递增 9.87%。

（2）重点产品的达标率。到 2000 年，达到 60% 左右。优质产品率由 23% 达到 30% 以上；能源消耗降低 30%～50%；环境保护重点行业达到初步的综合治理。

3. 制糖行业任务的主要技术经济政策

黑龙江省制糖工业是全国生产甜菜糖的主要基地。甜菜产量居全国第一位，产糖能力居全国第三位。拥有大中小型糖厂 30 座。年加工甜菜能力590.4 万 t，产糖能力 2.2 万 t，干粕生产能力 24 万 t，1989 年实现工业总产值6.3 亿元，产食糖 54 万 t，产值利税率为 11.46%。"九五"及到 2000 年所要达到的各项指标见表 2 和表 3。

表 2　　　　　黑龙江省制糖工业主要产品产量十年规划

产品名称	计算单位	1990 年	1995 年	"八五"期间递增（%）	2000 年	"九五"期间平均递增/%	十年平均递增/%
食糖	万 t	32.1	60.0	13.6	100	10.48	12.03
颗粒粕	万 t	12.8	22.3	11.7	24.8	2.15	6.8
酒精	万 t	2.25	3.28	7.8	5.1	9.53	8.6

表 3　　　　　黑龙江省制糖工业主要经济指标十年规划

产品名称	计算单位	1990 年	1995 年	"八五"期间平均递增/%	2000 年	"九五"期间平均递增/%	十年平均递增%
工业总产值	万元	47394	85637	12.6	122820	7.40	9.9
利润	万元	690	11991	77.0	18347	8.88	38.8
税金	万元	3435	9318	22.1	10163	1.75	11.5
创汇	万美元	872	1800	15.2	2400	5.90	10.6

课堂笔记

1. 制糖行业的技术经济政策

（1）制糖工艺损失和能源方面。"八五"期间把建成投产的海伦糖厂所引进的丹麦技术应用到大中型骨干糖厂，使全省制糖工业技术达到20世纪80年代国际先进水平。

（2）"三废"治理上。在"九五"期间，把海伦糖厂引进的丹麦废水处理先进技术应用到沿江一带的糖厂，解决了水污染问题，并达到了国内先进水平。

（3）与糖业有关的轻工业发展战略措施

（1）积极推广应用新技术、新材料。如制糖工业要大面积推广纸筒育苗移栽技术、离子交换脱钙、应用微电子等技术。

2. 针对今后一个时期市场需求情况和调整产品结构的需要，重点发展食糖和颗粒粕。

（3）逐步实现原料供应基地化。

（二）齐糖厂原料种植基地状况

齐糖厂原有原料生产基地6个，分布在克山、克东、泰来、龙江、安达大同区、齐齐哈尔市郊区。1989年，黑龙江省轻工业厅和省制糖工业公司共同决定将大同区甜菜站划归给阿城糖厂（大同甜菜站每年大约可提供12万t甜菜，在6个站中属于较大的站），使齐糖厂本来就不稳定的原料供应更加困难，见表4。

表4 齐糖厂各站十年甜菜生产累计表

站别	面积/亩			产量		块根平均含糖/%
	实播	实收	递产率/%	单产/（t/亩）	总产/t	
龙江	1079585	847747	21.47	979	783362	16.73
克山	457869	391932	14.40	965	384565	16.40
克东	398764	345883	13.26	920	336765	16.53
泰来	416580	283673	31.90	827	230664	15.51
市郊	1358747	1072831	21.04	1027	1251307	15.99

下面从甜菜供应与满足生产需求统计表（见表5）来看齐糖厂甜菜生产情况及其发展趋势。

表5　　　　　　齐糖厂20世纪80年代甜菜供应与需求统计表

年代	项目				
	供应量/t	设计需求量/t（180天生产）	差额/%	最大需求量/t（200天生产）	差额/%
1980	270619	360000	−24.8	400000	−32.3
1981	329816	360000	−8.4	400000	−17.5
1982	245636	360000	−31.8	400000	−38.6
1983	444683	360000	+23.5	400000	11.2
1984	418856	360000	+16.3	400000	+4.7
1985	322139	360000	−10.6	400000	−19.5
1986	391938	360000	+8.9	400000	−2.0
1987	305270	360000	−15.2	400000	−23.7
1988	621174	360000	+72.5	400000	+55.3
1989	283440	360000	−21.2	400000	−29.1

在表5中，十年中甜菜供应仅有4年超过设计需求量，其中6年均未达到要求，1982年最少，差31.8%。甜菜供应不稳定，对齐糖厂的生产经营影响极大。其主要原因如下。

（1）国家的甜菜收购价格与其他农作物收购价格相比价格不合理，而且又不能做到及时调整，影响了农民种植甜菜的积极性。

（2）农民种植甜菜顶替粮食的政策不能兑现，为保证粮食任务，不得不少种甜菜。

（3）由于农业生产水平低下，抗御自然灾害及病虫害的能力低，表现为绝产面积波动大，在13%~32%。

（4）农民的科学文化素质较低，难以接受科学种田方法，使得甜菜单产一直不高。

（三）产品市场需求状况

1. 食糖厂的市场情况

进入20世纪80年代，世界食糖产需量趋于稳定，甜菜糖约占1/3。甜菜糖产量的80%在欧洲。从20世纪80年代后期看，国内市场需求量增长很快。一方面促进了制糖工业的发展；另一方面，由于供不应求，国家不得不进口大量食糖，年平均进口总需求量的30%。每年耗费近9亿美元，广阔的国内市场急切期待国产糖占领。由于国内食糖供不应求，国家对食糖采取计划调拨，对企业计划外产糖可以自销，但必须通过商业部门，企业不能直接对用户。

281

2. 颗粒粕、酒精、水泥、二氧化碳、饮料的市场情况

以上5种产品是甜菜制糖厂的综合利用产品。颗粒粕是制糖生产排出的废菜丝，经压榨烘干后进行造粒。该产品完全由省外贸部门代理出口日本作饲料用。日本市场的42%由我国提供。我国颗粒粕向日本出口有地理条件和价格方面的优势，在日本市场具有较强的竞争力。在开拓国内市场方面，可以生产压粕，以减少成本，降低销售价格，满足国内市场的需求。所以，颗粒粕的市场销售是比较乐观的。

食用酒精、二氧化碳、饮料这三种产品在饮料市场中互补互用具有良好的市场需求。而且糖蜜酒精可与粮食酒精媲美，并可替代粮食生产酒精。

水泥是齐糖厂为解决环境污染而开发的又一种综合利用产品。自生产以来，一直处于亏损状态，其原因是生产规模始终未能形成。

三、齐糖厂内部经营状况

（一）经济技术指标状况

1. 产糖率

齐糖厂在1989—1994年平均产糖率为11.81%，这是一项综合评价糖厂制糖生产水平的指标。尽管齐糖厂的这项指标在1989年已达13.10%，接近国内先进水平，但与国外先进水平相比，仍有较大差距。具体反映在，吨糖耗甜菜比国外先进水平高41.5%，工艺总损失高22.5%，这两项指标说明齐糖厂虽在"七五"投资2000万元进行了技术改造，生产水平有所提高，但工艺技术落后的状况仍然没有从根本上改变。再看菜丝糖度，1989年已达15.98%，比国外先进水平多0.36%，说明齐糖厂在扶植原料基地生产方面做了大量工作，取得了一定的成效。但是，糖度不稳，增长不多还是不能明显地促进齐糖厂生产的发展。齐糖厂甜菜保管损失逐年下降，1989年为2.32%，接近于行业2.22%的先进水平。

2. 标准燃烧率

齐糖厂标准燃煤年递减0.4%，与国内先进水平相比高32.84%，与国外水平相比高109.14%，相差都很大。

3. 劳动生产率

齐糖厂劳动生产率逐年下降，年递减7.91%，齐糖厂平均劳动生产率比国内先进水平低50.1%。

4. 吨糖成本

齐糖厂的平均吨糖成本和吨糖加工费在行业中处于领先水平，吨菜成本略高于国内水平，主要是由里程补助费用高，吨菜管理费增加幅度较大引起的。

（二）企业职工状况

齐糖厂有固定职工1658人，专业技术干部236人，占职工总数的

14.23%。生产一线工人有 880 人，占 53.08%，其他人员有 542 人，占 32.69%。另有非固定工人 824 人，全厂共 2482 人。

齐糖厂生产主力军阵容的年龄大约在 30~40 岁，他们基本是随着年龄的增长而进入相应的技术等级，其实际水平与要求相比是有一定差距的。所以，提高生产一线工人的文化水平和技术素质是亟待解决的问题。

（三）技术状况

1. 制糖车间的技术改造

齐糖厂着眼于未来，对制糖车间进行增能力、提质量、降消耗的技术改造。1990 年已投用一台日处理甜菜 3000t 的关键设备 DDS 双螺旋连续浸出器，为今后实现日处理 3000t 甜菜能力开辟了道路。与此同时，在清净工序方面安装了"比例加灰""pH 值自控"等先进控制手段，为实现自动控制迈出了可喜一步。

齐糖厂在"七五"期间把一半以上的资金用于节约能源和提质降耗方面，同时，原料基地和新产品开发方面也进行了大量的投资。

尽管齐糖厂在"七五"期间对大量设备进行了技术改造，但是制糖生产仍有很多陈旧落后的设备需要改造，见表 6。

表 6　　　　　　　齐糖厂制糖生产设备国内年代水平表

年代	20 世纪 50 年代		20 世纪 60 年代		20 世纪 70 年代		20 世纪 80 年代		总计
	数量/台	（%）	数量/台	占比%	数量/台	%	数量/台	%	
	134	35.4	12	3.2	53	13.9	180	47.5	379

从表 6 中可以看到，制糖生产设备有 1/3 以上是 20 世纪 50 年代的陈旧设备，80 年代的设备不到 1/2，可见齐糖厂未来技术改造仍很艰难。

2. 综合利用车间的技术改造

在综合利用上，齐糖厂在 1982 年新建颗粒粕车间，该车间的投产既解决了废菜丝排放污染环境的问题，又为企业增加了收入。车间工艺设备在国内处于领先地位，目前已能与日处理 2500t 甜菜相适应，如再增加两台压榨设备即可适应日处理 3000t 甜菜的需要。

酒精车间近年来做了大量的技术改造工作，增加了一套玉米酒精生产线，以利用制糖停机后的空闲时间，充分提高设备利用率。另外，扩大了生产能力，可满足日处理 3000t 甜菜的能力。

几年来齐糖厂做了不懈的努力，进行设备投资，改造水泥车间，1990 年已安装一台日处理 100t 物料的球磨机及附属高静电除尘设备，而且回转窑设计正在进行中。

以上技术改造的工艺设计、设备选型、土建设计施工及安装调试，均由该厂技术人员完成。通过大规模、高难度、多专业的技术改造工程，工程技术人员和生产工人得到锻炼，提高了业务能力，增强了自信心，为企业的长远发展积累了丰富的经验。

（四）管理状况

齐糖厂企业的管理，经历了一个由粗到细、由乱到治的过程。

1979 年，企业经过恢复性整顿，健全和完善了企业领导制度，实行了包括经营承包合同等多种形式的经济责任制，管理工作有了新起色。

1983 年，齐糖厂的企业管理已由生产型向生产经营型转变。建立了 168 类人员的 20 万字的"工作标准"，268 个岗位的 30 万字的操作规程，62 项 11 万字的管理制度，3359 种各类定额，215 种原始记录。企业管理的加强，推动了生产建设的发展和经济效益的提高。

1984 年，齐糖厂开始实行厂长负责制。1988 年开始了第一轮承包，为强化管理，避免短期行为，齐糖厂的领导人把企业承包指标与企业发展结合起来，做到了层层分解承包指标，既有经济指标，又有技术指标和管理指标，因而保证了企业的生产经营活动朝着健康的方向发展。五年来工厂不断进行固定资产投资，见表 7。

表 7　　　　　　　　　齐糖厂"七五"固定资产增长情况统计表

项目	年度					
	1984	1985	1986	1987	1988	1989
固定资产原值/万元	3802.4	3833.4	3874.6	4275.2	4588.2	5118.6
已提折旧/万元	1107.4	1218.8	1309.1	1427.2	1602.4	1743.8
固定资产净值/万元	2695.0	2614.6	2566.5	2848.0	2985.8	3374.8
固定资产增长率	—	0.81%	1.07%	10.34%	7.32%	11.56%

1990 年，工厂根据国家经济发展的需要，及时修订并完善了 1983 年工厂管理制度。由原来的粗放型管理，转向以全面质量管理为核心，形成了由 54 项 214 个规章制度组成的新的工厂管理制度体系，为工厂进入精细型管理打下了基础。

吴厂长脑海中不断回想着工厂的发展历程，斟酌着国家改革发展的大环境，极力理出工厂未来发展可能遇到的各种挑战，以及自身存在的发展障碍，试图把工厂的优势资源很好地与发展机会结合起来。看似对企业的经营环境已经了如指掌，可是未来究竟怎样发展？如何把主导产品与综合利用开发的产品结合起来？如何确保原材料——甜菜——的供应和质量的提高？如何解决黑龙江省作为国家商品粮生产基地与制糖工业所需甜菜种植争土地的问题？企业的未来发展怎样安排才能使工厂生存下去？吴厂长想着这些问题，在不断地提问着自己，推演着未来一个又一个经营方略。

（资料来源：百度文库）

问题：

（1）你如何寻找齐糖厂的发展战略问题？

（2）你认为齐糖厂发展战略的重点是什么？

（3）齐糖厂应当提出怎样的战略管理方针或指导思想？

（4）齐糖厂的战略实施需要哪些策略支持？

课堂笔记

参考文献

[1] 杨锡怀. 企业战略管理［M］. 北京：高等教育出版社，1999.

[2] 周三多. 战略管理思想史［M］. 上海：复旦大学出版社，2002.

[3] 黄速建，黄群慧. 现代企业管理：变革的观点［M］. 北京：经济管理出版社，2002.

[4] 金占明. 战略管理：超竞争环境下的选择［M］. 北京：清华大学出版社，1999.

[5] 亨格，惠伦. 战略管理精要［M］. 王毅，应瑛，译. 2版. 北京：电子工业出版社，2002.

[6] 项宝华. 企业战略管理：概念、技能与案例［M］. 北京：科学出版社，1999.

[7] 阿瑟·汤姆森，斯笛克兰. 战略管理：概念与案例［M］. 段胜华，王智慧，译. 10版. 北京：北京大学出版社，2004.

[8] 戴维. 战略管理［M］. 李克宁，译. 8版. 北京：经济科学出版社，2001.

[9] 邹统钎. 行业选择战略［M］. 上海：复旦大学出版社，2002.

[10] 周三多. 战略管理新思维［M］. 南京：南京大学出版社，2002.

[11] 席西民. 战略管理教程及学习指导［M］. 北京：高等教育出版社，1999.

[12] 许晓明. 企业战略管理教学案例精选［M］. 上海：复旦大学出版社，2001.

[13] 迈克尔·波特. 竞争战略［M］. 北京：华夏出版社，1997.

[14] 郭献山. 企业经营战略管理［M］. 长沙：湖南师范大学出版社，2013.

[15] 刘冀生. 企业经营战略管理［M］. 北京：清华大学出版社，1999.

[16] 石蕊. 企业经营战略管理［M］. 广州：华南理工大学出版社，2014.

[17] 吴慧涵. 企业经营战略管理［M］. 北京：清华大学出版社，2010.

[18] 赵越春. 企业经营战略管理［M］. 北京：中国人民大学出版社，2008.